Palavras, brinquedos
e brincadeiras

P154 Palavras, brinquedos e brincadeiras : cultura oral na escola / Juracy Assmann Saraiva ... [et al.]. – Porto Alegre : Artmed, 2011.
368 p. : color ; 25 cm.

ISBN 978-85-363-2455-5

1. Educação – Práticas pedagógicas. I. Saraiva, Juracy Assmann.

CDU 37

Catalogação na publicação: Ana Paula M. Magnus – CRB 10/2052

Juracy Assmann Saraiva
e colaboradores

Palavras, brinquedos e brincadeiras
cultura oral na escola

2011

© Artmed Editora S.A., 2011

Capa: Ângela Fayet – Illuminura Design
Ilustrações: Sérgio dos Santos Júnior – Tipos e Traços
Preparação de original: Elisângela Rosa dos Santos
Editora sênior – Ciências Humanas: Mônica Ballejo Canto
Editora responsável por esta obra: Carla Rosa Araujo
Projeto gráfico e editoração eletrônica: TIPOS design editorial

Reservados todos os direitos de publicação, em língua portuguesa, à
ARTMED® EDITORA S.A.
Av. Jerônimo de Ornelas, 670 – Santana
90040-340 Porto Alegre RS
Fone (51) 3027-7000 Fax (51) 3027-7070

É proibida a duplicação ou reprodução deste volume, no todo ou em parte, sob quaisquer formas ou por quaisquer meios (eletrônico, mecânico, gravação, fotocópia, distribuição na Web e outros), sem permissão expressa da Editora.

SÃO PAULO
Av. Embaixador Macedo Soares, 10.735 – Pavilhão 5 – Cond. Espace Center
Vila Anastácio 05095-035 São Paulo SP
Fone (11) 3665-1100 Fax (11) 3667-1333

SAC 0800 703-3444

IMPRESSO NO BRASIL
PRINTED IN BRAZIL

AUTORES

Juracy Assmann Saraiva (org.) – Doutora em Teoria da Literatura pela Pontifícia Universidade Católica do Rio Grande do Sul (PUCRS). Pós-doutora pela Universidade Estadual de Campinas. Professora e pesquisadora do Curso de Letras e do Mestrado em Processos e Manifestações Culturais da Universidade Feevale. Coordenadora de programas de leitura e escrita desenvolvidos por secretarias municipais de educação da região da Grande Porto Alegre.

Celia Doris Becker – Doutora em Teoria da Literatura pela Pontifícia Universidade Católica do Rio Grande do Sul (PUCRS). Docente na Universidade do Vale do Rio dos Sinos (UNISINOS) e em cursos de Pós-Graduação *Lato Sensu* de diferentes instituições de ensino superior.

Ernani Mügge – Mestre em Teoria da Literatura pela Pontifícia Universidade Católica do Rio Grande do Sul (PUCRS) e doutorando em Literatura Brasileira, Portuguesa e Luso-Africana na Universidade Federal do Rio Grande do Sul (UFRGS). Professor da Secretaria Municipal de Educação, Cultura e Desporto de Dois Irmãos.

Gabriela Hoffmann Lopes – Mestre em Teoria da Literatura pela Pontifícia Universidade Católica do Rio Grande do Sul (PUCRS). Participante ativa em projetos voltados para formação de leitores. Professora substituta na Universidade Federal do Rio Grande do Sul (UFRGS).

Luís Camargo – Doutor em Teoria e História Literária pela Universidade Estadual de Campinas. Escritor e ilustrador de livros infantis e editor assistente no Editorial de Literatura, Projetos Especiais e Ensino Religioso da Editora FTD.

Professoras colaboradoras

Ana Cláudia Utzig – Secretaria Municipal de Educação e Cultura de Morro Reuter – Morro Reuter

Ana Maria Valle Paixão Grespan – EMEF Luiza Silvestre de Fraga – Esteio

Andréia Sturza – Centro de Educação Infantil Beira Rio – Dois Irmãos

Angélica Andreia Dessian Nervis – EMEF Dom Bosco – Morro Reuter

Beatriz Maria Jung Stoffel – Centro de Educação Infantil Beira Rio – Dois Irmãos

Carina Mallmann – EMEF Professor Edvino Bervian – Morro Reuter

Carina Sander Becker – EMEF Professor Arno Nienow – Dois Irmãos

Autores

Carla Denise Posselt – EMEF Professor Arno Nienow – Dois Irmãos

Cátia Limberger – EMEF Rui Barbosa – Morro Reuter

Clara Kaefer – EMEF Tiradentes – Morro Reuter

Cláudia de Almeida Pereira – EEEM Bernardo Vieira de Mello – Esteio

Cláudia Santos da Silva – EMEF Luiza Silvestre de Fraga – Esteio

Daisy Eckhard Bondan – EMEF Rui Barbosa – Morro Reuter

Débora dos Santos – EMEF Professor Arno Nienow – Dois Irmãos

Deisi Rafaeli Schneider – EMEF Rui Barbosa – Morro Reuter

Dominique Becker – EMEF Professor Arno Nienow – Dois Irmãos

Dorotéia Selch – EMEF Felippe Alfredo Wendling – Dois Irmãos

Eliane Roth – EMEF Primavera – Dois Irmãos

Francieli Beluzzo – EMEF Professor Arno Nienow – Dois Irmãos

Giele Rocha Dorneles – EMEF Felippe Alfredo Wendling – Dois Irmãos

Inês Terezinha Gazolla – EMEF Felippe Alfredo Wendling – Dois Irmãos

Izabel Roseli Carminatti – EMEF Luiza Silvestre de Fraga – Esteio

Janete Vitória Grendoski – EMEF Professor Francisco Weiler – Morro Reuter

Jóice Mallmann – EMEF Dom Bosco – Morro Reuter

Juliana G. Gräwer – EMEF 29 de Setembro – Dois Irmãos

Keina Niciele Werle – EMEF Dom Bosco – Morro Reuter

Leila Vanisa John – EMEF 10 de Setembro – Dois Irmãos

Lenita Frick dos Santos – EMEF Professor Edvino Bervian – Morro Reuter

Liamar Rohr Wilchen - Centro de Educação Infantil Bem-me-quer – Dois Irmãos

Lutiane Novakowski – EMEF Luiza Silvestre de Fraga – Esteio

Mara Vanderleia Venzo Klein – EMEF Padre Reus – Morro Reuter

Márcia Regina M. de Azevedo – EMEF Felippe Alfredo Wendling – Dois Irmãos

Márcia Ramminger Sparremberger – EMEF Rui Barbosa – Morro Reuter

Marceli Lúcia Brand Robetti – EMEF Professor Francisco Weiler – Morro Reuter

Maria da Consolação Lima Alves – EMEF Luiza Silvestre de Fraga – Esteio

Maria Joana Pereira Machado – EMEF Luiza Silvestre de Fraga – Esteio

Maria Patrícia Stoffel Kolling – Centro de Educação Infantil Bons Amigos – Dois Irmãos

Maria Regina Adams Kirchner – EMEF 10 de Setembro – Dois Irmãos

Maria Rosane Ferreira Viegas – EMEF Luiza Silvestre de Fraga – Esteio

Marlene Terezinha Doff' Southa – EMEF Luiza Silvestre de Fraga – Esteio

Martinha Ester Vogel – EMEF Professor Edvino Bervian – Morro Reuter

Natália Madalena Kronbauer – EMEF Professor Arno Nienow – Dois Irmãos

Rosane Weimer – EMEF Pastor Frederico Schasse – Morro Reuter

Simone Maria dos Santos Cunha – EEEM Bernardo Vieira de Mello e EMEF Luiza Silvestre de Fraga – Esteio

Sheila da Silva – EMEF 10 de Setembro – Dois Irmãos

Tânia R. Philippsen – EMEF Professor Arno Nienow – Dois Irmãos

Tatiane Buttenbender – Centro de Educação Infantil Bons Amigos – Dois Irmãos

Teresa Cristina Meyrer Meurer – EMEF Padre Réus – Morro Reuter

Valéria Viegas da Costa Polonio – EMEF Luiza Silvestre de Fraga – Esteio

Valesca Vitória Alves – EMEF Paulo Arandt – Dois Irmãos

Valquíria P. de Oliveira – EEEM Bernardo Vieira de Mello – Esteio

Vera Lúcia Ferreira Tancredi – EMEF Luiza Silvestre de Fraga – Esteio

Vivian Luísa Silver da Silva – EMEF Rui Barbosa – Morro Reuter

Para Gabriela e Eduardo
que amam ouvir e ler histórias.

O gosto de contar é idêntico ao de escrever – e os primeiros narradores são os antepassados anônimos de todos os escritores. O gosto de ouvir é como o gosto de ler.

Assim, as bibliotecas, antes de serem estas infinitas estantes, com as vozes presas dentro dos livros, foram vivas e humanas, rumorosas, com gestos, canções, danças entremeadas às narrativas.

Cecília Meireles

AGRADECIMENTOS

À Gabriela, que participou ativamente de todas as etapas desta "brincadeira".

À Celia Doris, amiga e companheira de aventuras docentes.

Ao Ernani, que se comprometeu com a proposta e ajudou a efetivá-la.

À Andreia, que eliminou dificuldades e trouxe palavras de estímulo e de afeto.

À Simone, colaboradora constante em todas as tarefas.

A Márcia e Giele, que deram suporte aos encontros com os docentes.

Às professoras envolvidas na aplicação das unidades de leitura e escrita, que comprovaram que as trocas entre professor e aluno podem ser marcadas pela alegria.

Às Secretarias Municipais de Educação dos municípios de Morro Reuter e de Dois Irmãos e às direções da Escola Estadual de Ensino Médio Bernardo Vieira de Mello e da Escola Municipal de Ensino Fundamental Luiza Silvestre de Fraga, de Esteio, que apoiaram a realização do trabalho de que este livro é produto.

SUMÁRIO

Apresentação   15

Valorização da cultura oral e formação do leitor   17

Manifestações culturais como instrumento de interação e de aprendizagem   28

Primeira unidade
Folclore e infância: tema de aprendizagem

1. Brincadeiras, artes do Saci e outras estripulias   36
2. Brinquedos de ontem e de hoje   45
3. Brincadeira também é coisa séria   49
4. Diversão com adivinhações e cantigas   57
5. Experiências da infância   65
6. Levantamento de experiências da unidade   73

Segunda unidade
Poemas: convite para brincadeiras de versos – séries iniciais do ensino fundamental

1. Poesia como brincadeira   85
2. O aspecto lúdico das palavras   94
3. Imaginação e aprendizagem   100
4. Cotidiano e representação poética   107
5. Poesia e interação social   113

Terceira unidade
Poemas: estímulo à escrita criativa – 3ª e 4ª séries do ensino fundamental

1. Poesia como brincadeira   126
2. Apelo ao ilógico e engraçado   132

3   Imagens verbais e visuais   136

4   Um brinquedo em poemas e em outros textos   147

5   Reflexão sobre o comportamento social por meio de um brinquedo   157

Quarta unidade
Fábulas: reflexão e articulação com as artes

1   Ampliação do horizonte cultural   180

2   Compreensão do conceito de fábula   188

3   Comportamento de personagens e pessoas   192

4   Fábulas e diferentes linguagens   199

5   Fábulas e livros manuscritos   208

6   Valorização da cultura oral e das produções dos alunos   214

Quinta unidade
Lendas: expansão do conhecimento

1   Negrinho do Pastoreio   242

2   Lenda do guaraná   254

3   "A festa no céu"   270

4   "Lenda da erva-mate"   286

Sexta unidade
Contos populares: formas de expressão da fantasia

1   "Dois cegos briguentos"   311

2   "João Mata-Sete"   322

3   "O lobisomem"   335

Referências   365

APRESENTAÇÃO

Palavras, brinquedos e brincadeiras marca o amadurecimento de uma nova e bem-vinda concepção de livro escolar bem elaborado.

Trata-se, em primeiro lugar e, logo àprimeira vista, de um livro muito bonito. Um livro material e visualmente agradável, o que já é uma recomendação. Afinal, se acreditamos, como Fernando Pessoa, que *livros são papéis pintados com tinta*, é preciso que a pintura seja bela. E beleza é o que não falta aqui, tanto na forma quanto no conteúdo.

Mas, muito embora tenhamos aprendido a lição de Vinicius de que a *beleza é fundamental*, num livro como este – voltado para circulação escolar –, beleza apenas talvez não baste. E mesmo que bastasse, livros se enriquecem se além de beleza apresentarem proposta práticas, inventivas e instigantes para o trabalho em sala de aula; propostas fundamentadas em teorias sólidas. Nesta dupla clave, a beleza ganha sentido e o pragmatismo ganha leveza. Que é exatamente o que se passa com este *Palavras, brinquedos e brincadeiras*. Ponto para o livro e, por tabela, para seu leitor.

E aqui chegamos à questão maior: quem é o leitor deste livro?

Pois é, leitor, quem é o leitor para quem este livro foi escrito?

Somos todos nós. Todos os que nos interessamos por linguagens, e particularmente aqueles de nós aos quais compete, por profissão, iniciar jovens em atividades significativas de fala, de leitura e de escrita.

Estruturando seus capítulos ao redor de diferentes gêneros textuais, e muitas vezes motivando os textos cuja leitura e produção propõe a partir de atividades que propiciam o enlace escola/família/comunidade, este livro oferece ao professor uma oportuna alternativa para as tradicionais atividades escolares monótonas e desmotivantes (desmotivantes igualmente para alunos e para professores!). E os apêndices a cada capítulo fornecem todas as fontes de que o educador carece para implementar as propostas e também para ir além do que o livro propõe.

Ao sugerir, por exemplo, o trabalho com iluminuras, ou com diferentes obras de pintura, ou a pesquisa de brinquedos antigos, *Palavras, brinquedos e brincadeiras* se inscreve numa vertente muito rica, que focaliza a linguagem de uma perspectiva cultural muito ampla. Aprende-se (ou recorda-se) nestas páginas que o mundo do ser humano não começa hoje, com a nossa geração, nem com a geração de nossos alunos. Vem de bem mais longe, de um antigamente em que papais e mamães de hoje eram crianças, em que papais, mamães e vovós de hoje também tiveram papais mamães e vovós, numa longa cadeia de homens, mulheres e crianças que, alternando papéis, encontram na cultura que constroem e de que participam o horizonte maior em que se (re)encontram e se (re)conhecem.

De forma similar, a internet em que hoje se pesquisa é a geração mais jovem dos livros manuscritos e iluminados de antigamente. E vivenciar esta dimensão histórica das linguagens não deve ser privilégio de especialistas, mas direito de todo usuário da linguagem, sendo dever da escola patrocinar atividades que ensinem isto.

Ao propor trabalhos que instigam a pesquisa, este livro, sem alarde, permite que seus leitores vivenciem o pacto das linguagens com a história. E, ao patrocinar esta experiência, proporciona aquele *saber só de experiências feito* de que nos fala Camões em *Os Lusíadas*. Quais experiências? Experiências variadas de leitura e de escrita, de brincadeiras, de cantigas, de cruzamento de diferentes linguagens. Pois, de questões de linguagem, talvez se possa dizer o que também disse Camões: *não se aprende, Senhor, na fantasia,/ sonhando, imaginando ou estudando,/senão vendo, tratando e pelejando.*

E, se a *disciplina militar* – tema de que falava Camões no trecho citado – não se aplica a este livro, a ele se aplica, com certeza, o elogio que faz o poeta ao trabalho, ao corpo a corpo com a linguagem, à escritura e reescritura, ponto de encontro de vários escribas, e de vários leitores, reunidos na tessitura do texto.

É a ideia de um texto como *ponto de encontro de escribas* que conduz a uma outra particularidade deste *Palavras, brinquedos e brincadeiras*, selando, definitivamente, sua originalidade e qualidade.

Resultado de rigorosa pesquisa desenvolvida pela autora, em colaboração com Celia Doris Becker, Ernani Mügge, Gabriela Hoffmann Lopes e Luís Camargo, e em parceria com muitos outros educadores, o livro reproduz inúmeros resultados das atividades que propõe. No traço caligráfico – canhestro ou desenvolto – de crianças de várias escolas brasileiras, em belos desenhos infantis, o livro transcreve imagens da realização das atividades sugeridas.

E, com isso, amplia muito seu alcance: torna-se também material precioso para pesquisadores.

Na tradição brasileira, não são muitos os textos que disponibilizam material escrito por crianças. Assim, ao apresentar – em reproduções fac-similares – textos infantis, explicitando suas condições de produção, *Palavras, brinquedos e brincadeiras* constitui também um banco de dados ao qual podem recorrer pesquisadores interessados no desempenho linguístico escrito de crianças e jovens.

Mas esta documentação de diferentes realizações das atividades propostas não é útil apenas para pesquisadores: também professores de sala de aula, interessados em produções com as quais comparar as de seus alunos, encontrarão, nestas seções, material original e precioso. Por tudo isso, tomo emprestados os *mafuás, melenas e cavalhadas* da celebração de Manuel Bandeira para aqui encerrar a apresentação deste belo livro, que, ao inspirar muitas das atividades que propõe em textos tradicionais, faz jus a seu subtítulo: *cultura oral na escola*.

Marisa Lajolo
Universidade Presbiteriana Mackenzie Unicamp

VALORIZAÇÃO DA CULTURA ORAL E FORMAÇÃO DO LEITOR

Preservação da cultura regional em um mundo globalizado

A cultura, expressa em manifestações que abrangem os conhecimentos, as crenças, os valores, os costumes, as artes, a tecnologia, assume formas diversas no tempo e no espaço. Sua diversidade configura-se pela natureza peculiar e plural das identidades e das expressões dos grupos, sociedades e povos que constituem a humanidade. Todavia, ainda que sejam bens coletivos, cujos traços singulares devem ser valorizados e preservados, as manifestações culturais sofrem, atualmente, os efeitos da homogeneização, como se fizessem parte de uma única cultura, ou como se estivessem em vias de tornar-se uma só, devido ao processo da globalização.

Constituído pela expansão dos meios de comunicação e de informação, o processo de globalização afeta as relações espaço-temporais, permitindo que acontecimentos sejam divulgados no momento mesmo em que ocorrem e que pessoas interajam auditiva e visualmente, apesar de terem um oceano entre si. As novas tecnologias criam condições favoráveis para que se amplie e se intensifique a interação entre culturas, pois tornam próximo o que estava distante e familiar o que era estranho e inusitado. Entretanto, por estarem a serviço do poder econômico, elas representam também um obstáculo à preservação da diversidade cultural de comunidades, regiões e países, visto que, em nome do consumo, tendem a massificar os produtos culturais.

Sob esse aspecto, a divulgação de manifestações culturais oriundas de países hegemônicos pode se constituir em uma forma de manipulação e de exploração de países mais pobres ou em desenvolvimento, pois se constitui em um exercício mercadológico de expansão da cultura de massa e de canibalização das culturas populares. Dessa imposição, decorre a fragmentação das identidades culturais e a destruição de uma memória coletiva, o que gera nos indivíduos um sentimento de dispersão e de indiferença quanto aos problemas de sua comunidade, já que dela não se sentem parte. Tal sentimento manifesta-se na desvalorização da língua, dos objetos, dos costumes, dos sistemas de hábitos que representam o espaço de socialização de determinada cultura e na carência de produções criativas e inovadoras no campo das expressões artísticas.[1]

---

[1] Comentando a invasão sonora nas cidades e o desrespeito de pessoas que impõem às outras, por meio de amplificadores, a música que escutam, o jornalista Marcos Rolim afirma que, em se tratando da música popular atual, "estamos diante do mesmo, da degeneração e da miséria estética" ("O som nosso de cada dia". Zero Hora, 26/04/09, p. 18).

"Sabendo que a diversidade cultural cria um mundo rico e variado que aumenta a gama de possibilidades e nutre as capacidades e os valores humanos, constituindo, assim, um dos principais motores do desenvolvimento sustentável das comunidades, povos e nações" (UNESCO – Texto Oficial do Brasil), os países membros da Organização das Nações Unidas para a Educação, a Ciência e a Cultura (UNESCO) adotaram, em 2005, a "Convenção sobre a Proteção e a Promoção da Diversidade Cultural", que foi aprovada por 148 países dos 152 representados na Organização, tendo sido referendada pelo Brasil em 2006. Entretanto, "uma declaração não é suficiente para opor-se ao complexo universo de interesses e forças sobre-humanas em que se encontram as culturas do mundo, como presas em uma tempestade no meio do oceano" (Segóvia, 2005, p. 88). Para que a cultura autóctone de uma região ou de um país seja preservada, é necessário que a população reconheça seu direito fundamental a ela e tenha consciência de que atividades, bens, serviços e manifestações culturais são "portadores de identidades, valores e significados, não devendo, portanto, ser tratados como se tivessem valor meramente comercial" (UNESCO – Texto Oficial do Brasil).

A sobreposição do valor mercadológico e de significados globais, no contexto da cultura brasileira, fica evidente quando se analisam as produções veiculadas pelas *mass media*, particularmente as voltadas para crianças e adolescentes. Tanto a televisão quanto o cinema e a internet estimulam o apagamento da memória nacional para alimentar uma cultura estranha que impõe padrões de comportamento e em cuja esteira se solidificam hábitos de consumo. Dois exemplos ilustram tal situação: o programa televisivo *Big Brother Brasil* e a série de filmes denominada *High School Musical*.

Cópia dos *reality shows*[2] americanos, o programa da Rede Globo assenta-se na invasão da privacidade para legitimar, por um lado, a prática do *voyeurismo* e, por outro, a mentira, a falsidade, o sexo sem compromisso, como atitudes e comportamentos adequados para alcançar fama e dinheiro, ainda que essas conquistas possam significar a degradação dos próprios concorrentes. As personagens do programa (que não são realmente pessoas porque apenas representam papéis) passam a ser vistas como heróis nacionais e conquistam milhares de fãs que garantem, com o valor pago por suas ligações telefônicas, o prêmio a ser concedido. A essa promoção do exibicionismo, o *Big Brother Brasil* agrega uma loja virtual com produtos como roupões, bolsas, utensílios domésticos, edredons, *notebooks* e a mascote do programa. Assim, em rede nacional, são disseminadas práticas sociais que banalizam o imoral e o antiético, avaliando-as como plenamente justificáveis em nome de uma fama passageira e do dinheiro. Além disso, é estimulado o consumo de produtos, cujas etiquetas têm o dom de carimbar os indivíduos e lhes garantir um arremedo de identidade.

---

[2] Os *reality shows* abrangem programas que promovem o assistencialismo, como o "Caldeirão do Huck", em que famílias necessitadas ganham uma casa ou em que carros velhos são reformados para a felicidade de seu dono; programas que retiram cantores do anonimato, como o "Ídolos" da Record e o "Astros" do SBT. Há, ainda, outros programas que renovam a decoração de residências ou que transformam o visual das pessoas por meio de cirurgias plásticas e transplantes, ou aqueles a que as pessoas se submetem a toda espécie de provações para alcançar seu minuto de fama.

Tendo os adolescentes como público-alvo, a série cinematográfica *High School Musical*, produzida pela Disney e amplamente divulgada pela emissora internacional da mesma empresa, gira em torno da vida escolar de um grupo de jovens. Ela repete o padrão dos musicais do cinema americano, cujo apelo parecia esgotado, mas agrada a jovens e crianças pelo ritmo impactante de suas músicas, pela coreografia envolvente e pela exploração de recursos especiais que criam efeitos de presentificação e de veracidade. Aliadas a essas características, as histórias dos filmes trazem aventuras envolventes, marcadas pela sedução amorosa e por disputas de poder, além de personagens que, nas atitudes e na aparência, correspondem à imagem, concebida pela indústria cultural, de indivíduos ideais. A obediência a um tipo de narrativa previsível e a definição nítida dos heróis e dos vilões, representados pelos mesmos atores ao longo da série (pelo menos até o terceiro filme), favorecem a assimilação do enredo, enquanto ritmos e melodias familiares somam-se à estrutura das ações para estimular a identificação dos espectadores com os modelos que vão sendo projetados na tela. Ainda que limitados em sua qualidade estética, os filmes apresentam aspectos positivos que justificam a aceitação do público, que é realimentada por estratégias comerciais do Disney Channel que incluem a publicidade dos filmes antes mesmo de terem sido produzidos e a venda de produtos que abrangem desde CDs, DVDs, pastas escolares e cadernos até álbuns de figurinhas. Como a propaganda provém de um canal de TV orientado para o público infantil, reside aí o efeito negativo da série *High School Musical*: ela contribui para a "adultização" das crianças que, mesmo em idade precoce, se identificam com os protagonistas, Troy e Gabriela, passando a assumir comportamentos próprios de adultos, a intensificar, no ambiente da escola, a rivalidade entre grupos e, sobretudo, a visualizar os objetos produzidos com a marca HSM como fetiches aptos a legitimar sua afirmação social. Ao reproduzir condutas e valores de forma mecânica, já que são incapazes de posicionar-se criticamente diante deles e preservar as características essenciais de sua própria cultura, as crianças tornam-se vítimas de um processo de assimilação da cultura global imposta por interesses econômicos, como se constata pela difusão dos filmes *High School Musical* e dos produtos de consumo criados em seu entorno. Diante da força das estratégias mercadológicas desenvolvidas pela corporação Disney, crianças e adolescentes abandonam os bens imateriais de sua própria cultura, subordinando-a a uma cultura estrangeira.

Instâncias responsáveis pela educação – nas quais se inclui a escola – e agentes que a dinamizam – como professores e pais – devem preservar a rede da memória individual ou coletiva que constitui a cultura brasileira. A memória "é o vínculo (....) entre passado e presente que permite manter as identidades a despeito do fluxo do tempo, que permite somar os dias de modo significativo. É ela que dá sentido ao presente" (Guarinello, 2004, p. 29). Essa força da memória é fundamental não só para manter a identidade de indivíduos, mas também para preservar a autonomia e a expansão da cultura que permanece viva e atuante se as pessoas a transmitem, refletem sobre ela e a reinventam (Hannerz, 1997, p. 12).

A importância do papel de educadores, familiares e grupos sociais como responsáveis pela transmissão e reinvenção da cultura assenta-se, pois, na natureza dinâmica desse processo. As culturas locais preservam sua identidade por representar uma construção coletiva, mas igualmente sofrem influências de movimentos externos por não serem estanques. O poder da identidade, conjugado à sua capacidade de adaptação e de flexibilidade, permite às culturas incorporar manifestações e produtos de culturas estranhas sem se contradizer ou perder seu caráter próprio. Entretanto, para que isso ocorra, é preciso que os atores sociais reflitam sobre os significados que esses elementos de outras culturas mobilizam para adaptá-los ao novo contexto ou, então, rejeitá-los. Sob tal perspectiva, a atuação da escola e da comunidade torna-se decisiva para evitar que crianças e jovens adotem a "cultura da exportação", tão enfaticamente disseminada por marcas e programas emblemáticos,[3] e passem a menosprezar a própria cultura.

A proposta de valorizar as manifestações locais e regionais e, assim, salientar o hibridismo da cultura brasileira não desconhece a realidade do mundo contemporâneo e a força das novas tecnologias, mas busca transformá-las em aliados. Comunicações via satélite que conectam computadores e permitem a troca de textos, sons e imagens em tempo real; a introdução de *chips* em embalagens de produtos, em livros, roupas e documentos, em cartões de crédito e sob a pele dos indivíduos, os quais se comunicam com sensores fornecendo informações contínuas, são apenas alguns exemplos de que a tecnologia administra o tempo presente e a intrincada rede das relações de produção e do contato entre culturas.

A educação de um país não pode ignorar o enfrentamento dessa realidade complexa e desafiadora, porque o domínio tecnológico se tornou fator decisivo para a ascensão de indivíduos e de grupos sociais. Embora continue a ser o divisor entre nações desenvolvidas ou subdesenvolvidas, esse domínio pode ser aprendido e compartilhado, com o intuito de servir de âncora para o desenvolvimento econômico e social, bem como para o conhecimento, a compreensão de diferentes culturas e a aproximação entre os povos. Portanto, cabe aos investimentos em educação prover a formação de indivíduos de modo a conduzi-los ao aprimoramento de sua capacidade física, intelectual e moral – de que decorre o verdadeiro desenvolvimento social – e que tem como alicerce não apenas a informação, mas também o reconhecimento da cultura como uma rede instituída pela memória individual e coletiva.

A concepção de um instrumento pedagógico que, a partir do universo lúdico da infância, se aproprie de experiências enraizadas na cultura local atende ao objetivo da escola de formar indivíduos socialmente comprometidos. Essa transferência constitui uma forma de resistência ao processo de aculturação que crianças e adolescentes sofrem por meio da disseminação das manifestações culturais de países economicamente hegemônicos. Ela também contribui para a constituição das identidades, para o aprimoramento da interação humana, para a compreensão dos significados inerentes aos produtos culturais, para o reconhecimento da riqueza presente na diversidade cultural e para a identificação das recíprocas influências entre as manifestações da cultura e os recursos tecnológicos.

Jogos, brinquedos, brincadeiras e o espaço da infância

Na tela denominada *Jogos infantis*, Pieter Bruegel representa o espaço de convivência de um burgo onde se destaca a interação entre crianças, jovens e adultos, marcada pela natureza lúdica de jogos e brincadeiras. Embora a ênfase recaia sobre as brincadeiras, o quadro de Bruegel recupera o período de transição entre a Idade Média e a Idade Moderna e retrata uma sociedade em que crianças e adultos participam de um mundo comum.

---

[3] Entre tais marcas e programas, citam-se McDonald's, Adidas, Backyardigans, Charlie e Lola, Hannah Montana.

Conforme assinala Dieter Richter, mencionado por Regina Zilberman,

> Na sociedade antiga, não havia infância: nenhum espaço separado do "mundo adulto". As crianças trabalhavam e viviam junto com os adultos, testemunhavam os processos naturais da existência (nascimento, doença, morte), participavam junto deles da vida pública (política), nas festas, guerras, audiências, execuções, etc., tendo assim seu lugar assegurado nas tradições culturais comuns: na narração, nos cantos, nos jogos. (Richter apud Zilberman, 2003, p. 36)

A alegria e a diversão presentes na tela de Bruegel expõem a ausência de limites entre os ritos próprios do mundo adulto e o da criança, situação que as palavras de Richter referendam. Paralelamente, tanto a expressão artística quanto as palavras do historiador comprovam a liberdade concedida às crianças, que não só compartilhavam dos momentos festivos, da troca de experiências por meio de narrativas, dos cerimoniais profanos e religiosos, mas também tinham a responsabilidade de contribuir com o seu sustento e o da família. Todavia, a partir do século XVII, a ideia da infância como uma fase diferenciada da vida humana e a da criança como um ser merecedor de atenção especial passa a ser difundida e "a criança se tornou objeto de respeito, uma criatura especial, de outra natureza e com outras necessidades, que precisava estar separada e protegida do mundo adulto" (Plumb apud Postman, 2005, p. 51).

O surgimento da noção de infância e sua consolidação como artefato social ou como constructo cultural ocorreu no âmbito de transformações de diferentes ordens: a instalação do Estado absolutista, com a decadência do Feudalismo; a ascensão da burguesia, de que decorreu um novo modelo econômico; o estabelecimento da noção moderna de família, fundada no casamento, nos laços de afeto entre seus membros, na importância da vida doméstica, na

Jogos infantis (Pieter Bruegel, 1560)

Fonte: Bruegel ([20-?]).

preservação e na educação dos filhos, na expansão e no aperfeiçoamento do sistema escolar (Zilberman, 2003, p. 16).

Referindo-se às mudanças estruturais que, a partir do século XVI, instituíram a ideia de infância, Postman afirma que "por meio da tipografia e de sua serva, a escola, os adultos conseguiram um controle sem precedentes sobre o ambiente simbólico do jovem e estavam, portanto, aptos e convidados a estabelecer as condições pelas quais uma criança ia se tornar adulta" (Postman, 2005, p. 59). Para o crítico social, a ideia de infância é uma das grandes invenções da Renascença, e talvez a mais humanista. Porém, isso não o impede de apontar o prejuízo decorrente da perda das interações sociais que se realizavam oralmente na Idade Média e foram substituídas pelos livros que exigiam o domínio da leitura e da escrita, atividades de natureza individual. Consequentemente, a leitura seria responsável pela instalação da idade adulta e, como ser "adulto implica ter acesso a segredos culturais codificados em símbolos não naturais" em um "mundo letrado, as crianças precisam transformar-se em adultos" pela prática da leitura e da escrita (Postman, 2005, p. 27).

Para proteger as crianças contra as agressões do mundo exterior e para prover sua formação, a ordem burguesa instalou a divisão entre o espaço público e o privado e instrumentalizou a escola para que transmitisse suas normas. Estabeleceu-se, assim, uma atitude contraditória em relação à infância, que era percebida como o tempo da inocência e da pureza, mas cuja transposição se fazia necessária para que a criança alcançasse o mundo dos adultos, do qual ela fora excluída. Portanto, em nome de sua fragilidade natural – que exigia que fosse protegida contra as agressões do mundo exterior –, a criança passou a ser cerceada pelo reduto do núcleo familiar e pelos muros da escola, instalando-se nessa última a divisão entre o mundo da liberdade e o da aprendizagem, entre o riso e a seriedade tão claramente expressa no quadro de Pieter Bruegel e do qual os brinquedos, jogos e brincadeiras fazem parte.

Entretanto, se a condição espontânea da comunicação humana passou a ser complementada na Idade Moderna pelo processo da leitura e da escrita, trazendo benefícios à criança, mas impondo-lhe limitações, esse novo condicionamento cultural não prejudicou a transmissão de práticas ligadas à interação lúdica das sociedades, o que se evidencia quando se identifica a permanência, na atualidade, de jogos infantis representados no quadro do pintor flamenco. Nele é possível reconhecer brinquedos e brincadeiras que ainda fazem parte da memória coletiva atual, como pião, cinco-marias, arco, pernas de pau, cabra-cega, pula-cela, cabo de guerra, entre outros, comprovando que esses objetos e as atividades que lhes são correlatas ultrapassaram o tempo e permaneceram vivas, ainda que, sob o impacto de um mundo globalizado, possam dar lugar a substitutivos provenientes da indústria cultural.

Brincadeiras oportunizam, para aqueles que já as realizaram, a recuperação de momentos de convivência, de ternura, de autonomia e de liberdade que fazem parte de sua história pessoal. A importância emocional dessas experiências subjetivas é testemunhada por relatos de pais e avós e é apontada por estudiosos[4] como um dos fatores que contribuem para a formação de indivíduos emocionalmente equilibrados, visto que conferem à criança a noção de pertenci-

---

[4] Entre as obras que salientam a importância do brinquedo no desenvolvimento infantil, citam-se *O brincar e a realidade* (Winnicott, 1975); Rio de Janeiro: Imago, 1975 e *Significado e função do brinquedo na criança* (Lebovici; Diatkine, 1988).

mento a determinado espaço social e a oportunidade de aí responder a desafios de diferentes ordens, entre os quais o da inventividade. Portanto, a recontextualização histórica do quadro de Bruegel e as lembranças pessoais demonstram que brinquedos e brincadeiras traduzem, respectivamente, significados socioculturais e afetivos, cujo reconhecimento contribui para a afirmação da identidade individual e coletiva.

A importância da função simbólica que brinquedos e brincadeiras desempenham justifica sua introdução no âmbito escolar e, por um lado, elimina a falsa ideia de que o lúdico está dissociado de finalidades utilitárias; por outro, reafirma que as atividades pedagógicas podem constituir um prolongamento do mundo da infância e se orientar para a recuperação dos elos entre a aprendizagem e o riso. Por isso, propõe-se que a ludicidade não seja contraposta à aprendizagem sistemática, mas que com ela estabeleça uma estreita ligação para garantir às crianças, por meio de brinquedos, jogos e brincadeiras, a experiência do simbólico, a manutenção de vínculos com sua realidade sociocultural e o domínio de habilidades cognitivas, sobretudo aquelas relacionadas à leitura e à escrita.

A função significante de jogos, brinquedos e brincadeiras

Inúmeros autores discutem a concepção de jogo[5], brinquedo e brincadeira, assinalando a aproximação semântica desses termos e integrando essas concepções à cultura humana por sua função significante, isto é, por apresentarem um sentido que transcende sua execução propriamente dita.

A análise semântica de termos que registram a ideia de jogar ou brincar, em diferentes línguas, assinala a sobreposição de suas significações e a capacidade de referendar ações a cujo sentido ultrapassam. Em latim, o substantivo *ludus* e o verbo *ludere* abarcam os jogos infantis, as competições, as representações litúrgicas e teatrais, e seu substrato semântico está presente em escola. A etimologia dessas palavras liga-se, no latim clássico, à ideia da não seriedade, da ilusão e da simulação, diferindo do termo *jocus*, cuja significação se concentra em gracejar, troçar. Esse último termo ramificou-se nas línguas europeias, preservando, porém, a significação original de *ludus*, como se constata em *jeu* e *jouer*, no idioma francês; em *gioco* e *giocare*, no italiano; em *juego* e *jugar*, no espanhol; em *jogo* e *jogar*, no português. Em inglês, os termos *game* e *play* e, em alemão, *Spiel* e *spielen*, recobrem os significados de jogo e brinquedo e de jogar, brincar, representar, tocar um instrumento musical, correr um risco, comprometer-se; em ambas as línguas, revela-se a sobreposição do jogar e do brincar em expressões como *play a game* ou *spielen ein Spiel*.

---

[5] Incluem-se os jogos, como objeto ou ação, respectivamente, no âmbito dos brinquedos e das brincadeiras, mas se mantém a denominação distintiva para respeitar a terminologia de autores que passam a ser mencionados. Consequentemente, a conceituação de jogo é, nesse sentido, mais restrita do que aquela que usualmente lhe atribuem os estudiosos da cultura, visto que se restringe às ações lúdicas da criança, sem incluir, por exemplo, as competições, como uma partida de basquete, as estratégias de conquista bélica ou amorosa que também podem fazer parte, sob a perspectiva do adulto, do âmbito dos jogos.

A conceituação de jogo e de brincadeira demonstra que eles são, em grande medida, equivalentes, sendo possível atribuir a ambos as categorias elencadas por Johan Huizinga (1980, p. 33) para o primeiro. Tanto o jogo quanto a brincadeira são uma atividade voluntária que se dá no âmbito de determinados limites de tempo e de espaço, segundo regras previamente determinadas; essa atividade tem como finalidade sua própria realização, sendo acompanhada tanto de um sentimento de euforia e de tensão quanto da consciência de que difere das atividades cotidianas. Paradoxalmente, porém, o jogo e a brincadeira abrem espaço, por sua natureza fictícia, para a afirmação da autoestima do sujeito e para a experimentação da alegria decorrente de sua capacidade de responder a desafios e de criar, estando radicada aí sua natureza estética.

O jogo e a brincadeira assumem função significante, visto que mobilizam a criança a agir. Entretanto, a significação desse ato vai além de sua própria representação, o que transfere à essência do jogar ou brincar um elemento não material, não perceptível, que ganha forma no plano da imaginação. Assim, ao transformar uma espiga de milho em uma boneca que será agasalhada e embalada com carinho, a criança redireciona ao brinquedo a ternura que deseja receber da mãe, ao mesmo tempo em que avança no domínio da linguagem, já que transfere para um objeto o significado que aí não está. "Dessa forma, através do brinquedo, a criança atinge uma definição funcional de conceitos ou de objetos, e as palavras passam a se tornar parte de algo concreto" (Vygotsky, 2008, p. 117).

A significação de jogos e brincadeiras transcende, pois, aquilo que eles manifestam, uma vez que, ao se estruturarem no campo do imaginário-simbólico, constituem uma linguagem de sentidos múltiplos e se integram à cultura:

> (...) a cultura surge sob a forma de jogo, que ela é desde seus primeiros passos, como que "jogada". (...) A vida social reveste-se de formas suprabiológicas, que lhe conferem uma dignidade superior sob a forma de jogo, e é através deste último que a sociedade exprime sua nterpretação da vida e do mundo. (Huizinga, 1980, p. 53).

A importância das atividades lúdicas, expressa por Huizinga, ganha um especial contorno para a criança porque jogos, brinquedos e brincadeiras constituem-se, enquanto representações simbólicas, em mediadores que lhe permitem apropriar-se da cultura compartilhada por seu grupo social e que lhe facilitam o acesso à realidade. Consequentemente, o brinquedo agrega uma dimensão funcional à sua dimensão simbólica: ele é, por um lado, como objeto material, o suporte para a ação, para a manipulação; por outro lado, como representação, ele dá acesso a formas, a imagens, a símbolos culturais, sendo, simultaneamente, um veículo de experimentação da linguagem.

Para Vygotsky (2008, p. 107), "o brinquedo preenche necessidades da criança", as quais precisam ser entendidas para que se depreenda a natureza singular das brincadeiras como uma forma de atividade que contribui para a resolução de tensões. O envolvimento da criança em um mundo ilusório, resultante da imaginação e da fantasia, oferece-lhe a possibilidade de concretizar desejos irrealizáveis e contribui para que supere frustrações cuja causa profunda ela é incapaz de nomear ou de expressar, permitindo-lhe avançar de um estágio de desenvolvimento para outro. Portanto, para o psicólogo russo, o brinquedo é não apenas motivo para a ação, mas também o veículo por meio do qual a imaginação se manifesta, ou por meio do qual ela se origina, sendo que as "situações imaginárias constituirão, automaticamente, uma parte da atmosfera emocional do próprio brinquedo" (Vygotsky, 2008, p. 110).

O fator emocional presente no ato de brincar é uma das razões pelos quais as crianças estabelecem uma coincidência entre a situação, a ser representada em uma brincadeira, e a realidade. Ao brincar de "casinha" ou de "escolinha", assumindo, respectivamente, o papel de mãe ou de professora, a criança tenta reproduzir o que pensa que uma mãe e uma professora devam ser, ao mesmo tempo em que as regras de comportamento, exigidas por esses papeis sociais na vida real, são por ela manifestadas. Assim, a representação tem uma força motivadora que pode levar a criança a aceitar as restrições às suas próprias atitudes na relação com a mãe ou com a professora, visto que o espaço da invenção, calcado em códigos de conduta prévios, promove a socialização.

O exemplo referido comprova que brincadeiras podem espelhar realidades, e também brinquedos são elementos simbólicos que evocam significações implícitas à sua materialidade. O "brinquedo metamorfoseia e fotografa a realidade" (Kishimoto, 2005, p. 18), reproduzindo, além de objetos, uma totalidade social: *shopping centers*, naves espaciais, aparelhos eletrodomésticos, bonecos e robôs, princesas e fadas, piratas, índios, mocinhos e bandidos remetem à tecnologia do mundo atual enquanto, simultaneamente, incorporam um imaginário preexistente veiculado por contos de fadas, filmes e seriados televisivos. Todavia, em face do mundo industrializado e da economia do consumo, o brinquedo corre o risco de transformar-se em objeto de dominação do adulto sobre a criança; se, por um lado, suprem reais necessidades, os brinquedos podem impor desejos sugeridos pelas estratégias mercadológicas que impregnam o mundo das crianças com a lógica do consumismo.

A oposição a uma prática mercantilista do brinquedo, ditada por imposições econômicas e tecnológicas, constrói-se pela convergência entre a cultura popular e a visão infantil do mundo, mediante as quais o imaginário das identidades regionais e da percepção infantil pode se manifestar. No entender de Walter Benjamin, é "no brinquedo que se pode observar com clareza um traço característico de toda arte popular", qual seja, a imitação de uma técnica rebuscada aplicada a um material simples ou rudimentar (Benjamin, 1992, p. 174). Brinquedos confeccionados pela criança junto com o adulto, como bolas, cataventos, papagaios ou bonecas de pano, têm o dom de reproduzir objetos sofisticados, mas sobretudo permitem, em sua execução, integrar tempos distintos, enquanto o adulto, nesse ato de intensa comunicação, recupera sua própria infância sob o efeito da memória e da imaginação.

Referindo-se à significação simbólica inerente à ludicidade, Benjamin afirma que, por meio dos ritmos das brincadeiras e dos jogos como o de perseguir, de que é exemplo o gato e o rato, de lançar ou de buscar, como no caçador ou no futebol, de preservar ou proteger, como nos jogos da amarelinha, o ser humano aprende a tornar-se senhor de si mesmo (Benjamin, 1992, p. 175). Consequentemente, as brincadeiras e os jogos populares oferecem à criança a oportunidade de experimentar ritmos e desafios essenciais que levam ao seu amadurecimento individual, enquanto a confecção dos próprios brinquedos lhe confere a sensação de autonomia decorrente da liberdade de criar, imaginar e fantasiar. Essa ação torna-se ainda mais significativa se for compartilhada por pessoas mais experientes que recuperam sua própria infância por meio dos artefatos em execução e de suas narrativas, que são "o resultado da ligação que o indivíduo estabelece com seu grupo familiar. É através da memória construída no grupo familiar que as lembranças da infância com relação ao brincar se renovam e se completam com maior facilidade" (Silva, 2005, p. 86).

O fato de se processarem no campo do imaginário, de constituírem uma linguagem cifrada, que emerge de uma dada sociedade e que a ela remete como autorrepresentação, de permitirem à criança o acesso ao mundo da linguagem, de obedecerem a regras livremente aceitas e de se efetivarem sem visar a uma finalidade utilitarista, confere a jogos, brinquedos e brincadeiras qualidades que também "são próprias da criação poética" (Huizinga, 1980, p. 147).

Com efeito, a disposição gráfica do poema que pode sugerir significações: os recursos de natureza melódica, tais como a rima, o metro, o ritmo, a assonância, a aliteração, as imagens sensoriais, a construção sintática inusitada, a ambiguidade de sentidos expõem-se como manifestações do lúdico e transformam a poesia em uma brincadeira com as palavras:

>Poesia
>é brincar com palavras
>como se brinca
>com bola, papagaio, pião.
>
>Só que
>bola, papagaio, pião
>de tanto brincar
>se gastam.
>
>As palavras não:
>quanto mais se brinca
>com elas
>mais novas ficam.
>
>Como a água do rio
>que é água sempre nova.
>
>Como cada dia
>que é sempre um novo dia.

No poema "Convite", José Paulo Paes (2004, p. 3) estabelece a equivalência da poesia com a brincadeira e das palavras com os brinquedos, retomando, sob o aspecto sonoro, o prazer que a criança experimenta no processo da aquisição da linguagem, em que ela brinca com as sonoridades, e em seu contato com os jogos de palavras, próprios da produção poética da oralidade. Cantigas de ninar, quadras, parlendas, trava-línguas e adivinhas provocam o envolvimento sensorial da criança devido às semelhanças e aos contrastes dos sons que constituem as palavras, independentemente de sua significação. Contudo, a função lúdica das produções poéticas provenientes da oralidade não se esgota em si mesma, visto que constitui elos entre as crianças e o seu espaço social, sendo representativa do modo como esse mesmo espaço percebe a infância.

"O que a linguagem poética faz é essencialmente jogar com as palavras" (Huizinga, 1980, p. 149) ao combinar seus sons e ao configurá-las como um enigma que se torna perceptível pela concretude das imagens sensoriais. Sob esse ponto de vista, as palavras assumem, juntamente com brinquedos e brincadeiras, traços comuns e caracterizam-se por uma significação não literal, já que o sentido explícito resguarda um outro, encoberto, ocorrendo o predomínio da realidade interna sobre a externa (Kishimoto, 2005, p. 25). Caracterizam-se, além disso, por um estado de prazer ou de alegria; por uma demonstração de interesse que imprime prioridade à ação em desenvolvimento; por uma atitude de descoberta e de inventividade propícia ao estabelecimento de novas combinações e regras.

Portanto, a transferência para o espaço escolar de jogos, brinquedos e brincadeiras, assim como da experiência lúdica da exploração da palavra, é fonte para a instalação da fantasia, da imaginação, da liberdade e da criatividade, sem deixar de se constituir em um processo de aprendizagem. Esse, porém, ao respeitar o modo como a criança constrói seu pensamento e ao investir na linguagem simbólica proveniente do ludismo, amplia o domínio da linguagem, promove o desenvolvimento do sistema linguístico e facilita a aquisição de sua representação escrita. Paralelamente às suas contribuições de natureza psíquica e cognitiva, o apelo ao brincar permite que a criança vivencie a experiência de pertencimento social. Assim, ela compartilha da rede de uma memória coletiva cujos vínculos estabelecem seu diálogo com o passado e dão um sentido peculiar ao presente. Sentindo-se integrada a uma comunidade cultural, a criança envolve-se com a preservação de suas manifestações e, a partir delas, exercita sua autonomia e sua liberdade de transformar e criar.

MANIFESTAÇÕES CULTURAIS COMO INSTRUMENTO DE APRENDIZAGEM

A aproximação entre professor e aluno por meio da cultura oral

A leitura na escola pode ser um momento de encontro, de trocas de experiências afetivas e cognitivas que enriquecem não somente o aluno, mas também o professor. Ao recuperar a criança que já foi um dia, o professor estabelece uma via de mão dupla com seus alunos, acolhendo o conhecimento que eles trazem para a escola e com eles dividindo sua experiência de aprendiz.

Tanto os educadores quanto seus alunos têm uma história pessoal em que se entrelaçam muitas histórias. Entre elas, inclui-se a do modo como tiveram acesso ao mundo da ficção e da poesia, o qual, certamente, não se iniciou na escola. Muitos ouviram, nos serões familiares, histórias de assombração, "causos", lendas e outras narrativas folclóricas; aprenderam com avós e pais, ou com outras pessoas que povoaram sua infância, quadras, trava-línguas, adivinhas, brincos. Para a maioria das pessoas, o primeiro contato com o mundo da cultura ocorreu por meio das canções de ninar que se inscreveram em sua memória como uma mensagem de ternura e de poeticidade.

Todavia, atualmente, nos dias de chuva ou nas noites de frio, as pessoas já não sentam ao redor do fogão a lenha para ouvir histórias e aprender canções, porque os avanços tecnológicos substituíram objetos que promoviam rituais de agregação, e os meios de comunicação introduziram outras formas de lazer. A própria família tem dificuldades para se reunir, e as histórias de vida e os registros de uma cultura oral diluem-se diante da força avassaladora das mensagens da mídia eletrônica e digital. Entretanto, apesar disso e por mais baixo que seja seu nível social, as crianças chegam à escola trazendo um repertório de narrativas e de poemas que, em maior ou menor grau, são representativos de sua identidade cultural. Esse acervo, somado àquele que o professor constituiu em sua infância e durante o trajeto de sua formação profissional, pode ser a base para

Alunos da 4ª série da EMEF Luiza Silvestre de Fraga são acompanhados pela professora em seu trabalho sobre fábulas

a construção de uma bem-sucedida história de leitura dos alunos. Assim sendo, essa história não tem um ponto de partida, mas também não terá um fim, pois será construída ou reescrita a cada dia, a cada novo encontro com a leitura.

O professor, por meio da troca de experiências e da valorização do conhecimento prévio de seu aluno, que se estende ao de seus familiares, transforma a prática da leitura e da escrita em um processo criativo que envolve emocionalmente a criança e lhe dá prazer. Essa relação amistosa com os códigos da língua não apenas deixa marcas no modo como a criança aprende a ler e a escrever, mas também afeta o processo do ensino e da aprendizagem e se expõe, até mesmo, no comportamento dos adultos em face da leitura. A oportunidade de vivenciar a magia das histórias e das brincadeiras com as palavras fomenta a inventividade da criança e sua autonomia, preparando-a para responder positivamente às tarefas da trajetória escolar e, por que não dizer, da própria vida. A falta dessa experiência, porém, leva alunos a apresentarem dificuldades na compreensão e na assimilação dos conteúdos pedagógicos, decorrentes de sua animosidade em relação à leitura. Para eles, o livro de literatura é, pela vida afora, um objeto feito de folhas de papel, uma vez que são incapazes de ver que as palavras que nelas dormem guardam histórias ou poemas que esperam para ser reinventados.

O caminho para a legitimação de uma história de leitura, cujo início se situa em experiências talvez indescritíveis e que se alimenta de contribuições coletivas, pode transitar, pois, da recuperação da literatura de tradição oral para o universo da produção artística. As quadrinhas, as trovas, as fórmulas de escolha, as adivinhas, os improvisos do folclore; os mitos e lendas afro-brasileiras e dos povos indígenas, bem como as narrativas orais de outras vertentes; as canções da música popular são modos de expressão que constituem um acervo para implementar as atividades escolares voltadas para o domínio da língua. Conjugados a manifestações da literatura de natureza estética, esses produtos da oralidade cativam o leitor e valorizam uma herança cultural que, reconhecida em sua heterogeneidade, ajuda a eliminar a distância da escola quanto à realização de seus objetivos: valorizar os traços identitários da criança, promover sua autoestima, contribuir para seu conhecimento pessoal e o do contexto, oferecer-lhe espaços de reflexão sobre padrões de comportamento social.

Ambas as modalidades – as de origem popular e as resultantes da criação estética – apelam ao imaginário, instalam um "mundo possível", brincam com a natureza lúdica da linguagem, introduzindo o prazer gratuito de um jogo, de que decorrem provocações, desafios e descobertas. Contudo, apesar de serem fictícias e de apresentarem aspectos mágicos e de encantamento, tanto a literatura oriunda do substrato oral quanto a de natureza artística estabelecem correspondências com a realidade, pois representam a natureza humana por meio de elementos simbólicos. Assim, essas produções têm a capacidade de abordar a vida concreta e de provocar interroga-

Alunos da 3ª e 4ª séries da EMEF Prof. Francisco Weiler dançam ao som de uma música gauchesca e degustam chimarrão

Manifestações culturais como instrumento de aprendizagem

ções sobre ela, ainda que, aparentemente, neguem todo e qualquer compromisso com a realidade. Além disso, mesmo que não tenham o objetivo explícito de ensinar, oferecem modelos de conduta, propiciam bases para comparações, revelam escalas de valores e paradigmas de beleza.

A tradição oral faz circular saberes que auxiliam homens e mulheres, crianças e adultos a se integrarem à sua cultura, enquanto os textos literários conseguem, além disso, introduzir uma reflexão sobre as potencialidades da própria língua. Portanto, valorizando a riqueza das manifestações oriundas da oralidade e do sistema literário, o professor garante ao aluno o acesso à herança cultural e provê sua formação como leitor.

Uma proposta lúdica de leitura e de escrita

A concepção de *Palavras, brinquedos e brincadeiras* parte da convicção de que os alunos podem ser motivados para o ato de ler ao constatarem que seu conhecimento da cultura oral é aproveitado como matéria para o desenvolvimento de atividades vinculadas à aquisição da leitura e à produção de textos. Esse aproveitamento estabelece uma aproximação entre a escola e a comunidade e entre o professor e o aluno, tendo em vista que esse último tem seus saberes e sua origem social valorizados. A apropriação da cultura oral, paralelamente, abre espaço para o estabelecimento de amplas correlações que também abarcam textos de natureza estética, entre os quais aqueles expressos por meio da palavra e da imagem.

Alunos da EMEF Rui Barbosa ilustram uma fábula lida em aula

Resulta dessa convergência a possibilidade da instauração de um diálogo inovador entre professor e aluno – o qual consolida o reconhecimento da importância da leitura no ensino fundamental – e a ampliação das fronteiras culturais dos atores em interação.

Palavras, brinquedos e brincadeiras é, pois, uma proposta pedagógica em que elementos da cultura popular são retomados e articulados a manifestações eruditas para constituírem material de trabalho do professor das séries iniciais do ensino fundamental. Nessa proposta, o domínio cultural da criança é o ponto de partida para a instalação de um am-

Alunos da EEEF 10 de Setembro descobrem palavras escondidas

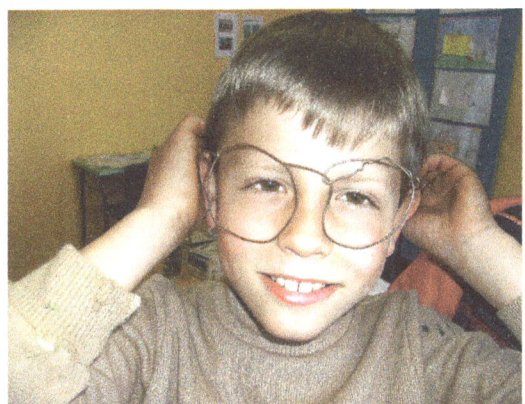

Aluno da EMEF Prof. Francisco Weiler brinca com escultura de arame

biente propício à aprendizagem da leitura e da escrita, e sua característica fundamental é a ludicidade. O entretenimento está presente na adesão a situações fictícias, em comportamentos ligados à ideia de jogo, no estímulo à invenção e à criatividade, mas a aplicação da proposta não exclui a reflexão sobre a realidade circundante e sobre as possibilidades de expressão da língua e de outras linguagens. Portanto, *Palavras, brinquedos e brincadeiras* assume uma peculiaridade própria, visto que recorre ao conhecimento prévio dos alunos – calcado na oralidade –, amplia-o para produções estéticas e, sem abandonar a concepção de brincadeira, orienta a aprendizagem para o estabelecimento de aproximações múltiplas no âmbito das linguagens e para o desenvolvimento de uma atitude crítica dos alunos diante de seu contexto.

A própria denominação – *Palavras, brinquedos e brincadeiras* –, esclarece a orientação da proposta para o divertimento, que ganha forma na execução das seis unidades de leitura e escrita. O foco temático, brinquedos e brincadeiras, é o núcleo gerador das unidades que são concebidas a partir de determinados gêneros textuais.

A primeira unidade – **Folclore e infância** – reúne variadas manifestações da cultura popular, abrangendo brincadeiras, brinquedos, canções, quadrinhas, adivinhas, parlendas, fórmulas de escolha e danças, aproximando as crianças do mundo dos brinquedos e das brincadeiras de seus pais e avós. A segunda e a terceira unidades – alicerçadas em **poemas** – voltam-se para a exploração da natureza lúdica da linguagem poética, promovem atividades de declamação e de análise de aspectos formais da poesia, como rimas, ritmo e processo enunciativo. A musicalidade instituída pelas palavras, os recursos da instalação de imagens, as associações inusitadas que elas sugerem são apresentados aos alunos como um convite para participarem de um exercício criativo. Uma vez acionado, ele propicia o prazer da produção de textos poéticos, o estabelecimento de relações entre textos verbais e visuais, a reflexão sobre o ato de brincar. **Fábulas** é a quarta unidade, que, ao centrar-se nesse gênero, interliga uma personagem do cinema atual com aquelas que, durante séculos, têm expressado lições de moralidade; ela abrange, além de inúmeras e

Alunos da 2ª série da EMEF Luiza Silvestre de Fraga fazem esculturas em argila

diversificadas atividades de leitura e de escrita, o estudo do gênero sinopse, a compreensão do conceito de fábula e sua releitura por meio da pintura, da iluminura, dos provérbios, e variados trabalhos de iniciação artística, que incluem desde esculturas com arame até representações teatrais. Ao prestigiar **Lendas e Contos populares**, a quinta e sexta unidades reafirmam que "a infância é uma fase extremamente lúdica da vida e que, nesse momento da existência humana, a gente faz a festa é com uma boa história bem contada" (Machado, 2002, p. 13). Além de ouvir e de reproduzir histórias por meio de técnicas que incluem ilustrações, dramatizações, encenações com fantoches, os alunos são desafiados a identificar aspectos específicos do modo narrativo, como, por exemplo, a estrutura sequencial de narrativas e a concepção de personagens. São estimulados também a redigir narrativas ou textos em forma de bilhetes, cartas, convites, receitas culinárias, anúncios ou mensagens de propaganda; a correlacionar as narrativas a canções populares; a se manifestar criticamente a respeito de episódios; a distinguir percepções decorrentes da imaginação mítica de informações resultantes da observação e da análise científica; a formular conceitos e a investigar aspectos do folclore.

Alunos da 1ª série da EMEF Luiza Silvestre de Fraga brincam com o jogo da memória

Todas as unidades preservam a ideia de que o aprendizado faz parte de uma festa em que os protagonistas são os alunos e em que os brinquedos e as brincadeiras abrangem palavras e inúmeras derivações que elas provocam. Todavia, ao valorizar o que é peculiar à infância – o lúdico – e transferir para a prática pedagógica elementos de origem popular e folclórica, as unidades ampliam o horizonte cultural dos alunos e contribuem para reafirmar os elos que lhes garantem sua identidade como sujeitos histórica e geograficamente situados.

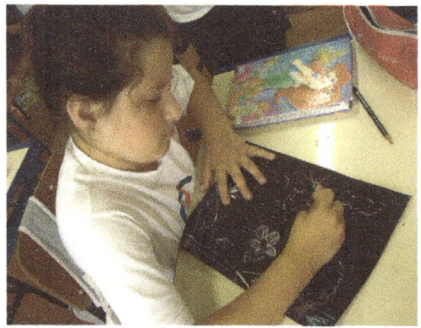

Aluna da EEEF 10 de Setembro experimenta uma nova técnica de ilustração

Ao darem forma à convicção de que brincar é coisa séria e de que a aprendizagem pode ser uma brincadeira, a proposição das unidades não perde de vista o foco no processo de aquisição da leitura e da escrita. Sob esse aspecto, elas partem de uma atividade de motivação para, a seguir, promover a instauração de distintas etapas do processo de leitura: entender, analisar, interpretar e aplicar. As etapas são um procedimento operatório não claramente demarcado, mas que subjaz à proposição das atividades, efetivadas por meio de questionamentos orais, de exercícios escritos – grande parte desses últimos está incluída na forma de apêndices, facilitando sobremodo a tarefa do professor –, ou por meio de variadas práticas de socialização do conhecimento. Sob esse aspecto, a proposta recorre às inovações tecnológicas, valendo-se dos processos da comunicação digital e dos recursos da multimídia para preservar a riqueza da tradição oral e a importância das histórias individuais e coletivas. Em seu conjunto, as atividades promovem a interação da criança com a palavra e com outras linguagens, constituindo um instigante material pedagógico cuja utilização sistemática aprimora a competência linguística, oportuniza avanços cognitivos, estimula a leitura, a invenção e a produção de textos e contribui para que o pequeno aprendiz compreenda melhor a si mesmo e seu espaço social.

As unidades trazem sugestões de trabalho para as séries iniciais, visando envolver alunos que estão em estágios distintos de alfabetização. Sempre que necessário, há divisões nas atividades e nos apêndices, que passam, então, a ser dirigidos ora para alunos que já dominam o código escrito, ora para aqueles que estão se familiarizando com a leitura e a escrita. Cabe ao professor optar pelas sugestões que forem mais adequadas ao nível de desenvolvimento de seus alunos e, sempre que necessário, proceder à sua adaptação. Paralelamente, o professor poderá enriquecer esse material, acrescentando inovações às atividades propostas; entretanto, é preciso que ele esteja atento à sistematização do processo de leitura e de escrita que está presente em cada unidade. Como ler e escrever são habilidades que dependem de sua prática contínua e persistente, o professor deverá, sempre que possível, ampliar o espaço dedicado a essas ações, dando-lhes uma dimensão significativa.

Como instrumento pedagógico, *Palavras, brinquedos e brincadeiras* expressa essa dimensão por meio de princípios fundamentais:

- a aprendizagem só ocorre quando o aluno está afetivamente envolvido, daí a necessidade de gostar do que faz;
- a aprendizagem somente pode ser avaliada pelo professor e pelo próprio aluno se este tem a oportunidade de expor ou de manifestar aquilo que assimilou como conhecimento;
- a aprendizagem decorre de habilidades cognitivas e da capacidade de imaginação dos alunos, sendo necessário "estabelecer práticas de ação docente que impliquem a mobilização daquelas faculdades, ambas peculiares ao ser humano, especialmente a segunda (Zilberman, 2006, p. 13);
- a aprendizagem é um ato individual, mas produzido em um espaço sociocultural e, por essa razão, seu processo é tanto mais rico quanto maior for a apropriação dos conhecimentos prévios dos alunos e o envolvimento de seu grupo familiar.

Esses princípios consolidaram-se e deram forma ao presente livro graças ao apoio das Prefeituras Municipais de Dois Irmãos e de Morro Reuter e à adesão espontânea de mais de 53 professores de escolas municipais e estaduais de três municípios gaúchos, os quais, em sua prática docente, envolveram cerca de 1.061 alunos. Os professores adotaram os princípios norteadores da proposta, discutiram as atividades e as testaram, sugeriram acréscimos, exclusões e alterações e garantiram sua validade ao contribuir com sua experiência e com a demonstração das produções dos alunos.

Como resultado desse processo de análise e de experimentação, os agentes envolvidos na proposição das atividades e em sua execução – professores e coordenadores – destacaram os aspectos positivos da articulação da aprendizagem do código escrito com o tema do brinquedo e da brincadeira e sua vivência no espaço escolar: o envolvimento prazeroso dos alunos nas atividades de leitura; a qualidade dos textos produzidos pelos alunos nas mais diferentes linguagens; a interação da escola com a comunidade e o comprometimento dos familiares com o processo de leitura e de escrita; o orgulho dos pais ao ver sua infância recuperada na infância de seus filhos; a satisfação dos professores ao perceber sua própria competência na proposição de atividades; a atitude positiva dos professores em face da necessidade de ler com seus alunos; o reconhecimento dos professores de que, para promover a leitura, a utilização de estratégias e técnicas diversificadas é muito importante; a constatação pelos professores do desenvolvimento da criatividade de seus alunos e da sua própria; a ampliação do horizonte cultural de alunos e professores.

Em síntese, a proposta expressa neste livro apropria-se do conhecimento prévio dos alunos, oriundo do substrato da oralidade, promove o envolvimento de comunidades e a valorização de sua identidade sociocultural, propõe ações inovadoras para a motivação da leitura, apoiadas no imaginário das crianças, e demonstra sua eficácia e eficiência por meio dos resultados no domínio da leitura e da escrita. Ela também se legitima por fatores imponderáveis, visto que, ao destacar as funções de caráter social e ético que brincadeiras, poemas e narrativas traduzem, contribui para a formação de cidadãos conscientes e críticos.

PRIMEIRA UNIDADE

Folclore e infância
tema de aprendizagem

JURACY ASSMANN SARAIVA
LUÍS CAMARGO
GABRIELA HOFFMANN LOPES

BRINCADEIRAS, ARTES DO SACI E OUTRAS ESTRIPULIAS

Atividade 1
Exercício de livre associação de ideias

O professor diz a palavra "brincadeira" e solicita aos alunos que escrevam em três cartões três outras palavras que eles lembram quando ouvem essa palavra, ou desenhem três objetos que a palavra brincadeira sugere. A seguir, os alunos apresentam sua produção para os colegas.

Atividade 2
Confecção de um jogo da memória

Os alunos, separados em duplas, escolhem cinco dos seis cartões e elaboram um jogo da memória. Serão feitos quatro pares de cartões com palavras ou com desenhos e um não terá par, funcionando como "mico". Quando os cartões apresentarem palavras, é importante que o professor verifique com seus alunos a escrita correta, já que memorizar a ortografia é um dos objetivos desse jogo.

Atividade 3
Prática do jogo da memória

Ainda em duplas, os alunos embaralham seus cartõezinhos virados de cabeça para baixo e os dispõem em três colunas de três filas a fim de praticar o jogo da memória. Em seguida, o professor reúne quatro alunos (duas duplas) e propõe que repitam o jogo, desta vez sem os "micos". Desse modo, as duplas formarão, com seus cartõezinhos, quatro colunas de quatro filas.

Atividade 4
Leitura ou audição da história do Saci, confecção da personagem e recuperação da sequência das ações

Dando continuidade ao tema do brinquedo, o professor lê ou conta a história do Saci (Apêndice 1A – para os alunos já alfabetizados – e Apêndice 1B – para os alunos em processo de alfabetização). Em seguida, junto com as crianças, ele faz a dobradura ou a moldagem em argila do Saci. Depois, recupera a sequência das ações da narrativa, estimulando as crianças a responderem perguntas, transcritas em tiras de cartolina de cores distintas, como as seguintes:

- Quem é o Saci?
- Como é o Saci?
- Onde mora o Saci?
- O que o Saci faz?

O professor registra as respostas, em forma de frases simples, em tiras de cartolina cujas cores combinam com a da pergunta. Em seguida, ele afixa as tiras com as perguntas e as respostas sobre papel pardo, TNT ou isopor. O professor retoma as perguntas e lê as frases com os alunos. A seguir, altera a ordem das tiras, desafiando os alunos a encontrar as respostas que correspondem às perguntas.

Atividade 5
Registro de uma "brincadeira"

O professor pergunta aos alunos se já aconteceram com eles "brincadeiras" parecidas com as que o Saci faz. A seguir, solicita aos alunos já alfabetizados que narrem por escrito uma "brincadeira" ou "peça" que alguém fez com eles ou que eles fizeram com alguém. Na narrativa, deverão explicar não só o que aconteceu, mas também sua reação como "vítimas" ou a reação das pessoas envolvidas. O professor deve distinguir brincadeiras inocentes, como as do Saci, de brincadeiras de mau gosto e enfatizar a orientação da atividade para as primeiras.

Em turmas de crianças ainda não alfabetizadas, o professor, depois de ter desenvolvido a Atividade 4, informa que devem pedir ajuda aos familiares para a redação de uma narrativa em que contem uma "brincadeira" que o Saci aprontou com elas ou que elas imaginam que o Saci possa ter aprontado (Apêndice 1C).

Tema de casa

Os alunos devem fazer o relato de uma "brincadeira" ou de uma travessura do Saci.

Atividade 6
Leitura ou narração dos relatos escritos pelos alunos ou por seus familiares

No dia seguinte, o professor oportuniza aos alunos que comentem as brincadeiras por eles escritas e escolhe aleatoriamente algumas delas para que sejam lidas para a turma, dando àqueles que o desejarem a oportunidade de ler o seu texto. Depois disso, os alunos reescrevem o texto com o auxílio do professor.

Os alunos em processo de alfabetização, sentados em círculo, contam ou leem a "brincadeira" do Saci que escreveram com a ajuda dos familiares. Após a manifestação oral, fazem a ilustração da narrativa que apresentaram ou reescrevem seu texto com o auxílio do professor.

As produções dos alunos dos diferentes níveis serão expostas na sala de aula, dando início à exposição de trabalhos referentes ao tema brinquedos e brincadeiras. Ao final da exposição, o professor reúne os textos dos alunos para compor o acervo de brincadeiras coletadas pela turma.

> **● PARA O PROFESSOR**
>
> O professor recolhe os textos dos alunos alfabetizados e verifica o episódio narrado e o tratamento dado à linguagem. Quanto ao primeiro aspecto, ele deve discutir, sempre que necessário, os danos que uma brincadeira de mau gosto pode provocar e, junto com os alunos, definir o que são padrões aceitáveis de comportamento e os que não podem ser considerados brincadeiras. Quanto à linguagem, o professor deve atentar para a correção, centrando-se particularmente em problemas de natureza ortográfica e de estrutura frasal.
>
> No dia seguinte, ele expõe em folhas de papel, no varal armado na sala para esse fim, a escrita correta de palavras que os alunos tenham errado. Ele deve, igualmente, transcrever no quadro frases dos alunos que apresentem problemas de estrutura e corrigi-las coletivamente.
>
> Após esses exercícios, os alunos partem para a reescrita de seu texto.

Atividade 7
Brincadeira – "O que o Saci pegou?"

O professor convida os alunos a participarem da seguinte brincadeira: um aluno fica na sala e faz de conta que é o Saci, escondendo ou tirando objetos do lugar, enquanto outro sai e, em seu retorno, deve identificar as "estripulias" do Saci. O tempo para a identificação não deve ultrapassar três minutos. Terminado o prazo, o professor, junto com os alunos, faz o registro das coisas que sumiram, quantificando-as. A brincadeira pode ser repetida e deve servir de estímulo tanto para a escrita de palavras quanto para o exercício de cálculos.

À medida que a atividade é feita, o professor registra as palavras no quadro, que deverão ser copiadas pelos alunos em seus cadernos. Ele também pode propor exercícios matemáticos referentes à soma e à subtração, tomando os objetos referidos por base.

Os alunos não alfabetizados deverão trazer seu brinquedo preferido para a próxima aula.

Atividade 8
Ampliação da livre associação de ideias ou momento de brincar

O professor diz a palavra "favorita" e pede aos alunos alfabetizados que escrevam três outras palavras que lembram quando a ouvem. Em seguida, os alunos leem para os colegas as palavras que lhes vieram à mente.

Feito isso, ele conversa com os alunos sobre o significado da palavra "favorita" e, a seguir, pergunta-lhes que palavra serviu de ponto de partida para o jogo da aula anterior. Ao obter a resposta "brincadeira", o professor interroga a cada um dos alunos sobre suas brincadeiras favoritas. No quadro-verde, registra as respostas, não se esquecendo de determinar o número de vezes em que as brincadeiras foram citadas.

O professor possibilita aos alunos não alfabetizados que apresentem uns aos outros os brinquedos que trouxeram e que brinquem livremente. A seguir, com os alunos sentados em círculo, ele os interroga sobre seu brinquedo favorito, de modo que cada um possa expor a história do brinquedo. O professor pode formular perguntas como, por exemplo:

- Quem lhe deu o brinquedo?
- Quando você o ganhou?
- Quantos anos você tinha?
- Por que você gosta tanto dele?

Atividade 9
Elaboração de um gráfico sobre brincadeiras ou brinquedos favoritos

Os alunos alfabetizados, reunidos em duplas, fazem um gráfico em folha de cartolina para especificar as cinco brincadeiras mais citadas pelos colegas como sendo suas favoritas, valendo-se dos dados transcritos pelo professor no quadro.

Nas turmas não alfabetizadas, o professor transcreve, em cartolina ou papel pardo, o nome dos alunos e, ao lado, o nome dos brinquedos que eles trouxeram. Cada aluno deverá dizer ou escrever uma palavra sobre seu brinquedo favorito em uma ficha, que será afixada na cartolina.

A seguir, o professor e os alunos fazem um gráfico em forma de barras, utilizando bolinhas feitas com papel colorido para identificar os brinquedos preferidos e o número de alunos que os escolheram. O professor também cola o gráfico na folha de cartolina. O trabalho de ambos os níveis deverá ser exposto na sala de aula, com o título *Brincadeiras ou brinquedos favoritos da turma*.

Apêndice 1A

O saci
Ricardo Azevedo

Gente da cidade grande, acostumada com luz elétrica, entregador de *pizza*, televisão, poluição, telefone celular, trânsito e computador, não entende nada de saci e só vai ver o saci no dia de São Nunca.

Acontece que o saci é filho do mistério, filho do vento que assobia, filho das sombras que formam figuras no escuro da floresta, filho do medo de assombração. O saci é uma dessas coisas que ninguém explica.

Por exemplo. É muito fácil explicar uma casa. Ela tem tijolos, portas, paredes, janelas e serve para morar. É muito fácil também explicar um cachorro. É um animal mamífero, pertence à espécie canina, abana o rabo, às vezes morde, faz xixi no poste, é amigo das pulgas e serve para latir e tomar conta de casas e apartamentos.

Agora, tente explicar o gosto. Por que tem gente que gosta de uma coisa e gente que gosta justo do contrário?

Experimente explicar a beleza ou explicar um sentimento ou as coincidências que acontecem ou o gosto dos sonhos, os acasos ou um pressentimento. Você já teve um pressentimento? Já sentiu que uma coisa ia acontecer e, no fim, ela aconteceu mesmo? Pois bem, agora tente explicar!

Às vezes a gente está calmamente em casa com uma coisa na mão. O telefone toca. A gente atende. Bate um papo. Quando desliga, cadê a coisa que a gente estava segurando? Sumiu! A gente não consegue acreditar. A coisa estava aqui agorinha mesmo! A gente procura em todo canto, xinga, reclama, arranca os cabelos, vira a casa de cabeça pra baixo e nada. De repente, olha pro lado... não é possível! A coisa estava ali o tempo todo bem na cara da gente!

Numa casa de caboclo, quando isso acontece, as pessoas dizem que foi obra do saci. Dizem que o saci tem mania de esconder as coisas e depois fica escondido, dando risada, enquanto a gente faz papel de bobo.

[...]

Fonte: Azevedo (2003, p. 18-19).
Recomenda-se ao professor que utilize a publicação em livro.

Brincadeiras, artes do Saci e outras estripulias

Apêndice 1B

Saci-Pererê
Monteiro Lobato

Tio Barnabé era um negro de mais de oitenta anos que morava no rancho coberto de sapé lá junto da ponte. Pedrinho não disse nada a ninguém e foi vê-lo. Encontrou-o sentado, com o pé direito num toco de pau, à porta de sua casinha, aquentando o sol.

— Tio Barnabé, eu vivo querendo saber duma coisa e ninguém me conta direito. Sobre o Saci. Será mesmo que existe Saci?

O negro deu uma risada gostosa e, depois de encher de fumo picado o velho pito, começou a falar:

— Pois, seu Pedrinho, Saci é uma coisa que eu juro que exéste. Gente da cidade não acredita – mas exéste. A primeira vez que vi Saci eu tinha assim a sua idade. Isso foi no tempo da escravidão, na fazenda do Passo Fundo, do defunto major Teotônio, pai desse coronel Teodorico, compadre de sua avó dona Benta. Foi lá que vi o primeiro Saci. Depois disso, quantos e quantos!...

— Conte, então, direitinho, o que é Saci. Bem, tia Nastácia me disse que o senhor sabia, que o senhor sabe tudo...

— Como não hei de saber tudo, menino, se já tenho mais de oitenta anos? Quem muito véve muito sabe...

— Então conte. Que é, afinal de contas, o tal Saci? E o negro contou tudo direitinho.

— O Saci – começou ele – é um diabinho de uma perna só que anda solto pelo mundo, armando reinações de toda sorte e atropelando quanta criatura existe. Traz sempre na boca um pitinho aceso, e na cabeça uma carapuça vermelha. A força dele está na carapuça, como a força de Sansão estava nos cabelos. Quem consegue tomar e esconder a carapuça de um Saci fica por toda a vida senhor de um pequeno escravo.

— Mas que reinações ele faz? – indagou o menino.

— Quantas pode – respondeu o negro. Azeda o leite, quebra a ponta das agulhas, esconde as tesourinhas de unha, embaraça os novelos de linha, faz o dedal das costureiras cair nos buracos. Bota moscas na sopa, queima o feijão que está no fogo, gora os ovos das ninhadas. Quando encontra um prego, vira ele de ponta pra riba para que espete o pé do primeiro que passa. Tudo que numa casa acontece de ruim é sempre arte do Saci. Não contente com isso, também atormenta os cachorros, atropela as galinhas e persegue os cavalos no pasto, chupando o sangue deles. O Saci não faz maldade grande, mas não há maldade pequenina que não faça. – disse Tio Barnabé.

Fonte: Lobato (20-?).

O saci

O saci é uma entidade muito popular no folclore brasileiro. No fim do século XVIII já se falava dele entre os negros, mestiços e tupis-guarani, de onde se origina seu nome.

Em muitas regiões do Brasil, o saci é considerado um ser muito brincalhão, que esconde objetos da casa, assusta animais, assovia no ouvido das pessoas, desarruma cozinhas, enquanto em outros lugares ele é visto como uma figura maléfica.

É um negrinho de uma perna só que fuma um cachimbo e usa na cabeça uma carapuça vermelha que lhe dá poderes mágicos, entre eles, o de aparecer e desaparecer onde desejar.

Tem uma mão furada e gosta de jogar objetos pequenos para o alto e deixá-los atravessá-la para pegar com a outra.

Ele costuma assustar viajantes ou caçadores solitários que se aventuram por lugares ermos nos sertões ou matas, com um arrepiante assovio no ouvido, para em seguida aparecer numa nuvem de fumaça pedindo fogo para seu cachimbo.

Ele gosta de esconder brinquedos de crianças, soltar animais dos currais, derramar sal que encontra nas cozinhas e, em noites de lua, monta um cavalo e sai campo afora em desembalada carreira fazendo grande alvoroço.

Diz a crença popular que dentro dos redemoinhos de vento – fenômeno em que uma coluna de vento rodopia levantando areia e restos de vegetação e sai varrendo tudo o que encontra à sua frente – existe um saci.

Diz ainda a tradição que, se alguém jogar dentro do pequeno ciclone um rosário de mato abençoado, pode capturá-lo e, se conseguir sua carapuça, será recompensado com a realização de qualquer desejo.

Fonte: O saci (20-?).

Brincadeiras, artes do Saci e outras estripulias

Apêndice 1C

Bilhete para os pais e ficha para redação

Data: ___/___/___

Queridos pais:

Peço que escrevam ou ajudem a criança a escrever uma "brincadeira" que o saci aprontou com alguém ou que vocês imaginam que possa ter aprontado. A tarefa deverá ser feita na folha que está junto ao bilhete e entregue na aula do dia _____.

Muito obrigado(a)!

_____
Professor(a)

Aluno(a): ....
Série: .... Professor(a): ....
Escola: .... Município: ....

Uma travessura do saci

_____
_____
_____
_____
_____
_____
_____
_____
_____

Brincadeiras, artes do Saci e outras estripulias

BRINQUEDOS DE ONTEM E DE HOJE

Atividade 1
Reconhecimento de brinquedos antigos

O professor apresenta a reprodução da fotografia (Apêndice 2A), que mostra brinquedos feitos com ossos de animais. Ele comenta que as crianças de antigamente transformavam elementos da natureza em brinquedos. Estimula, então, os alunos a pesquisarem brinquedos de antigamente e a descrevê-los com a ajuda de familiares. Para isso, cada aluno deve conversar com pessoas da família ou amigos que se disponham a explicar algum brinquedo de sua infância e o modo como se brincava com ele.

Os alunos alfabetizados deverão preencher pessoalmente a ficha (Apêndice 2B), que deverá ser explicada pelo professor; os que não sabem escrever devem solicitar ao familiar ou amigo que o faça.

Tema de casa

Para a próxima aula, cada aluno deverá trazer preenchida a ficha para pesquisa sobre brinquedos (Apêndice 2B).

Atividade 2
Apresentação de brinquedos antigos

Os alunos alfabetizados expõem os dados de sua pesquisa sobre brinquedos. O professor analisa com a turma a descrição feita e discute sua redação, fazendo sugestões para que o texto transcrito na ficha fique claro e correto. Sempre que necessário, o aluno deverá reescrever o texto.

Os alunos em fase de alfabetização mencionam os brinquedos antigos que seus familiares identificaram. O professor recolhe as fichas e conversa com a turma sobre os brinquedos aí referidos, perguntando aos alunos se os conhecem e se já brincaram com eles.

Atividade 3
Confecção de brinquedos antigos

Junto com os alunos, o professor escolhe, entre os mencionados, brinquedos para serem confeccionados no decorrer da semana. Eles irão compor a coleção de brinquedos que os alunos utilizarão na hora do intervalo. Para integrar escola e comunidade, o professor pode convidar familiares para explicar como eram os brinquedos de antigamente e ajudar na sua confecção.

> **• PARA O PROFESSOR**
>
> O professor deve providenciar o material necessário para a execução dos brinquedos e disponibilizar uma caixa decorada, onde eles serão guardados. Cabe-lhe, igualmente, estabelecer regras para seu uso.
>
> Na tarefa de confecção de brinquedos, o professor deveria poder contar com a ajuda de seus colegas e com a participação do corpo diretivo da escola para que a iniciativa ganhe adeptos em outras turmas.

Atividade 4
A origem de um brinquedo na forma de um parágrafo

Na sala de Informática, os alunos que dominam a leitura pesquisam junto com o professor a origem de alguns brinquedos em endereços eletrônicos como os seguintes:

- http://www.tvcultura.com.br/aloescola/infantis/brincarebom/historia.htm
- http://www.arcadovelho.com.br/brinquedos%20antigos/brinquedos%20antigos/brinquedos%20de%20outros%20natais.htm

A seguir, o professor divide a turma em grupos, cabendo a cada um escrever, na forma de um parágrafo, a origem de um brinquedo. Redigido o parágrafo, um aluno, escolhido entre os componentes do grupo, faz a leitura aos demais colegas da turma.

Na sala de aula, o professor relata aos alunos não alfabetizados a origem de um brinquedo selecionado pelos alunos. Então, ele formula perguntas sobre sua narrativa e registra as respostas, na forma de um parágrafo, em um cartaz para ficar exposto na sala.

Apêndice 2A

Fotografia do brinquedo "gado de osso"

Para o professor apresentar aos alunos em transparência ou em reprodução colorida.

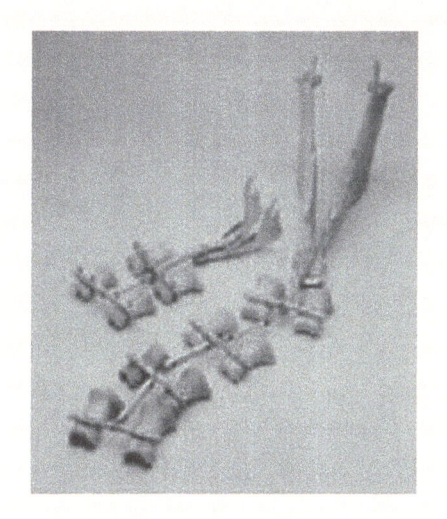

Fonte: Página do Gaúcho. Gado de osso. (2001).

Brinquedos de ontem e de hoje

Apêndice 2B

Ficha para pesquisa sobre brinquedos antigos

Aluno(a):..
Série: .... Professor(a):...
Escola:...Município:..

- ▶ Nome do brinquedo: _____

- ▶ Material de que é feito: _____
  _____
  _____

- ▶ Modo de brincar: _____
  _____
  _____

- ▶ Nome do entrevistado: _____

- ▶ Idade do entrevistado: _____

- ▶ Local em que usava o brinquedo: _____
  _____

- ▶ Época (ano aproximado) em que usava o brinquedo: _____

- ▶ Relação de parentesco com o entrevistador: _____

Brinquedos de ontem e de hoje

3
BRINCADEIRA TAMBÉM É COISA SÉRIA

Atividade 1
Brincadeira do "telefone sem fio"

O professor pede aos alunos que formem um círculo e inicia a brincadeira do "telefone sem fio", dizendo junto ao ouvido de um aluno, uma a cada vez, as palavras "folclore", "cama de gato", "academia" e "cabra-cega". O aluno deve repassá-la da mesma forma ao colega mais próximo, e assim sucessivamente, até chegar ao último aluno, que dirá em voz alta o que ouviu.

O professor registra a palavra enunciada pelo aluno, colocando ao lado aquela com que ele começou a brincadeira, caso sejam distintas.

Atividade 2
Reconhecimento de brincadeiras

O professor retoma as palavras da brincadeira anterior e refere a existência de dicionários especializados, como o *Dicionário de folclore para estudantes*, de Mario Souto Maior, que explicam o que é folclore e apresentam descrições sobre brinquedos e brincadeiras.

Nas turmas com domínio da leitura e da escrita, o professor, após esclarecer o sentido de "folclore", lê alguns verbetes do dicionário mencionado e pergunta se alguém conhece a brincadeira descrita ou outra parecida, chamando a atenção para o fato de que uma mesma brincadeira ou brinquedo pode ter diversos nomes em diferentes regiões do Brasil. Também deve salientar que a mesma brincadeira pode ser realizada de maneiras distintas, conforme a região do país.

Em turmas de alunos não alfabetizados, o professor também explica o sentido de "folclore" e, em vez de ler, apresenta as brincadeiras mencionadas nos verbetes. Além disso, interroga as crianças para saber se as conhecem e se já as executaram.

Na sequência, o professor envolve os alunos na realização das brincadeiras que foram esclarecidas por meio da leitura dos verbetes ou pela explicação dada por ele.

● PARA O PROFESSOR

Folclore. Folclore foi uma palavra criada por William John Thoms – um arqueólogo inglês – quando, no dia 22 de agosto de 1846, publicou uma carta no jornal *O Ateneu*, de Londres, mostrando a necessidade da existência de um vocábulo destinado a denominar o estudo das tradições populares inglesas. Desde a data da publicação da carta, passou a ser comemorado no mundo inteiro o dia 22 de agosto como o Dia do Folclore. A palavra *folclore* foi formada da união de dois termos oriundos do antigo inglês falado na Inglaterra: *folk* (povo) e *lore* (saber) e substituiu o que, na época, era chamado de antiguidades populares. Na carta escrita ao jornal londrino William John Thoms usou o pseudônimo Ambrose Merton e pediu que se fizesse um registro de antigas lendas, crenças em desuso, baladas, velhos costumes, fatos curiosos, de sua terra. Mas, o que é *folclore*? Definir continua a ser uma das artes mais difíceis, principalmente quando se trata de definir *folclore*, dada a sua abrangência e seu vasto e complexo mundo de ação. Cada estudioso do assunto tem sua definição própria, de conformidade com a ótica de cada um. Na minha opinião, o *folclore* é muito difícil de ser definido. Uma definição de *folclore* seria muito comprida e incompleta. Assim, folclore é a cultura popular, envolvendo sua sabedoria, a linguagem falada pelo povo, as cantigas de roda, as adivinhações, os provérbios, os folhetos de feira, as histórias de Trancoso, a culinária, a medicina ortodoxa, o artesanato utilitário e decorativo, as anedotas, os folguedos, os autos populares, as bandas de pífanos, as brincadeiras infantis, as crendices, as superstições, a religiosidade, as cantigas de ninar, as danças, a poesia popular cantada de improviso e tudo que o povo faz, usa, acredita. Tudo que vem do povo, de sua sabedoria, é, pois, folclore.

Fonte: Maior e Lossio (20-?).

Academia. É um jogo ginástico infantil, muito antigo, no qual a criança pula com um pé só para apanhar a pedrinha que jogou do primeiro até o último quadrado. Em outras partes do país o jogo também é conhecido como *amarelinha*.

Cabra-cega. É uma brincadeira que consiste em vendar os olhos de uma criança, fazer com que ela dê umas voltas e depois deixar que pegue outro componente da brincadeira. Quando conseguir tirar o lenço dos olhos da pessoa que foi agarrada, passa a mesma a ser a nova *cabra-cega*. A brincadeira veio da Europa trazida pelos colonizadores portugueses.

Cama de gato. Cama de gato é um divertimento infantil, com um cordão com as duas extremidades atadas, entrelaçadas nos dedos das mãos formando uma rede, para que outra pessoa se apodere da brincadeira, transformando-a mais difícil.

Fonte: Maior e Lossio (20-?).

Atividade 3
Representação da brincadeira favorita

O professor solicita aos alunos que respondam à seguinte pergunta: "Qual é a sua brincadeira favorita?" por meio de um desenho e pelo registro do nome da brincadeira em uma ficha. Em seguida, orienta os alunos que já sabem escrever a redigirem uma legenda para o desenho que fizeram.

> ● **PARA O PROFESSOR**
> É necessário que o professor converse com os alunos sobre o significado do termo "legenda", referindo ser um texto explicativo que acompanha uma ilustração ou uma gravura, dando-lhe um título e informações importantes.

Atividade 4
Prática de brincadeiras

O professor coloca em uma caixa as fichas em que os alunos registraram o nome de suas brincadeiras favoritas. Ele escolhe aleatoriamente uma das fichas e realiza a brincadeira com a turma. (Sugere-se que o professor, ao final de cada aula, repita essa atividade.)

Atividade 5
Brincadeira com uma canção folclórica

O professor convida a turma para brincar, ouvindo a canção "Balaio" ou "Pezinho". Ambas fazem parte do folclore brasileiro e foram recolhidas por Barbosa Lessa e Paixão Côrtes.

Após a audição, ele disponibiliza a letra da música por escrito em um painel e identifica os termos desconhecidos pelos alunos, acolhendo, para tanto, as opiniões deles a respeito desses termos, até chegarem à sua significação. Em seguida, canta a canção com os alunos e ensina-lhes os passos da dança (Apêndice 3A).

Atividade 6
Leitura, declamação e análise de quadras

O professor lê novamente a canção "Balaio" ou "Pezinho" e, por meio de perguntas, conduz os alunos a perceberem os aspectos formais da canção: composição versificada, formada por estrofes de quatro versos, com rimas. Ele os estimula a constatarem que, muitas vezes, as quadras parecem uma brincadeira, tanto pelo jogo sonoro, produzido pelo ritmo e pelas rimas das

> **PARA O PROFESSOR**
>
> **Balaio.** Dança de origem nordestina, que teve suas raízes na chula. Inicialmente era dançada por pares soltos. Com a evolução, surgiu o balaio híbrido, com momentos em que os pares ficam soltos e em que ficam enlaçados, mas sempre com sapateios dos homens e giros das mulheres. O balaio, como o próprio nome diz, sugere uma dança de círculo.
>
> **Fonte:** Lamberty (20-?).
>
> **Pezinho.** Essa é uma das mais simples e ao mesmo tempo uma das mais belas danças folclóricas gaúchas. A melodia, proveniente de Portugal e dos Açores, é muito popular no litoral dos estados de Santa Catarina e do Rio Grande do Sul. O "Pezinho" é a única dança popular rio-grandense em que todos os dançarinos obrigatoriamente cantam, sem se limitar à simples execução da coreografia.
>
> **Fonte:** Página do gaúcho. Pezinho (20-?).

palavras, quanto pelas ideias que expõem. O professor recorre, então, a exemplos para demonstrar essas características e desafia os alunos a dizerem quadras de que eles se lembrem, valendo-se delas para demonstrar a presença da musicalidade.

- Bão-la-la-lão
- Senhor Capitão
- Espada na cinta
- Ginete na mão

- Meio-dia
- Macaco assobia
- Panela no fogo
- Barriga vazia

- Atirei um limão verde
- De pesado foi ao fundo
- Os peixinhos responderam:
- – Viva Dom Pedro II!

Atividade 7
Coleta ou sorteio de quadras

O professor orienta os alunos alfabetizados a coletarem, com seus familiares, quadras para serem declamadas na aula seguinte.

Os alunos não alfabetizados escolhem aleatoriamente uma quadra: o professor coloca fichas de papel com quadras em um envelope e cada aluno retira uma (Apêndice 3B).

Tema de casa

Decorar, com o auxílio dos familiares, a quadrinha coletada ou sorteada para a aula seguinte.

Atividade 8
Declamação, transcrição e ilustração de quadras

Cada aluno declama uma quadra, escolhida entre as que ele coletou, ou aquela que lhe coube por sorteio. Com a coordenação do professor, eles selecionam as quadras de que mais gostaram para serem transcritas e ilustradas.

Reunidos em pequenos grupos, os alunos alfabetizados escrevem as quadras em papel pardo ou cartolina e fazem sua ilustração. Em turmas que ainda não dominam o código escrito, o professor escreve as quadras, mas os alunos, também reunidos em pequenos grupos, fazem a ilustração, valendo-se de técnicas de colagem.

Para valorizar o trabalho dos alunos, o professor compõe um mural a ser exposto na sala de aula.

● **PARA O PROFESSOR**
Para a realização das atividades com quadras e outras que seguem, o professor pode recorrer às seguintes fontes:

Lopes Neto (1999).
Melo (1985).
Ribeiro (2007)[b].

Apêndice 3A

Balaio

Barbosa Lessa e Paixão Côrtes

Eu queria ser balaio,
balaio eu queria ser.
Para andar dependurado
na cintura de você.

Balaio meu bem, balaio sinhá
Balaio do coração.
Moça que não tem balaio, sinhá
Bota a costura no chão.

Eu queria ser balaio
na colheita da mandioca.
Para andar dependurado
na cintura das chinoca.

Balaio meu bem, balaio sinhá
Balaio do coração.
Moça que não tem balaio, sinhá
Bota a costura no chão.

Mandei fazer um balaio
pra guardar meu algodão.
Balaio saiu pequeno
não quero balaio não.

Modo de dançar

Posição inicial: fazem-se dois círculos – o dos meninos e o das meninas. Eles são dispostos um dentro do outro, de modo que as meninas fiquem do lado de dentro, com a face voltada para os parceiros.

1º movimento: ao iniciar a canção, os pares ficam de costas uns para os outros. Enquanto é cantado o primeiro verso de cada estrofe, os meninos dão sete passos para a esquerda e as meninas, de mãos dadas, para a direita. No sétimo passo, os pares se cumprimentam ainda de costas.

2º movimento: a seguir, no segundo verso, o sentido da rotação é alterado e, no sétimo passo, quando os pares iniciais se reencontram, ficam novamente de frente e se cumprimentam, estendendo a mão.

3º movimento: na parte em que se canta "Balaio meu bem, balaio sinhá / Balaio do coração", as meninas giram rapidamente, enquanto os meninos sapateiam ao ritmo da música.

4º movimento: nos versos "Moça que não tem balaio sinhá / Bota costura no chão", as meninas se abaixam, fazendo com que o vento se embolse nas saias, e os meninos fazem uma mesura de galanteio.

Fonte: Página do Gaúcho. Dança ([20 --]).

Pezinho

Barbosa Lessa e Paixão Côrtes

Refrão
Ai bota aqui, ai bota ali o teu pezinho
O teu pezinho bem juntinho com o meu
Ai bota aqui, ai bota ali o teu pezinho
O teu pezinho, o teu pezinho ao pé do meu

E depois não vá dizer
Que você já me esqueceu
E depois não vá dizer
Que você já me esqueceu

Refrão
Ai bota aqui, ai bota ali o teu pezinho
O teu pezinho bem juntinho com o meu
Ai bota aqui, ai bota ali o teu pezinho
O teu pezinho, o teu pezinho ao pé do meu

E no chegar desse teu corpo
Um abraço quero eu
E no chegar desse teu corpo
Um abraço quero eu

Agora que estamos juntinhos
Dá cá um abraço e um beijinho

Modo de dançar

Posição inicial: meninos e meninas são dispostos face a face, formando pares e unidos pela mão direita.

1º movimento: no primeiro verso, "Ai bota aqui, ai bota ali o teu pezinho", meninos e meninas levam o pé direito à frente e o movimentam em forma de pêndulo, deixando o calcanhar encostado no chão. O peso do corpo é apoiado na perna esquerda.

2º movimento: quando se canta "O teu pezinho bem juntinho com o meu", os pares trocam de mãos e de pés, isto é, seguram-se pela mão esquerda e levam à frente o pé esquerdo.

3º movimento: nas demais estrofes, cada par entrelaça os braços direitos e roda no sentido horário. Dada uma volta, os pares soltam os braços e põem-se face a face, como no início da música, fazendo uma reverência. O mesmo movimento é feito com os braços esquerdos enlaçados e, desta vez, em sentido anti-horário.

Fonte: Disponível em: <http://www.eefd.ufrj.br/ciafolclorica/flash/ensino.swf >. Acesso em: 28 fev. 2009.

Brincadeira também é coisa séria

Apêndice 3B

Bilhete para os pais e quadrinhas

Data: ___/___/___

Queridos pais:

Peço que ajudem a criança a decorar a quadrinha que está junto a este bilhete. Na próxima aula, isto é, dia _____, ela irá apresentar sua quadrinha para os colegas.

Muito obrigado(a),

_____

Brincadeira também é coisa séria.

Atirei um limão verde De pesado foi ao fundo Os peixinhos responderam: – Viva Dom Pedro II!	Mamãe é uma rosa Que papai colheu Eu sou o botãozinho Que a roseira deu.	Um passarinho me disse Enquanto fazia seu ninho Trate de mim com amor, Que eu lhe dou o meu carinho!
Joguei meu limãozinho lá da torre de Belém, deu na terra, deu na água deu no peito de meu bem.	Sou pequenina(o) Do tamanho de um botão Carrego o papai no bolso E a mamãe no coração	No fim desta rua Existe um casarão Lá estão papai, mamãe, Lá mora meu coração!
Se tu visses o que eu vi Fugias como eu fugi Uma cobra a tirar água E outra a regar o jardim!	Eu fui indo por um caminho Capim cortou meu pé Amarrei com fita verde Cabelinho de José	Um botão de rosa, Veio do Buri Cheira tão gostoso, morena Cheira a abacaxi.
Sete e sete são catorze Com mais sete, vinte e um Tenho sete namorados Mas não gosto de nenhum.	Sou pequenininha De perna grossa Vestido curto Mamãe não gosta!	Da laranja quero um gomo, Do limão quero um pedaço Da mãezinha quero um beijo Do papai quero um abraço,
Ó lua que vais tão alta Redonda como um tamanco! Ó Maria, traz a escada Que não chego lá com o banco!	Batatinha quando nasce Se esparrama pelo chão Criancinha quando dorme, Põe a mão no coração!	Nas ondas dos teus cabelos, ensinaste-me a nadar. Agora que és careca, ensina-me a patinar!

DIVERSÃO COM ADIVINHAÇÕES E CANTIGAS

Atividade 1
Brincadeiras com adivinhações

O professor explica que brincadeiras também podem ser feitas com palavras, como é o caso das quadras (que os alunos já conhecem) e da adivinhação. Ele distribui folhetinhos entre os alunos, reunidos em grupos, contendo uma das adivinhações sugeridas ou outras escolhidas por ele (Apêndice 4A):

- O que é, o que é? Cai em pé e corre deitado? (chuva)
- O que é, o que é? Tem quatro pés, mas não anda? (mesa)
- O que é, o que é? De dia está no céu e de noite está na água? (dentadura)
- O que é, o que é? Quando atira pra cima é branco e quando cai é amarelo? (ovo)
- O que é, o que é? Quando entra na casa fica do lado de fora? (botão)
- O que é, o que é? Nasce grande e morre pequeno? (vela ou lápis)
- O que é, o que é? Quanto mais se perde, mais se tem? (sono)
- Qual é o céu que não tem estrelas? (o céu da boca)
- O que a barata falou pra outra? (O meu namorado é um barato!)
- O que a panela falou pra pipoca? (Sou eu que levo fogo por baixo e é você que pula.)
- O que o pires falou pra xícara? (Mas que bunda quentinha!)
- Como escrever líquido quente e salgado com seis palitos de fósforo? (Formando a palavra XIXI.)

Dado um certo tempo, o professor solicita reservadamente aos alunos que lhe digam a resposta encontrada para a adivinhação. Depois de ter solucionado o enigma, os alunos trocam de grupo. Para formar os novos grupos, o professor reúne um integrante de cada um dos grupos anteriores, que lê sua questão para os outros, que têm de adivinhá-la, cabendo-lhe posicionar-se quanto à exatidão da resposta. Ele deve da mesma forma resolver a adivinhação proposta pelos demais colegas do grupo.

Em se tratando de alunos não alfabetizados, o professor auxilia os grupos na leitura da adivinhação e solicita que lhe digam reservadamente a resposta encontrada. Depois de ter solucionado o enigma, os grupos trocam os folhetinhos e o professor repete a ação anterior. Posteriormente, ele apresenta todas as adivinhações ao grande grupo para que deem a solução.

> **PARA O PROFESSOR**
>
> Para a realização das atividades com adivinhas, o professor pode recorrer às seguintes fontes:
>
> Azevedo (2003).
> Furnari (2005).
> Melo (1985).
> Ribeiro (2007a).

Atividade 2
Leitura de *Sua Alteza a Divinha* ou *Panela de arroz*

O professor lê para a turma o livro *Sua Alteza, a Divinha*, de Angela Lago, em que ela recria um conto popular. A seguir, ele recupera oralmente a sequência das ações, fazendo perguntas aos alunos. Feito isso, redige junto com os alunos uma síntese da narrativa, que eles copiam em seu caderno.

Nas turmas em processo de alfabetização, o professor lê integralmente a narrativa *Panela de arroz*, de Luís Camargo. A seguir, ele relê a narrativa para recuperar as adivinhações a que Maneco Caneco deve responder, escrevendo no quadro as palavras que constituem as respostas. Feito isso, reconstitui oralmente com os alunos o modo de se preparar uma panela de arroz.

Atividade 3
Criação de uma história em quadrinhos e envolvimento de familiares

Tendo por base a síntese, os alunos alfabetizados criam uma história em quadrinhos. Em casa, o aluno lê a síntese para um familiar e mostra sua recriação. Ele pede ao ouvinte que escreva junto ao texto sua opinião sobre a narrativa e a ilustração, acrescentando uma nova charada.

Os alunos das séries iniciais devem contar a história da *Panela de arroz* aos familiares e pedir que lhes ensinem uma charada, a qual deverá ser escrita no caderno.

Trazer por escrito uma nova adivinhação, além da opinião do familiar sobre a história e a ilustração, no caso dos alunos já alfabetizados.

Atividade 4
Roda de adivinhações

No início da aula, o professor organiza uma roda de adivinhações. O aluno põe-se de pé e lê ou diz a charada para a turma, aguardando a solução. Depois de todos terem apresentado sua charada, o professor passa para a atividade seguinte.

Atividade 5
Charada em torno de um brinquedo

Depois da roda de adivinhações, o professor diz que trouxe uma adivinha nova para que a turma a solucione:

> O que é o que é?
> Para andar se bota a corda
> Para andar se tira a corda
> Porque com corda não anda
> Sem corda não pode andar?
>
> **Fonte:** Página do Gaúcho. Bola de vidro/gude/inhaca e pião ([20--]).

Se os alunos não souberem a resposta, o professor deve oferecer dicas, como:

- é um brinquedo;
- é feito de madeira;
- tem forma de pera;
- tem um prego na ponta;
- gira.

Se as dicas não funcionarem, o professor lê o verbete do *Dicionário de folclore para estudantes*, omitindo o termo "pião", ou dá a resposta.

> ● **PARA O PROFESSOR**
>
> **Pião.** O pião talvez seja um brinquedo universal é muito apreciado pelos meninos. Feito geralmente de madeira, tem a forma de uma pera, com um prego na ponta, girando por força do impulso de um cordão ("fieira") que o veste de baixo para cima, menos o fim, que fica na mão de quem vai jogá-lo.
>
> **Fonte:** Maior e Lossio ([20 --?]).

Atividade 6
Diversão por meio de cantigas

O professor pergunta se alguém conhece a cantiga de roda chamada *Roda, pião!* e acolhe as respostas. Em seguida, distribui uma cópia da letra da cantiga para que os alunos alfabetizados façam a leitura silenciosa, ou disponibiliza em uma cartolina, a cópia da letra da cantiga para que os alunos façam sua leitura junto com ele. Então, convida a turma para cantar e brincar (**Apêndice 4B**).

A seguir, o professor passa a cantar com os alunos, recorrendo a outras cantigas de roda (**Apêndice 4C**). Ele deve trazer a letra das cantigas, escritas em papel de desenho, para afixá-las em um painel que os alunos ilustrarão com dobraduras ou recortes.

Apêndice 4A

Adivinhações

- O QUE É, O QUE É? CAI EM PÉ E CORRE DEITADO?
- O QUE É, O QUE É? TEM QUATRO PÉS, MAS NÃO ANDA?
- O QUE É, O QUE É? DE DIA ESTÁ NO CÉU E DE NOITE ESTÁ NA ÁGUA?
- O QUE É, O QUE É? QUANDO ATIRA PRA CIMA É BRANCO E QUANDO CAI É AMARELO?
- O QUE É, O QUE É? QUANDO ENTRA NA CASA FICA DO LADO DE FORA?
- QUAL É O CÉU QUE NÃO TEM ESTRELAS?
- O QUE A BARATA FALOU PRA OUTRA?
- O QUE A PANELA FALOU PRA PIPOCA?
- O QUE O PIRES FALOU PRA XÍCARA?
- COMO ESCREVER LÍQUIDO QUENTE E SALGADO COM SEIS PALITOS DE FÓSFORO?
- O QUE É, O QUE É? NASCE GRANDE E MORRE PEQUENO?
- O QUE É, O QUE É? QUANTO MAIS SE PERDE, MAIS SE TEM?

Diversão com adivinhações e cantigas

Apêndice 4B

Roda, pião!

O pião entrou na roda, ó pião! (bis)

Roda, ó pião! Bambeia, ó pião! (bis)
Sapateia no terreiro, ó pião! (bis)
Roda, ó pião! Bambeia, ó pião! (bis)

Mostra a tua figura, ó pião! (bis)
Roda, ó pião! Bambeia, ó pião! (bis)

Faça uma cortesia, ó pião! (bis)
Roda, ó pião! Bambeia, ó pião! (bis)

Atira a tua fieira, ó pião! (bis)
Roda, ó pião! Bambeia, ó pião! (bis)

Entrega o chapéu a outro, ó pião (bis)

Formação da roda

Uma criança fica no centro e as outras formam um círculo em volta, de mãos dadas.

Modo de brincar

As crianças caminham cantando o primeiro verso. Ao terminá-lo, param e cantam o estribilho, imitando a criança que está no centro que, com as mãos na cintura, faz uma volta completa no mesmo lugar e se requebra. Assim prossegue o brinquedo executando o pião, sozinho, enquanto a roda gira, as ordens determinadas nos versos. No final, a criança que está no centro escolhe uma companheira que deverá substituí-la.

Fonte: Novaes (1986, p. 103).

Apêndice 4C

Cantigas de roda

A barata

A barata diz que tem
sete saias de filó.
É mentira da barata,
ela tem é uma só.
Há! Há! Há!
Hó! Hó! Hó!
Ela tem é uma só.

A barata diz que tem
um anel de formatura.
É mentira da barata,
ela tem é casca dura.
Há! Há! Há!
Hó! Hó! Hó!
Ela tem é casca dura.

A barata diz que tem
uma cama de marfim.
É mentira da barata,
ela dorme é no capim.
Há! Há! Há!
Hó! Hó! Hó!
Ela dorme é no capim.

Escravos de Jó

Escravos de Jó
Jogavam caxangá
Tira, bota
Deixa o Zé Pereira
que se vá

Guerreiros com guerreiros
Fazem zigue, zigue, zigue, zá

Modo de brincar

Faz-se uma roda de crianças, com todas sentadas no chão. Cada uma tem na mão uma pedra, que é passada de mão em mão, ao ritmo da cantiga. No último verso, elas permanecem com a pedra na mão, mexendo o braço de um lado para o outro. Somente ao pronunciarem a última sílaba "zá" é que entregam a pedra ao colega que está ao seu lado.

Diversão com adivinhações e cantigas

O cravo e a rosa

O cravo brigou com a rosa
Debaixo de uma sacada
O cravo ficou ferido
E a rosa despedaçada.

O cravo ficou doente
A rosa foi visitar
O cravo teve um desmaio
E a rosa pôs-se a chorar.

Palma, palma, palma
Pé, pé, pé
Roda, roda, roda,
Carangueijo peixe é

Modo de brincar

Faz-se uma roda de meninas, todas de mãos dadas, que cantam a canção. Acompanhando a última quadra, as crianças batem palmas, batem o pé no chão e rodam.

Sapo cururu

Sapo cururu
Na beira do rio
Quando o sapo grita, ó maninha!
Diz que tá com frio

A mulher do sapo
É que está lá dentro
Fazendo rendinha, ó maninha!
Para o casamento

Cachorrinho

Cachorrinho está latindo
Lá no fundo do fundo do quintal
Cala a boca, cachorrinho
Deixa o meu benzinho entrar

Esquindô lê lê
Esquindô lê lê lá lá
Esquindô lê lê
Não sou eu quem caio lá

A maior parte das cantigas aqui selecionadas, bem como as explicações sobre a maneira de brincar, foram modificadas a partir das informações encontradas no *site* Jangada Brasil.
Fonte: Jangada Brasil. Realejo ([20--?]).

5 EXPERIÊNCIAS DA INFÂNCIA

Atividade 1
Recuperação de parlendas

O professor anuncia que a turma prosseguirá com brincadeiras com palavras e apresenta a seguinte fórmula ritmada:

> Amanhã é domingo,
> pita o cachimbo.
> O cachimbo é de barro,
> bate no carro.
> O carro é valente,
> bate na gente.
> A gente é fraco,
> cai no buraco.
> O buraco é fundo,
> arrasa o mundo.
>
> **Fonte:** Carvalho (1987, p. 41).

Ele pergunta às crianças se conhecem outra brincadeira semelhante, convidando-as para que a declamem ou cantem. Caso os alunos apresentem variantes de uma mesma parlenda, o professor confronta as versões, mostrando que se assemelham, sem contudo serem iguais. Ele demonstra, assim, que pode haver maneiras distintas de enunciar essas produções folclóricas, que se alteram de um lugar para outro ou sofrem modificações ao longo do tempo.

> **PARA O PROFESSOR**
>
> **Parlenda**. A parlenda é uma maneira de entreter, acalmar e divertir as crianças e até mesmo para escolher quem vai começar o jogo ou nela tomar parte. É uma cantilena ou lengalenga como: "Amanhã é Domingo; Pé de cachimbo; Galo monteiro; Pisou na areia; A areia é fina; Que deu no sino; O sino é de prata; Que deu na barata; A barata é de ouro; Que deu no besouro; O besouro é valente; Que deu no tenente; O tenente é mofino; Que deu no menino".
>
> **Fonte:** Maior e Lossio ([20--?]).
>
> Entre as parlendas, encontram-se os "brincos", poemas de entretenimento dirigidos ao bebê para que aprecie os atos do cotidiano, como vestir, comer, banhar-se, e as "mnemonias", que ensinam alguma coisa, como, por exemplo, nomes e números.

Atividade 2
Identificação do conhecimento prévio sobre fórmulas de escolha

O professor faz aos alunos uma série de questionamentos, que devem ser respondidos oralmente:

- Você brinca de "pega-pega" ou de "mocinho e bandido"?
- Com quem?
- Onde?
- Quando?
- Como você e seus amigos fazem para escolher quem vai ser o pegador?
- Você usa algum versinho?
- Qual?
- Só um ou mais?
- Em que outras brincadeiras você usa esses versinhos de escolher?

A seguir, os alunos alfabetizados respondem, individualmente e por escrito, ao questionário feito pelo professor, construindo um texto com base nas respostas que deram às perguntas.

Atividade 3
Leitura de uma fórmula de escolha

O professor lê em voz alta, para os alunos, uma fórmula de escolha, que pode ser a sugerida a seguir. É importante que ele informe o autor, o local e a data da pesquisa.

- **PARA O PROFESSOR**

  Em cima do piano
  tem um copo de veneno,
  quem bebeu morreu.
  Anabu, anabu,
  quem sai és tu.

  Fonte: Fernandes (1961).

  O pesquisador Florestan Fernandes (1920-1995), que foi sociólogo e senador, recolheu a fórmula de seleção citada nos bairros da Bela Vista (Bixiga), Lapa e Pari, na cidade de São Paulo, há mais de 40 anos.

  Fonte: Roschel ([2009]).

Atividade 4
Levantamento de fórmulas de escolha

Feita a leitura, o professor explica aos alunos que farão juntos uma pesquisa para reunir brincadeiras com palavras usadas para fazer escolhas em jogos. Ele então distribui aos alunos um questionário que será levado para casa e aplicado a algum amigo ou familiar mais velho (Apêndice 5A).

Pedir a um familiar ou amigo mais velho que preencha o questionário sobre fórmulas de escolha (Apêndice 5A).

Atividade 5
Apresentação de fórmulas de escolha

O professor convida os alunos a apresentarem as informações coletadas a partir dos questionários sobre fórmulas de escolha. Caso os alunos ainda não dominem a leitura, cabe ao professor apresentar as diferentes fórmulas ao grupo.

> ● **PARA O PROFESSOR**
> Em atividades subsequentes, o professor poderá valer-se das fórmulas de escolha reunidas pelos alunos para fazer a seleção, por exemplo, dos componentes de grupos, do responsável por uma tarefa. Vale lembrar que o material será reunido pelo professor ao acervo de informações da unidade.

Atividade 6
Leitura e discussão de texto sobre lembranças de infância

O professor distribui aos alunos alfabetizados um texto de Gláucia de Souza (**Apêndice 5B**) que trata de uma brincadeira de infância. Ele os orienta que deverão discutir entre si o que está sendo narrado, considerando, por exemplo, os seguintes aspectos:

- Quem participa da história?
- Onde a história acontece?
- Quando se passa a história?
- O que é mais importante na história que é contada?
- Por que a história é engraçada?

Para os alunos em fase de alfabetização, o professor lê o texto, fazendo as adaptações que julgar necessárias. Ele também explora as ideias do texto, formulando perguntas.

Atividade 7
Registro de uma brincadeira engraçada

Orientados pelo professor e tendo por base o texto lido, os alunos alfabetizados redigem uma narrativa em que relembram uma brincadeira que exponha uma situação engraçada ou inesperada. O professor explica que esses relatos constituirão parte do acervo da turma sobre o tema brinquedos e brincadeiras.

Os alunos não alfabetizados escolhem seis palavras importantes do texto lido. Depois disso, compõem, com a ajuda do professor, a ordem sequencial das ações, que deverá ser registrada em um cartaz. A seguir, os alunos reconstituem essa sequência por meio de uma história em quadrinhos.

● PARA O PROFESSOR

O professor recolhe os textos dos alunos e aponta, individualmente, as necessidades de correção, dando ênfase à especificação de aspectos que deveriam constar no texto, tais como a determinação do espaço e do tempo, a caracterização das personagens, as ações, o uso adequado dos diálogos, etc. Se necessário, os alunos reescrevem o texto.

Atividade 8
Reunião de experiências de infância

Os alunos alfabetizados apresentam em casa o texto narrativo que fizeram em aula; os demais alunos, a história em quadrinhos. Eles convidam os pais ou outro familiar a redigir uma narrativa com o mesmo tema para ser divulgada na escola.

O professor também escreve a sua narrativa, compartilhando-a com seus alunos, que serão encarregados de apresentar a de seus familiares.

Mostrar a narrativa feita em aula ou a história em quadrinhos aos pais ou outro familiar. Pedir a eles que escrevam a história de uma brincadeira engraçada de infância (Apêndice 5C).

Apêndice 5A

Questionário sobre fórmulas de escolha

Nome do(a) entrevistado(a): ....
Nome do(a) aluno(a): ....
Série:..................... Professor(a):..
Escola: .... Município: ....

QUESTIONÁRIO

Você costumava brincar de pega-pega ou de mocinho e ladrão? _____

Como você e seus amigos faziam para escolher quem seria o pegador? _____
_____
_____

Você costumava usar algum versinho? Qual? _____
_____
_____
_____

Conhecia algum outro? Qual? _____
_____
_____
_____

Em que outras brincadeiras você usava esses versinhos de escolher? _____
_____
_____
_____

Experiências da infância.

Apêndice 5B

Chuchu bararoca

Gláucia de Souza

Quando eu era pequena, morava numa vila, em Vila Isabel. Morávamos meu pai, minha mãe, minha avó, minha irmã, uma prima e eu. (...)

Minha avó nos deu uma piscina plástica, nada grande, onde mal cabiam minha irmã e eu sentadas. Um dia, virei para ela e disse:

— Vamos fazer xampu!

— Xampu?

Peguei um coelho plástico daqueles que, na Páscoa, vinham cheios de bala dentro. Ele tinha um furo no fundo e, se a gente o enchesse d'água, ela escorria feito torneirinha. Despejei toda a água na cabeça da minha irmã e foi o maior caldo surpresa!

— Para, me deu um banho! – ela gritou.

— Se a gente está numa piscina, já está no banho... Além do mais, isso é xampu... – respondi rapidinho.

— Xampu? Isso é água... Como é xampu se não tem nem nome...

— Tem sim! É xampu... É xampu...

— Viu como não tem nome? É xampu de quê? – perguntou a minha irmã em desafio.

— Ah... é xampu de chuchu bararoca!

Na mesma hora, a gente caiu na risada com aquele nome mais do que esquisito... Desde esse dia, quando não tinha nada para fazer dentro daquela banheirona plástica, a gente brincava de dar caldo uma na outra! Saíamos correndo com o coelho cheio d'água, uma tentando molhar a outra.

E até hoje a gente ri se uma se lembra e diz:

— Olha o xampu de chuchu bararoca!...

Fonte: Texto inédito de Gláucia de Souza.

Experiências da infância

Apêndice 5C

Ficha de redação

Data: ___/___/___

Queridos pais:

Depois de terem visto a história em quadrinhos feita por seu (sua) filho(a), peço que vocês se lembrem da própria infância e que narrem uma brincadeira engraçada que costumavam fazer ou de que gostavam muito. Não se esqueçam de dar um título ao que escreverem. A redação fará parte da coleção de histórias da turma. Por isso, solicito que seja entregue na aula do dia _____.

Muito obrigado(a),

_____
Professor(a)

Nome do familiar: ....
Nome do(a) aluno(a): ....
Série: .... Professor(a): ....
Escola: .... Município: ....

Experiências da infância

LEVANTAMENTO DE EXPERIÊNCIAS DA UNIDADE

Atividade 1
Recuperação oral das atividades

O professor recupera com os alunos as atividades desenvolvidas nesta unidade, relembrando o jogo da memória, as cantigas, as quadras, os brinquedos e brincadeiras, as adivinhas, as fórmulas ritmadas, os relatos de brincadeiras de infância, e informa que haverá uma exposição na escola de todos os materiais reunidos ou produzidos por eles. (A exposição deverá contar com o apoio da direção e de outros professores.)

Atividade 2
Redação de um convite

O professor conversa com os alunos alfabetizados sobre o uso de bilhetes, cartas e mensagens eletrônicas (*e-mail*). Como nova atividade, ele estimula os alunos a escreverem um convite para a exposição, na forma de uma carta-enigmática, dirigida a uma pessoa de sua livre escolha. (A narrativa *Sua Alteza, a Divinha* poderá servir de exemplo.)

Na carta-enigmática, que poderá ser feita em duplas, os alunos devem relatar suas experiências, mencionar a atividade de que mais gostaram, dar explicações sobre a história de um brinquedo, isto é, registrar informações que demonstrem seu conhecimento sobre a cultura popular, visualizada sob a perspectiva do brinquedo e da brincadeira.

O professor redige no quadro, junto com os alunos não alfabetizados, um convite para os pais, os professores e a direção da escola. O convite é transcrito pelos alunos em cartões que eles ilustram a partir do tema da unidade.

Atividade 3
Exposição coletiva da turma

O professor e seus alunos, com a colaboração da direção e de outros professores da escola, organizam a exposição do material gráfico-visual. Além disso, preparam apresentações de declamação, canto e dança, assim como a demonstração de brincadeiras para seus convidados.

> **● PARA O PROFESSOR**
> O professor reúne para a exposição os diferentes trabalhos dos alunos, tais como o jogo da memória, as representações do Saci, as várias narrativas escritas por eles ou por seus familiares, o gráfico dos brinquedos ou brincadeiras favoritas, os desenhos e as ilustrações, o levantamento de brincadeiras, de fórmulas de escolha, de adivinhações e de brinquedos antigos, os brinquedos antigos confeccionados e os registros fotográficos do desenvolvimento da unidade.

PRODUÇÃO DE ALUNOS
PRIMEIRA UNIDADE

Cartas com brincadeiras para compor um jogo da memória

◁ Alunos da I etapa
Profª Joice Mallmann e
Profª Angelica D. Nervis
EMEF Dom Bosco
Morro Reuter, RS

Dobradura e montagem do Saci

▽ Alunos da II etapa
Profª Rosane Weimer
EMEF Pastor Frederico Schasse
Morro Reuter, RS

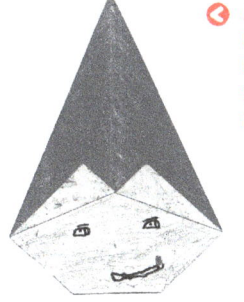

◁ Aluno da II etapa
Profª Rosane Weimer
EMEF Pastor Frederico Schasse
Morro Reuter, RS

Relato de uma travessura do Saci

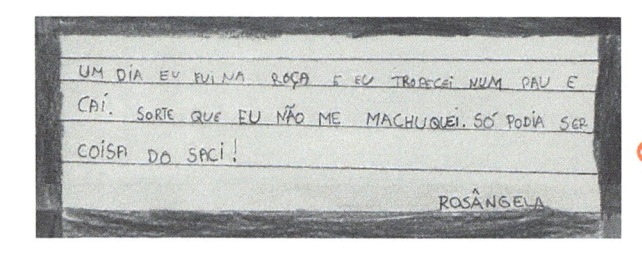

> UM DIA EU FUI NA ROÇA E EU TROPECEI NUM PAU E CAÍ. SORTE QUE EU NÃO ME MACHUQUEI. SÓ PODIA SER COISA DO SACI!
>
> ROSÂNGELA

◀ Rosângela, III etapa
Profª Daisy E. Bondan
EMEF Rui Barbosa
Morro Reuter, RS

> NUM DIA DE AULA, EU ESTAVA FAZENDO O TRABALHO E NA HORA DE ENTREGAR, EU NÃO ACHAVA MAIS! FOI O SACI!

◀ Régis, III etapa
Profª Daisy E. Bondan
EMEF Rui Barbosa
Morro Reuter, RS

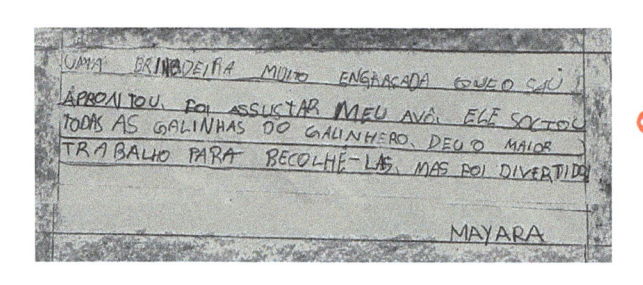

> UMA BRINCADEIRA MUITO ENGRAÇADA QUE O SACI APRONTOU, FOI ASSUSTAR MEU AVÔ. ELE SOLTOU TODAS AS GALINHAS DO GALINHEIRO. DEU O MAIOR TRABALHO PARA RECOLHÊ-LAS, MAS FOI DIVERTIDO.
>
> MAYARA

◀ Mayara, III etapa
Profª Daisy E. Bondan
EMEF Rui Barbosa
Morro Reuter, RS

Poliana estava ansiosa para ir a uma festa, se arrumou, mas sabia que devia se cuidar com o danado do Saci, que adorava aprontar. Quando a menina estava saindo de casa, o Saci pulou na sua frente, assustando-a. Com o baita susto que tomou, Poliana caiu dentro de uma poça de lama. Então ela teve que retornar para casa e ficou furiosa com o Saci.

Eduarda de Moraes, XX etapa
Professor e escola não identificados

Nos tempos em que eu ia para a escola, nos anos de 1979 a 1980, eu era de uma teimosia que nunca esquecerei. Nos dias de tempo bom era tudo tranquilo. Mas em dias em que ameaçava chuva ou se aparecia uma nuvem preta no céu, eu já começava a chorar e dizia que queria ir para casa porque tinha medo de temporal. E não parava até que a professora me liberava, às vezes no meio da tarde. Mas a intenção era ir para a casa do vizinho que cuidava de uma chácara onde tinha um trator. Era muito legal ir junto com ele na roça de trator, mesmo chovendo, com raios, trovões. Eu não tinha medo algum. A intenção mesmo era andar de trator.

Isto é um fato verdadeiro.

Ilson, pai de Gabriele, Ed. Infantil
Profª Marceli B. Robetti
EMEF Prof. Francisco Weiler
Morro Reuter, RS

Certa vez, um menino de Gravataí, por nome Pedrooslavo, que era sapeca, foi passar férias em Picada São Paulo. Ele e seus amigos foram a uma missa em que se realizava um casamento e levaram, junto para a igreja, o cachorro de Pedrooslavo que gostava muito de chiclé. O cachorro, chamado Coceguinha, latia fortemente quando alguém mostrava um chiclé para ele e não dava logo.

Na hora em que o padre disse "Se tem alguém aqui nesta igreja que tenha alguma coisa contra este casamento que fale agora ou cale-se para sempre", o Pedrooslavo, muito sapeca, mostrou um chiclé para o Coceguinha. Como ele não deu logo o chiclé, o Coceguinha latiu:

— RRRRRRRUAU, AU!

Era como se ele dissesse:

— Eu tenho! Eu quero o meu chiclé.

Crianças, eu não preciso explicar que o noivo e a noiva e toda a igreja quase morreram de rir. O padre ficou furioso, mas os noivos viveram felizes para sempre.

P.S.: Este fato é verídico.

Pai de Djennyfer, I etapa
Profª Marceli B. Robetti
EMEF Prof. Francisco Weiler
Morro Reuter, RS

PRIMEIRA UNIDADE • Folclore e infância

Desenho das brincadeiras favoritas

◐ Bianca, 3ª série
Profª Natália M. Kronbauer
EMEF Prof. Arno Nienow
Dois Irmãos, RS

◐ Thainara, 3ª série
Profª Natália M. Kronbauer
EMEF Prof. Arno Nienow
Dois Irmãos, RS

Narração de uma brincadeira como a do Saci

Brincadeiras que eu fiz
Um dia, eu fiz uma brincadeira com o meu colega no "Projeto Bom dia, escola". Escondi a mochila dele. Ele ficou desesperado e ficou procurando por todos os lugares em que ela podia estar. Quando ele começou a ficar brabo comigo, eu revelei onde estava sua mochila. E vocês sabem onde ela estava? Ela estava atrás do vaso sanitário.

◐ Jonatan, 4ª série
Profª Janete V. Grendoski
EMEF Prof. Francisco Weiler
Morro Reuter, RS

Brincadeira com uma canção popular

Autoria não identificada

Escrita de legenda para um desenho

Moisés, 4ª série
Profª Mara Venzo Klein
EMEF Padre Reus
Morro Reuter, RS

Pesquisa de brinquedos antigos

Nome do brinquedo: carrinho de sabugo de milho.

Material de que é feito: um sabugo de milho inteiro e outro cortado em quatro rodelas; quatro pregos ou algo duro que atravesse o sabugo.

Modo de fazer: encaixe as rodelas nos pregos e depois pregue os pregos no sabugo.

Modo de brincar: amarrando um fio na ponta de sabugo e depois é só sair puxando-o pelo chão.

Nome e idade do entrevistado: Aléxio Antônio, 47 anos.

◬ Autor não identificado

Nome do brinquedo: pé de lata.

Modo de fazer: pegue duas latas e dois pedaços de corda forte. Depois, fure cada lata dos dois lados. Em seguida, coloque a ponta de uma das cordas e passe até o outro lado. Faça a mesma coisa na outra lata e veja se está correto.

◬ Professor e escola não identificados

Confecção de brinquedos

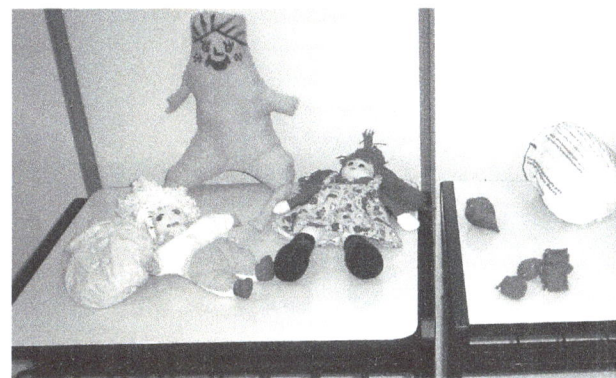

◯ Alunos da 3ª série
Profª Natália M. Kronbauer
EMEF Prof. Arno Nienow
Dois Irmãos, RS

◯ Alunos da 3ª e 4ª séries
Profª Clara Kaefer
EMEF Tiradentes
Morro Reuter, RS

PRIMEIRA UNIDADE • Folclore e infância

Confecção de cartazes com quadrinhas populares

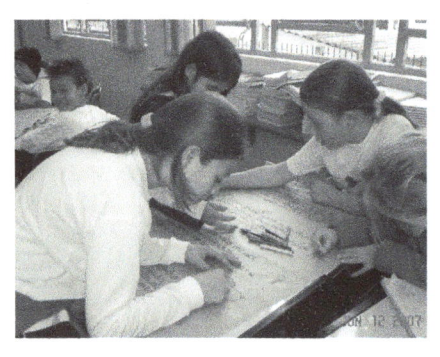

▲ Alunos da 3ª série
Profª Natália M. Kronbauer
EMEF Prof. Arno Nienow
Dois Irmãos, RS

Ilustrações para Sua Alteza a Divinha

◀ Cristiano, 3ª série
Profª Clara Kaefer
EMEF Tiradentes
Morro Reuter, RS

▶ Emanoel, 3ª série
Profª Clara Kaefer
EMEF Tiradentes
Morro Reuter, RS

PRIMEIRA UNIDADE • Folclore e infância

Narração de uma experiência de infância

Brincar de esconder

No tempo que era criança, não tínhamos brinquedos como hoje e, como qualquer criança, adorávamos brincar de esconder e fazíamos o possível para que ninguém nos achasse. Um dia, inventei de me esconder embaixo da cama. Minha irmã e meus primos não me achavam, e eu me senti muito feliz, porém eu acabei dormindo e a brincadeira perdeu a graça. Meus amigos chamaram meus pais, que chamaram os vizinhos, que chamaram uns tios, todos me procurando no curral, no mato, na rua. Até se cogitava que eu teria sido raptada, mas depois de três horas dormindo, minha tia me achou. Foi um alívio! Levei vários puxões de orelha, mas convenhamos, de esconde, esconde eu entendo.

Simone, familiar de Gabriele, Ed. Infantil
Profª Mara Venzo Klein
EMEF Prof. Francisco Weiler
Morro Reuter, RS

SEGUNDA UNIDADE

Poemas
convite para brincadeiras de versos

Séries iniciais do ensino fundamental

JURACY ASSMANN SARAIVA
CELIA DORIS BECKER
LUÍS CAMARGO
GABRIELA HOFFMANN LOPES

POESIA COMO BRINCADEIRA

Atividade 1
Leitura do poema "Convite"

O professor expõe na sala de aula o poema "Convite", de José Paulo Paes (Apêndice 1A), transcrito em um cartaz, tendo o cuidado de cobri-lo com outra folha de papel. Assim, ele aguça a curiosidade dos alunos, desafiando-os a descobrir o que se encontra por debaixo da folha. Ele deve estimulá-los com perguntas até chegarem à resposta "brinquedo", a qual será justificada pelo professor ao afirmar que o poeta brinca com as palavras ao mesmo tempo em que fala de brinquedos. A seguir, o professor lê o poema para os alunos.

Atividade 2
Reflexão sobre o desgaste dos brinquedos

O professor solicita aos alunos que leiam o poema e localizem os versos em que constam os nomes dos brinquedos citados por José Paulo Paes. O professor convida um aluno para circular esses nomes no cartaz. A seguir, pergunta se os alunos conhecem os brinquedos citados no poema e se sabem de que material são feitos. O professor anota de forma sintética, no quadro-verde, as respostas dos alunos. Finalmente, pergunta de que maneira esses brinquedos se gastam e também registra as respostas junto às demais.

> **● PARA O PROFESSOR**
> Certamente os alunos responderão que a bola pode estourar, pode furar; o fio e a guia do papagaio podem rebentar; seu papel pode rasgar, ou ele pode enroscar-se em árvores e em fios dos postes de luz e ser impossível recuperá-lo; o pião pode ficar amassado, pode ter a manivela entortada, etc.

Atividade 3
Aprofundamento da compreensão do poema

O professor convida os alunos a ler novamente o poema e, a seguir, faz perguntas para esclarecer seu sentido, tais como as seguintes:

- Por que a poesia é uma brincadeira com palavras?
- Quem sabe dizer uma quadrinha em que se note a brincadeira com as palavras?
- Por que as palavras não se gastam?
- Por que o poema diz que a água do rio é "água sempre nova"?
- O que acontece para que cada dia seja "sempre um novo dia"?
- Com que as palavras se parecem por serem sempre novas?

● PARA O PROFESSOR
O professor deve estimular a participação dos alunos e facilitar sua compreensão do poema por meio de perguntas e pela recorrência a exemplos, como quadras, brincos e parlendas que eles já conhecem. Ao mostrar o jogo lúdico representado pelas rimas e pelo ritmo, o professor contribui para que os alunos percebam o "brincar" com as palavras a que se refere o poema, embora aí também esteja presente a ideia da duplicidade de sentidos do texto poético.

Atividade 4
Declamação do poema

O professor sugere que a turma faça a leitura do poema em forma de brincadeira, isto é, na forma de jogral. Para isso, ele separa os alunos e os enumera de um a dez; a seguir, assinala no cartaz em que o poema está escrito a distribuição das partes que caberá a cada aluno ou a cada grupo, tendo o cuidado de dar a todos a oportunidade de participar.

Atividade 5
Formação de palavras

O professor convoca a turma a aceitar o convite de José Paulo Paes e a fazer brincadeiras com palavras, assim como está sugerido no poema. Na atividade, os alunos serão envolvidos na composição ou no reconhecimento de palavras compostas a partir dos termos *bola*, *pião* e *papagaio*.

O professor providencia antecipadamente:

- cartelas com os nomes dos brinquedos citados no poema: "bola" e "pião";
- fichas com as consoantes do alfabeto, tendo o cuidado de registrá-las em letras grandes;
- um envelope ou saco para guardar as fichas com as consoantes;
- fichas com as letras "e", "l", "t" e com o dígrafo "nh";
- cinco cartelas com a palavra "papagaio";
- uma tesoura.

Brincando com a palavra *bola*
O professor afixa no quadro-verde a palavra *bola*. Ele circula por entre as classes e para em frente a um aluno, que retira do envelope ou do saco uma das fichas das consoantes. Ele se dirige ao quadro-verde e sobrepõe a consoante escolhida ao "b" de *bola*. O aluno deverá ler a nova palavra, verificar se ela existe e explicar seu significado. Depois disso, deve escrevê-la abaixo da cartela, iniciando uma lista de palavras no quadro. Não havendo sentido na palavra que o aluno formou, o professor descarta a consoante e faz um novo sorteio. A seguir, prossegue a brincadeira, sugerindo que os alunos substituam a consoante "l" de *bola* por outra.

> ● **PARA O PROFESSOR**
> Para a atividade, o professor deverá optar pelo tipo de letra (versal, cursiva, etc.) mais adequado ao estágio de seus alunos.
>
> Entre as palavras que poderão ser formadas, no primeiro momento, encontram-se as seguintes: cola, rola, mola, gola, sola; no segundo, poderão ser compostas boba, boca, boda, bora, bota.

Brincando com a palavra *pião*
Após afixar a cartela com a palavra *pião* no quadro, o professor propõe aos alunos que leiam as novas palavras que ele vai formar, à medida que fizer alterações e/ou substituições na cartela, acrescentando ou sobrepondo letras às já existentes. O professor solicita a um aluno que copie no quadro, abaixo da cartela, cada nova palavra, formando uma lista. Sugere-se que o professor apresente palavras como *peão*, *pilão*, *pinhão*, *Tião*.

Brincando com a palavra *papagaio*
O professor afixa uma cartela com a palavra *papagaio* e diz que, dentro dela, "se escondem" outras. Toma uma segunda cartela, recorta as duas primeiras sílabas da palavra e mostra a nova palavra aos alunos, "papa", solicitando que a leiam. A seguir, vai compondo, com a participação

> **● PARA O PROFESSOR**
>
> O objetivo deste exercício é aguçar a observação dos alunos, no sentido de favorecer a percepção de que nos poemas ocorre uma espécie de "jogo" com os sons, sendo possível alterná-los ou modificar sons semelhantes no interior de palavras diferentes.
>
> Além disso, permite verificar os novos sentidos que as palavras assumem com as modificações realizadas.

dos alunos, outras palavras, recortando as três cartelas restantes. O professor deve retomar o sentido dos termos constituídos, entre os quais estarão, por exemplo, "paga", "papaia" e "apaga".

Atividade 6
Outras brincadeiras com palavras

O professor entrega aos alunos uma folha com dois tipos de atividades. Na primeira, apresenta uma lista de palavras e solicita que os alunos criem outras, com a mudança apenas da parte sublinhada em cada palavra:

GATO   CORTA   BALA

....
....
....

Na segunda atividade, o professor apresenta algumas palavras (por exemplo, *facilidade*, *lobo*, *amorosa*, *luar*) e solicita que os alunos descubram que outras palavras nelas se "escondem". É interessante que ele apresente um modelo, como estes:

OVELHA	AMOR
VELHA	ROMA
	AMO
	RAMO

O professor propõe aos alunos que descubram, por meio de anagrama, novas palavras, tais como: *Roma, Raul, lobo, Alice, gato, leva, defende, tala, porco, grama, Iracema*.

Os alunos devem explicar o sentido da palavra formada. Se alguma delas oferecer maior dificuldade, o professor intervém e revela seu sentido. A seguir, cada palavra é copiada em uma ficha e afixada na sala de aula, formando-se um painel encabeçado pela palavra *anagramas*.

Atividade 7
Exercício de desembaralhar letras

O professor solicita aos alunos que se agrupem em duplas e distribui fichas, preparadas anteriormente, com palavras cujas letras estão fora de ordem (Apêndice 1B). Os alunos devem organizar as letras na ordem correta para descobrir os nomes dos brinquedos ou brincadeiras "escondidos" nas fichas. Nenhuma letra deve ser descartada. À medida que forem sendo identificadas as palavras, os alunos devem explicar a brincadeira ou o brinquedo.

Atividade 8
Leitura e declamação de trava-línguas

No dia anterior a esta atividade, o professor solicita que os alunos formem duplas para uma atividade oral. Entrega a cada dupla um trava-línguas (Apêndice 1C), solicitando que o memorizem em casa para apresentá-lo aos colegas no dia seguinte.

As duplas de alunos declamam/leem os trava-línguas que receberam, e o professor registra num quadro, que ficará exposto na sala, os trava-línguas selecionados, desafiando os alunos a memorizá-los.

Atividade 9
Fixação de palavras por meio dos trava-línguas

O professor entrega aos alunos uma cópia com todos os trava-línguas que foram recitados e procede a uma série de atividades.

- No trava-línguas "O tempo", solicita que os alunos circulem a palavra tempo e verifiquem quantas vezes ela aparece repetida.
- No trava-línguas "Fiandeira", os alunos devem pintar todas as consoantes *f* que aparecem no texto e registrar, ao lado do texto, o número de repetições. Durante o exercício, o professor deve explorar o sentido dos termos *fiandeira, fiar, fio, fios, fieiras* e solicitar a criação de frases em que essas palavras sejam empregadas.
- No trava-línguas "Afinando violino", o professor desafia os alunos a descobrirem quais são as duas palavras que são a base para a brincadeira da troca de fonemas [*fino, violino*]. Uma vez identificadas essas palavras, o professor as escreve no quadro-verde e conduz os alunos a observar que o "jogo" com as duas consoantes foi feito em cada verso. Depois dessa atividade, solicita que os alunos pintem a única palavra que não foi modificada no texto [*toco*].

Apêndice 1A

Convite

José Paulo Paes

Poesia
é brincar com palavras
como se brinca
com bola, papagaio, pião.

Só que
bola, papagaio, pião
de tanto brincar
se gastam.

As palavras não:
quanto mais se brinca
com elas
mais novas ficam.

Como a água do rio
que é água sempre nova.

Como cada dia
que é sempre um novo dia.

Vamos brincar de poesia?

Fonte: Paes (2004).

Apêndice 1B

Fichas com nomes de brinquedos ou brincadeiras

| AEPETC |

| LÃMORI |

| OCRAR ED MLOBA |

| STAPIN |

| BRACA GCAE |

| RTAEAV |

Poesia como brincadeira.

| DROAÇAC |

| RAPLU DROCA |

| DNACRIA |

| RASÍPVO |

| MABOBÊL |

| GRNAGRAO |

Respostas: peteca, rolimã, carro de lomba, patins, cabra-cega, vareta, caçador, pular corda, ciranda, víspora, bambolê, gangorra.

Poesia como brincadeira.

Apêndice 1C

Trava-línguas

O tempo
Poesia folclórica

O tempo perguntou ao tempo
Quanto tempo o tempo tem.
O tempo respondeu ao tempo
Que o tempo tem tanto tempo
Quanto tempo o tempo tem.

O peito de Pedro
Poesia folclórica

Pedro tem o peito preto,
O peito de Pedro é preto.
Quem disser que o peito de Pedro não é preto
Tem o peito mais preto que o peito de Pedro.

Fiandeira
Sérgio Capparelli

– Fiandeira, por que fias?
– Fio fios contra o frio.
– Fiandeira, pra quem fias?
– Fio fios pros meus filhos.
– Fiandeira, com que fias?
– Com fieiras de três fios.

Afinando violino
Sérgio Capparelli

Toco lino
viofino
toco vio
fonolino
vio toco
linofino
toco fino
violino.

Fonte: O peito de Pedro (2001, p. 67).

Fonte: Capparelli (1997, p. 39, 57).

Poesia como brincadeira

O ASPECTO LÚDICO DAS PALAVRAS

Atividade 1
Leitura expressiva do poema "Batatinha aprende a latir"

Inicialmente, o professor escreve no quadro-verde a palavra BATATINHA em letras versais e faz perguntas aos alunos sobre os diversos sentidos dessa palavra. A cada resposta, ele escolhe um aluno que deverá criar uma frase, empregando a palavra no sentido referido.

A seguir, o professor afixa o cartaz com o poema "Batatinha aprende a latir", de Sérgio Capparelli (Apêndice 2A), e solicita que os alunos acompanhem sua leitura. O professor lê pausada e expressivamente cada quadra.

Depois da leitura, ele entrega a cópia do texto aos alunos e divide-os em grupos de três, atribuindo a cada grupo a dramatização de uma das quadras (Apêndice 2B). Cada aluno do trio fica responsável por um dos versos. O quarto verso de cada quadra deve ser lido em conjunto pelos três e eles devem reproduzir o "latido" do cão de olhos fechados.

Atividade 2
Descoberta da brincadeira com as palavras no poema

Para focalizar a atenção da turma no processo de composição das sete quadras, o professor indaga de que maneira Sérgio Capparelli brinca com as palavras e com o leitor nesse poema. Ele anota as respostas no quadro-verde e as comenta com os alunos, enfatizando a exploração das sonoridades aí presentes.

- **PARA O PROFESSOR**

    Várias são as possibilidades de brincadeiras a serem apontadas pelos alunos:

    - os sons emitidos pelo cachorrinho em sua tentativa de latir, os quais não correspondem à voz do cão;
    - o nome do cachorro;
    - o fato de o cachorro "pensar";
    - o equívoco de um cachorro "miar";
    - a repetição dos versos.

Atividade 3
Desenho do "retrato" de Batatinha

O professor e os alunos leem novamente o poema, desta vez em conjunto. O professor chama a atenção para o verso que aparece repetido em todas as quadras. Então, solicita que cada aluno crie uma ilustração do cachorrinho, de acordo com a quadra que coube a seu grupo, e que adicione a ela um "balão" com a fala do cachorrinho.

Depois de concluída essa tarefa, o professor e os alunos organizam um painel junto ao poema que já está transcrito. Cada aluno afixa o desenho de Batatinha feito por ele, e todos comentam suas criações.

- **PARA O PROFESSOR**

    Ao se deter no verso repetido, o professor estimula os alunos a prestarem atenção às repetições que podem ocorrer em um texto poético, procurando entender por que elas ocorrem. No caso do poema de Capparelli, elas apontam para um detalhe físico da imagem do cachorrinho.

    Outro ponto importante a considerar é o **ilogismo** do quarto verso de cada estrofe e principalmente do último. Esta é uma "propriedade importante da poesia infantil: sua aparente falta de lógica e a consequente comicidade que o ilogismo produz como efeito de leitura. Rompendo ficcionalmente com os nexos com que a realidade é apreendida, o poema infantil permite aquele desafogo das tensões inconscientes de que fala Freud a propósito do riso; ao mesmo tempo, traz ao leitor mirim a segurança interior de que seu próprio modo de lidar com o mundo, através do que se chama pensamento mágico e egocêntrico, é possível, mas deve ser vencido pela inserção gradativa no mundo adulto do pensamento lógico e reflexivo".

    Fonte: Bordini (1986, p. 20).

Atividade 4
Nomes esquisitos de animais

O professor solicita que os alunos escrevam em pequenas tiras de papel nomes esquisitos de cachorros ou de outros animais que conheçam. A seguir, ele afixa no quadro as tiras com os nomes. Após a leitura dos nomes e após os comentários dos alunos sobre eles, o professor diz que a turma vai reunir histórias engraçadas de animais, que podem ser reais ou inventadas.

A criança deverá escrever, com a ajuda dos pais, a história de um animal. Ele deverá ter um nome esquisito e um comportamento engraçado que o diferencie de outros animais de sua espécie. A história pode ser escrita em versos (Apêndice 2C).

Atividade 5
Leitura ou narração da história engraçada sobre um animal

Sentados em círculo, os alunos contam ou leem a história engraçada que escreveram com a ajuda dos pais ou que foi escrita por esses.

Atividade 6
Reescrita e ilustração das histórias

Após a manifestação oral, os alunos reescrevem seu texto com o auxílio do professor, transcrevendo-o nas folhas que irão compor o livro de histórias engraçadas sobre animais.

A seguir, o professor solicita aos alunos que identifiquem junto com ele passagens das histórias que possam ser enriquecidas por uma representação visual. Ele pede que façam a ilustração dessas passagens, determinando os espaços na página em que elas devem ser feitas. Posteriormente, o professor discute o título a ser dado ao livro e faz sua montagem, sem esquecer de colocar o nome dos autores e dos ilustradores.

> ● **PARA O PROFESSOR**
> O professor prepara antecipadamente o material com que os alunos irão compor o "livro" de histórias engraçadas. Uma forma de facilitar a composição do livro é usar uma revista, em cujas páginas serão coladas as produções dos alunos.

Apêndice 2A

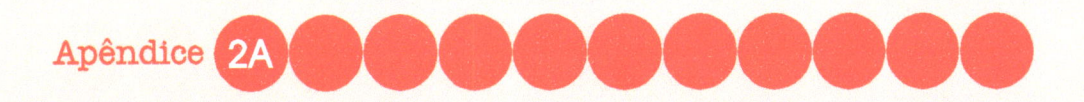

Batatinha aprende a latir

Sérgio Capparelli

O cachorro Batatinha
quer aprender a latir.
Abre a boca, fecha os olhos:
i, i, i, i, i, i, i, i, i.

O cachorro Batatinha
até pensa que latiu.
Abre a boca, fecha os olhos:
iu, iu, iu, iu, iu, iu, iu, iu, iu, iu.

O cachorro Batatinha
quer latir, acha que errou.
Abre a boca, fecha os olhos;
Ou, ou, ou, ou, ou, ou, ou, ou.

O cachorro Batatinha
vai latir mesmo ou não vai?
Abre a boca, fecha os olhos:
Ai, ai, ai, ai, ai, ai, ai, ai.

O cachorro Batatinha
late tanto que nem sei...
Abre a boca, fecha os olhos:
ei, ei, ei, ei, ei, ei, ei, ei.

O cachorro Batatinha
até pensa que aprendeu.
Abre a boca, fecha os olhos:
eu, eu, eu, eu, eu, eu, eu, eu.
Batatinha vai dormir,
sonha que late afinal.
Abre a boca, fecha os olhos:
miau, miau, miau.

Fonte: Capparelli (1984, p. 10).

O aspecto lúdico das palavras

Apêndice 2B

Roteiro para declamação do poema "Batatinha aprende a latir"

TRIO 1
O cachorro Batatinha
quer aprender a latir.
Abre a boca, fecha os olhos:
i, i, i, i, i, i, i, i, i, i.

TRIO 2
O cachorro Batatinha
até pensa que latiu.
Abre a boca, fecha os olhos:
iu, iu, iu, iu, iu, iu, iu, iu, iu, iu.

TRIO 3
O cachorro Batatinha
quer latir, acha que errou.
Abre a boca, fecha os olhos;
Ou, ou, ou, ou, ou, ou, ou, ou.

TRIO 4
O cachorro Batatinha
vai latir mesmo ou não vai?
Abre a boca, fecha os olhos:
Ai, ai, ai, ai, ai, ai, ai, ai.

TRIO 5
O cachorro Batatinha
late tanto que nem sei...
Abre a boca, fecha os olhos:
ei, ei, ei, ei, ei, ei, ei, ei.

TRIO 6
O cachorro Batatinha
até pensa que aprendeu.
Abre a boca, fecha os olhos:
eu, eu, eu, eu, eu, eu, eu, eu.

TRIO 7
Batatinha vai dormir,
sonha que late afinal.
Abre a boca, fecha os olhos:
miau, miau, miau.

O aspecto lúdico das palavras

Apêndice 2C

Bilhete para os pais e ficha para redação

Data: ___/___/___

Queridos pais:

Peço que escrevam ou ajudem a criança a escrever a história de um animal. Ele deverá ter um nome esquisito e um comportamento engraçado que o diferencie de outros animais de sua espécie. A história pode ser escrita em versos. A tarefa deverá ser feita na folha que está junto ao bilhete e ser entregue na aula do dia _____.

Muito obrigado(a),

_____
Professor(a)

Aluno(a): ....
Série:............................ Professor(a):...
Escola:... Município: ....

Um animal muito engraçado

_____
_____
_____
_____
_____
_____
_____
_____
_____

O aspecto lúdico das palavras

IMAGINAÇÃO E APRENDIZAGEM

Atividade 1
Leitura de imagens

O professor inicia as atividades mostrando aos alunos duas ilustrações: a primeira apresenta um céu com nuvens, relâmpago e raios, e a segunda um céu claro, com nuvens. Então, ele pergunta que diferença as ilustrações apresentam (Apêndice 3A).

A seguir, o professor solicita que os alunos digam palavras que as ilustrações lembram. Ele anota as respostas, direcionando as atividades no sentido de os alunos referirem a palavra *relâmpago*, que deve ser escrita no quadro-verde. As observações devem incidir sobre a rapidez com que o relâmpago ocorre; a seguir, o professor solicita que um aluno mostre como se faz a representação de um raio, desenhando-o no quadro.

O professor comenta, então, que um poema também pode representar um "relâmpago" e convida os alunos a ouvirem o poema "Relâmpago", de Sérgio Capparelli (Apêndice 3B).

• PARA O PROFESSOR

O professor deve evidenciar que a **representação** se processa no campo da criação e que ela pode ter pontos de semelhança com a realidade, mas **não precisa ser idêntica**. O homem imita, sintetiza, altera, transforma o que a natureza lhe apresenta e cria uma outra possibilidade para o que observa.

Ele pode aproveitar a oportunidade para registrar a maneira como cada um reage diante de um dia de temporal com raios, relâmpagos e trovões.

Atividade 2
Leitura do poema "Relâmpago" e memorização de palavras

O professor lê, com expressividade, o poema "Relâmpago". Em seguida, realiza uma segunda leitura, alertando os alunos para que prestem atenção às palavras do poema. Então, o professor realiza uma terceira leitura, omitindo palavras nos finais dos versos que constituem rimas. Os alunos devem completar a lacuna oralmente.

Atividade 3
Brincadeira com rimas

O professor seleciona as palavras que rimam no poema e as escreve no quadro verde, marcando com giz colorido a parte de som semelhante. Os alunos executam a mesma atividade em folhas ou no caderno. Depois disso, o professor solicita que os alunos completem o quadro com outros exemplos do mesmo tipo de rima.

RELÂMPAGO	MANUELA	DORA	DISPARATE
SARAMPO	VARICELA	CATAPORA	TOMATE
....	....	....	....
....	....	....	....
....	....	....	....

Atividade 4
Relação entre o sentido do nome e do fenômeno

Posteriormente, o professor comenta que o cachorrinho possui uma característica que relaciona seu nome – Relâmpago – e o fenômeno natural que se verifica em dias de temporal. Ele informa que essa característica pode ser descoberta na leitura do poema e solicita que os alunos a identifiquem, fazendo perguntas como as seguintes:

- O cachorro do poema é calmo e tranquilo ou é brusco e agitado?
- Como ele corre? Devagar ou muito depressa?
- Por que ele se lambuza com *ketchup*?

> **● PARA O PROFESSOR**
> Para responder à última pergunta, é necessário que o professor retome com os alunos as características de um relâmpago que podem ser associadas às de um cachorro. Por exemplo, a rapidez, o barulho ou o susto que causa, etc. Uma das respostas possíveis, portanto, é a de que Relâmpago se lambuza com *ketchup* porque se atira, como um raio, em cima do prato na hora de comer.

Atividade 5
Recriação do poema

O professor solicita que os alunos se organizem em duplas para recriar o poema de Sérgio Capparelli. A cada dupla, entrega uma folha para que a completem com os dados solicitados (Apêndice 3C) e, depois, entrega outra folha para que os alunos reescrevam o poema, segundo sua versão (Apêndice 3D).

Finalizadas as atividades, o professor e os alunos montam um painel com o título *Imitando Sérgio Capparelli*, em que o professor afixa o poema "Relâmpago" e os alunos colam suas produções. Cada dupla deve ler sua produção, enquanto os demais devem destacar o que acharam engraçado na produção criada pelos colegas.

Apêndice 3A

Imagens para introdução à leitura do poema "Relâmpago"

Tempestade

Céu limpo

Fontes: *Tempestade*: http://viajeaqui.abril.com.br/national-geographic/sua-foto/sua-foto-dezembro-2008-466763.shtml?foto=22p. *Céu limpo*: http://forum.tribalwars.com.br/showthread.php?t=30940&page=49.

Imaginação e aprendizagem

Apêndice 3B

Relâmpago
Sérgio Capparelli

O meu cachorro Relâmpago
se acordou com sarampo.

Veio dona Manuela:
"Deve ser varicela!"

Veio a dona Dora:
"Para mim, catapora!"

E a dona Fabíola:
"Mais parece varíola."

Por fim, o veterinário:
"Oh, que belo disparate!
O cachorro se manchou
é com molho de tomate!"

Fonte: Capparelli (1997, p. 77).

Apêndice 3C

Vamos imitar o poeta Capparelli?

1º PASSO
Escolha um bichinho de sua preferência: _____
(o bichinho deve "aprontar")

2º PASSO
Escolha um nome estranho para seu bichinho: _____ (o nome não deve combinar com o bichinho, deve ser bem estranho)

3º PASSO
Escolha três nomes de homens ou de mulheres que vão opinar sobre o que aconteceu com o bichinho: _____, _____ e _____ .

4º PASSO
No quadro abaixo, escreva os nomes próprios nas linhas pontilhadas. Depois, liste palavras que rimam com esses nomes. Escreva-as, formando uma lista:

....	....	....
↓	↓	↓
_____	_____	_____
_____	_____	_____
_____	_____	_____
_____	_____	_____
_____	_____	_____

Imaginação e aprendizagem

Apêndice 3D

Criação de um poema

....

O meu ....
....

Veio .... :
"..".

Veio .... :
"..".

E .... :
"..".

Por fim, o veterinário:
"Oh, ...
....
.... ".

COTIDIANO E REPRESENTAÇÃO POÉTICA

Atividade 1
Leitura do poema "A semana inteira"

O professor entrega aos alunos uma cópia do poema "A semana inteira" (Apêndice 4A), de Sérgio Capparelli, e faz uma leitura expressiva.

Atividade 2
Exercício de memorização

A seguir, ele distribui papeizinhos com palavras extraídas do poema. Em duplas, os alunos leem silenciosamente as palavras que receberam, que podem ser as seguintes: *feira, feijão, pimentão, quiabo, pão, agrião, banana, mamão*. Ainda em duplas, os alunos devem ser estimulados a formar uma imagem mental de cada palavra. Feito isso, eles escolhem cinco palavras para ler em voz alta. Em se tratando de crianças que ainda não escrevam, o professor pede que imaginem as palavras que ele lê e que as reproduzam em forma de desenho.

Depois que todas as duplas tiverem lido, cada aluno deve escrever em seu caderno o máximo de palavras que conseguir lembrar. Os alunos que ainda não dominam a escrita serão estimulados a dizer as palavras que lembram. O professor as escreve no quadro e os alunos as copiam no caderno.

> ● **PARA O PROFESSOR**
> O objetivo deste exercício é exercitar a memória. Não se espera que os alunos consigam lembrar-se de todas as palavras. Porém, exercitando, conseguirão memorizar gradativamente um número maior de palavras. As palavras que forem escritas de modo incorreto devem ser reescritas em um novo pedaço de papel e penduradas em um varal. O professor não precisa mencionar que o aluno não conseguiu escrever corretamente, mas sim dizer que as palavras no varal merecem atenção e que, por isso, é bom olhar para elas a fim de memorizar sua escrita.

Atividade 3
Programação lúdica de tarefas

O professor desafia os alunos a criarem uma agenda de tarefas dos dias da semana que, tal qual o poema de Capparelli, seja rimada, mas que se concentre no contexto escolar. Ele distribui, entre pequenos grupos de alunos, os sete dias da semana e solicita que escrevam ou mencionem ações para o dia que lhes coube, explicando que devem fazer estrofes para compor a agenda poética da turma. As ações não precisam corresponder à realidade, visto que podem traduzir uma visão lúdica e ilógica, própria da percepção infantil e da poesia.

Concluída a tarefa, o professor transcreve no quadro as estrofes criadas pelos alunos, as quais eles deverão copiar em uma ficha e ilustrar. Ele organiza as fichas, formando um cartaz a que dá um título e o expõe em sala de aula. Se possível, o professor plastifica o cartaz e o presenteia a cada aluno.

Atividade 4
Memorização de palavras do poema "Lápis de cor"

O professor distribui aos alunos papeizinhos que contenham uma das seguintes palavras que fazem parte do poema "Lápis de cor", de Ricardo Azevedo: *fruta, rosa, mato, morro, nuvem, vento, terra, água, estrela, lua, noite, dia, gente, mundo* e *vida*. A atividade de leitura das palavras, que antecede a audição do poema, deve ser realizada em duplas a fim de que os alunos possam se ajudar.

Assim que eles tiverem lido a palavra, devem imaginá-la e passar adiante o papelzinho. Depois de ler cinco palavras, cada aluno deve fazer um desenho em uma folha para representar o que imaginou. A seguir, o aluno escreve o que imaginou. (Caso tenha dificuldade para escrever, o aluno dita a frase ao professor, que a registra para que ele a copie na folha em que fez o desenho.)

Para os alunos que ainda não escrevem, o professor diz cinco palavras pausadamente, e eles ilustram uma delas em uma folha. Depois, o professor pede aos alunos que digam a palavra que ilustraram e as relaciona no quadro-verde, tendo o cuidado de lê-las alternadamente, de modo que as crianças passem a memorizar a grafia.

Atividade 5
Leitura de "Lápis de cor"

A seguir, o professor diz aos alunos que ouvirão um poema do escritor Ricardo Azevedo, em que estão as palavras lidas e desenhadas por eles. O professor lê expressivamente o poema "Lápis de cor" (Apêndice 4B).

Atividade 6
Exploração das imagens do poema

O professor propõe que os alunos leiam o poema de forma compartilhada e, a seguir, apresenta as seguintes perguntas para a exploração de suas imagens:

- Quais as cores das frutas que você conhece?
- Todas as rosas são cor de rosa?
- De que cor é o mato?
- Quando uma nuvem pode ser cinza?
- De que cor é o vento?
- Como seria a terra se ela fosse cinza?
- A lua e as estrelas se parecem por sua cor quando não são cor de cinza?
- Se a noite e o dia fossem cor de cinza, como você faria para diferenciá-los?
- Como seria o humor de uma pessoa de cor cinza?
- Um lápis de cor consegue colorir a vida?
- Como você faz para que sua vida seja colorida?

● PARA O PROFESSOR
As perguntas sugeridas constituem uma espécie de roteiro para que os alunos percebam o jogo de imagens em que a cor cinza é atribuída a elementos que normalmente não a têm. As respostas, por serem subjetivas, poderão ser variadas, devendo o professor aceitá-las e encaminhar a compreensão do poema para a importância das cores que se relacionam com o modo como as pessoas se comportam diante da vida.

Atividade 7
Declamação do poema

O professor reúne os alunos em grupos de quatro componentes para que ensaiem uma das quadras do poema e a apresentem junto com os outros grupos em forma de um jogral.

Atividade 8
Adaptação do poema a uma cantiga de roda

O professor indaga aos alunos se conhecem a cantiga "O cravo brigou com a rosa" e os convida a cantar o poema de Ricardo Azevedo, utilizando a melodia dessa canção. Cada um dos grupos fica responsável por cantar a quadra que lhe coube na atividade anterior.

Atividade 9
Ilustração do poema

O professor afixa o poema em um painel e acrescenta as folhas em que os alunos fizeram seus desenhos e escreveram suas frases.

A seguir, junto com os alunos, o professor faz a ilustração global do poema, utilizando folhas de desenho, lápis de cera, tinta têmpera cinza e palitos sem ponta. Ele instrui os alunos a recobrir toda a superfície da folha de desenho com lápis de cera de várias cores; a seguir, devem passar tinta têmpera sobre a folha e aguardar que ela seque; por último, os alunos fazem o desenho dos objetos mencionados no poema com os palitos sem ponta, concluindo a atividade.

Apêndice 4A

A semana inteira
Sérgio Capparelli

A segunda foi à feira,
Precisava de feijão;
A terça foi à feira,
Pra comprar um pimentão;
A quarta foi à feira
Pra buscar quiabo e pão;
A quinta foi à feira,
Pois gostava de agrião;
A sexta foi à feira,
Tem banana? Tem mamão?

Sábado não tem feira
E domingo também não.

Fonte: Capparelli (2003, p. 17).

Cotidiano e representação poética

Apêndice 4B

Lápis de cor

Ricardo Azevedo

A fruta seria cinza,
a rosa seria cinza,
o mato seria cinza,
não fosse o lápis de cor.

O morro seria cinza,
a nuvem seria cinza,
o vento seria cinza,
não fosse o lápis de cor.

A terra seria cinza,
a água seria cinza,
a estrela seria cinza,
não fosse o lápis de cor.

A lua seria cinza,
a noite seria cinza,
o dia seria cinza,
não fosse o lápis de cor.

A gente seria cinza,
o mundo seria cinza,
a vida seria cinza,
não fosse o lápis de cor.

Fonte: Azevedo (2001, p. 28).

POESIA E INTERAÇÃO SOCIAL

Atividade 1
Descoberta do acróstico

O professor escreve no quadro a palavra *poesia* e, em seguida, apresenta em um cartaz o acróstico abaixo, desafiando os alunos a descobrirem nele a palavra *poesia*, que aí está escrita duas vezes:

Poesia é brincar
Ou simplesmente
Escutar
Sons, palavras
Invencionices...
Até nelas acreditar!

> ● **PARA O PROFESSOR**
> *Acrósticos* são formas poéticas em que certas **letras**, geralmente a primeira, por sua posição intencional nos versos, formam **verticalmente** uma palavra ou expressão. Esses versos, embora possam parecer desconectados, devem estabelecer uma ligação entre si e constituir a significação em torno da palavra ou expressão.

Depois de feita a identificação, o professor explica que esse tipo de poema chama-se *acróstico*.

Atividade 2
Criação de um acróstico

O professor escolhe a palavra *brincar* e constroi um acróstico junto com os alunos. Eles registram essa produção em seu caderno e o professor, em um cartaz a ser afixado na sala.

Nas turmas mais avançadas, concluída a atividade coletiva, o professor solicita que cada aluno faça um acróstico com o nome de um colega, sem se preocupar com a posição da letra a ser destacada no verso. Concluída a atividade, todos os acrósticos serão apresentados oralmente e expostos na sala de aula.

Atividade 3
Encontro poético

Para encerrar a unidade, o professor organiza um encontro poético. Cada aluno deverá declamar um poema ou uma quadrinha. Os pais ou demais familiares poderão ser convidados para a atividade e também participar dela como declamadores.

PRODUÇÃO DE ALUNOS
SEGUNDA UNIDADE

Atividades referentes ao poema "Convite", de José Paulo Paes

Localização de nomes de brinquedos no poema

Cristofer, 1ª série
Profª Sheila da Silva
EEEF 10 de Setembro
Dois Irmãos, RS

Formação de palavras a partir de "bola", "pião" e "papagaio"

Tuane, 1ª série
Profª Sheila da Silva
EEEF 10 de Setembro
Dois Irmãos, RS

SEGUNDA UNIDADE • Poemas: séries iniciais do ensino fundamental

Alana, 1ª série
Profª Sheila da Silva
EEEF 10 de Setembro
Dois Irmãos, RS

Daniele, 1ª série
Profª Sheila da Silva
EEEF 10 de Setembro
Dois Irmãos, RS

Descoberta de palavras por meio de anagrama

PAPAGAIO

PAGA oi APAGA
PAPA PAi PAPAIA

◀ Produção coletiva da
3ª série
Profª Eliane Roth
EMEF Primavera
Dois Irmãos, RS

Desenho de brincadeiras encontradas ao pôr em ordem letras embaralhadas

Vivian

Pular corda

◀ Alunas da 4ª série
Profª Carla Denise Posselt
EMEF Prof. Arno Nienow
Dois Irmãos, RS

Bambolê   Patins

Kethlen

SEGUNDA UNIDADE • Poemas: séries iniciais do ensino fundamental

Declamação de trava-línguas

> João Fernando e Jéferson, 1ª série
> Profª Sheila da Silva
> EEEF 10 de Setembro
> Dois Irmãos, RS

> Taíne e Ana Paula, 1ª série
> Profª Sheila da Silva
> EEEF 10 de Setembro
> Dois Irmãos, RS

Atividades referentes ao poema "Batatinha aprende a latir", de Sérgio Capparelli

Nomes esquisitos de animais

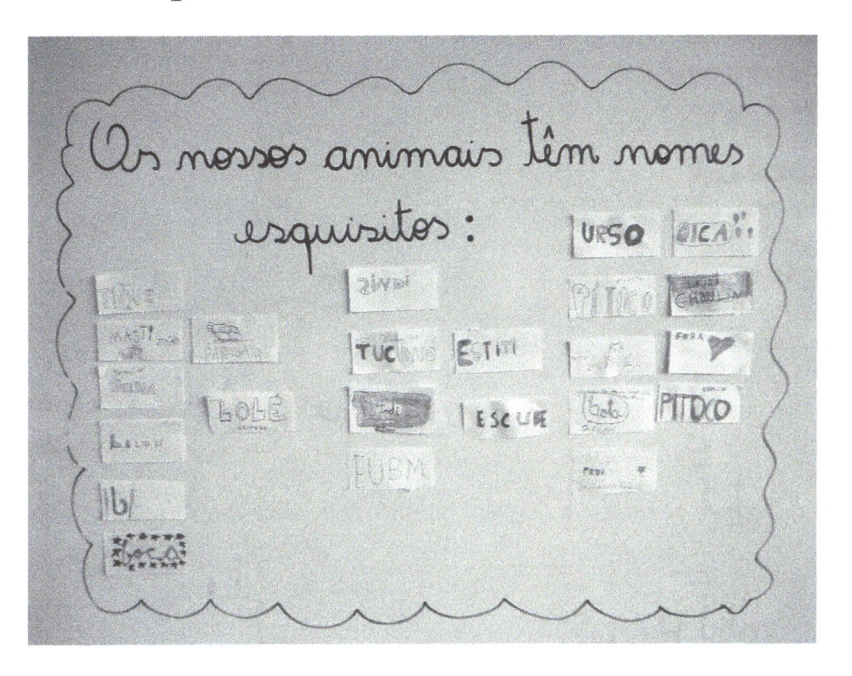

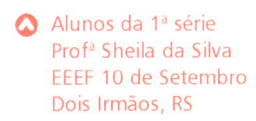

Alunos da 1ª série
Profª Sheila da Silva
EEEF 10 de Setembro
Dois Irmãos, RS

História engraçada sobre um animal

O Bigi-Bigi-Du

Era uma vez um cachorro-quente chamado Bigi-Bigi-Du. Ele era quente porque ele corria e pulava e brigava com os seus amigos e irmãos vira-latas. Ele era tão magro que aparecia os ossos da barriga, e tinha tanta pulga que as pulgas carregavam o coitado do Bigi-Bigi-Du. Ele sempre ganhava comida, mas corria demais, por isso não engordava. Bigi-Bigi-du tinha uma casinha com fogão para o cachorro se cozinhar. Ele corria todo o dia sem parar, ia ao açude nadar para se refrescar do calor quando fazia sol e ele ficava vermelho.

Alessandra, 2ª série
Profª Carina S. Becker
EMEF Prof. Arno Nienow
Dois Irmãos, RS

Bafo

O bafo era um cãozinho muito legal, porém, detestava tomar banho, escovar os dentes e pentear os pêlos.

Certo dia resolveu fugir e se instalou na porta de um buteco e sua presença despertou curiosidade de um freguês. Esse freguês levou Bafo para sua casa, deu-lhe um banho, escovou os dentes e mandou que ficasse em casa.

A noite, quando seu dono voltou, abraçou o Bafo que no mesmo instante desmaiou, pelo bafão de cerveja de seu dono.

Texto de familiar e ilustração de Djennyfer, I etapa
Profª Marceli B. Robetti
EMEF Prof. Francisco Weiler
Morro Reuter, RS

Popó

Popó, que tem uma história diferente, não foi comprado, não foi dado, nem tampouco foi cria da casa.

Ele apareceu todo machucado e nós o adotamos. É um cão inteligente, carinhoso e fiel, mas certa vez nos aprontou uma boa e engraçada história, quando o Inter ficou campeão no Japão. Foi um tal de foguetório e ele, com medo do barulho, pulou a janela da cozinha e foi parar dentro da pia.

Familiar de Jamiel, I etapa
Profª Vívian Silver da Silva
EMEF Rui Barbosa
Morro Reuter, RS

O sapo Sebastião

O sapo Sebastião era gordo e gostava de aparecer nos dias de chuva. Ele adorava comer a ração dos meus gatos e gostava de assustar os cachorros.

Minha mãe chegava a se assustar cada vez que abria a porta e dava cada pulo quando via o Sebastião.

A gente até se divertia quando o Sebastião aparecia. Mas o Sebastião sumiu, temos saudades dele...

Texto de familiar e ilustração de Maiara, II etapa
Profª Daisy E. Bondan
EMEF Rui Barbosa
Morro Reuter, RS

O grilo Cri-Cri

O grilo faz Cri-Cri e um gato malvado faz miau.

O grilo pode sair e o gato se divertir. O gato fica de olho, e o grilo fica gritando cri-cri – eu posso cair e o gato me olhando vai acaba se alimentando. Na boca do gato não posso cair, prefiro subir mais alto e continuar fazendo cri-cri.

Só Deus sabe o que pode acontecer.

> Texto de familiar e ilustração de Régis,
> III etapa
> Profª Daisy E. Bondan
> EMEF Rui Barbosa
> Morro Reuter, RS

Atividade referente ao poema "Relâmpago", de Sérgio Capparelli

Recriação do poema

Meu cachorro Cripto
O meu cachorro Cripto
Acordou com um grito.

Veio seu Geraldo
– Acho que ele se esfregou num machado.

Veio Dona Cissa:
– Ele comeu muita linguiça!

E o seu Zé Lelé:
– Pra mim ele está com dor de tanto comer filé.

Por fim o veterinário:
– Oh, que nada! Ele andou uivando para a namorada.

> Produção coletiva da 2ª série
> Profª Carina S. Becker
> EMEF Prof. Arno Nienow
> Dois Irmãos, RS

Atividade referente ao poema "A semana inteira", de Sérgio Capparelli

Recriação do poema
Na segunda-feira fui na escola
Eu esqueci o caderno
Na terça-feira fui na escola
Porque gosto de jogar bola
Na quarta-feira fui na escola
E esqueci de trazer a cola
Na quinta-feira fui na escola
Pois gostava de tomar coca-cola
Na sexta-feira fui na escola

No sábado não tem aula
E domingo também não.

Matias, II etapa
Profª Marceli B. Robetti
EMEF Prof. Francisco Weiler
Morro Reuter, RS

Atividade referente ao poema "Lápis de cor", de Ricardo Azevedo

Desenho de palavras de um poema e escrita daquilo que se imagina

Quando fica escuro a estrela
brilha, brilha, brilha...

Nicolas, 2ª série
Profª Carina S. Becker
EMEF Prof. Arno Nienow
Dois Irmãos, RS

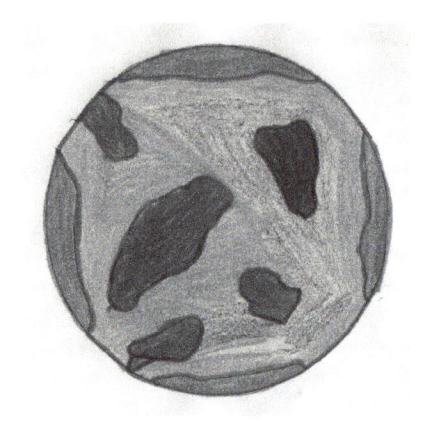

O mundo é grande e bonito!

Alessandra, Caroline e Bárbara, 2ª série
Profª Carina S. Becker
EMEF Prof. Arno Nienow
Dois Irmãos, RS

Roger, I etapa
Profª Vívian Silver da Silva
EMEF Rui Barbosa
Morro Reuter, RS

TERCEIRA UNIDADE

Poemas
estímulo à escrita criativa

3ª e 4ª séries do ensino fundamental

JURACY ASSMANN SARAIVA
CELIA DORIS BECKER
GABRIELA HOFFMANN LOPES

1 2 3 4 5 6

POESIA COMO BRINCADEIRA

Atividade 1
Leitura do poema "Humor negro"

O professor desafia os alunos a darem nova utilidade a objetos descartados como lixo, preparando-os, com essa atividade, para a leitura do poema "Humor negro", de Leo Cunha (Apêndice 1A). O professor pode nomear objetos como uma luva sem par, um aro de bicicleta, uma caixa vazia de aveia ou de fósforos, um carretel de linha, um pé de chinelo ou de sapato, estimulando os alunos a comporem um contexto em que esses ou outros objetos assumem uma função diferente da usual. A nova função deve ser representada em uma folha de desenho, e o aluno explica oralmente aos colegas o que pretendeu criar.

A seguir, o professor convida os alunos a acompanharem a leitura de "Humor negro" em um cartaz a ser exposto na sala. Feito isso, o professor solicita que façam a leitura silenciosa do poema e propõe sua leitura expressiva, distribuindo suas partes entre os alunos, conforme indicado no Apêndice 1B.

Atividade 2
Exploração do poema

O professor parte para a exploração do poema, fazendo perguntas como, por exemplo:

- De que você imagina que era feita a "princesinha", já que ela era um "resto de sereia"?
- Como era a onda que tinha "gula de maré cheia"?
- Para onde a onda levou as partes do castelo? Você acha que elas foram parar na "barriga da baleia"?
- Por que o poema recebeu o nome de "Humor negro"?

- **PARA O PROFESSOR**
  Humor negro é um tipo que humor que choca pelo emprego de elementos referentes a doenças ou à morte em situações cômicas, que provocam riso.

O professor estimula os alunos a analisarem o processo de composição do poema. Para tanto, pede que identifiquem as palavras que rimam, escrevendo-as na forma de uma lista em seu caderno. A seguir, indica um aluno para que assinale, com pincel atômico, essas palavras no poema transcrito no cartaz.

Atividade 3
Exercício poético

O professor faz o levantamento das criações dos alunos a partir da utilidade que atribuíram a um objeto descartável (**Atividade 1**), registrando o nome desse novo objeto no quadro. (Exemplo: se o aluno tiver desenhado um circo a partir de uma roda de bicicleta, a palavra a ser registrada é "circo".)

Sugere, então, aos alunos que encontrem palavras que rimem com as listadas no quadro, dizendo que essa brincadeira é um exercício preparatório para a criação de um poema.

Feito isso, o professor solicita aos alunos que escolham, entre os objetos e suas respectivas rimas, um deles para compor um texto coletivo que tome o poema de Leo Cunha como modelo. O professor lembra que a criação poética deve ter um título e trazer o nome dos autores. Ele pode sugerir os seguintes versos para dar início à composição: "Fiz um/uma .... no/na .... com coisas que ....".

- **PARA O PROFESSOR**
  Dependendo do estágio de desenvolvimento do grupo de alunos, a tarefa pode ser feita em pequenos grupos ou, então, coletivamente, com a coordenação do professor, que registra os enunciados no quadro. Em se tratando de vários grupos, o objeto selecionado pode variar de acordo com a escolha dos componentes do grupo.

Atividade 4
Reflexão sobre a capacidade de criar

O professor solicita aos alunos que leiam o texto que compuseram e elejam o que ficou mais claro em sua imaginação, isto é, aquele que conseguiram "enxergar com os olhos da mente".

A partir daí, o professor discute com os alunos a capacidade da imaginação humana de criar coisas novas, desafiando-os a encontrarem os nomes de dois equipamentos criados pelo homem que estão escondidos na sequência TEALEVIFONEÃO. (As palavras são telefone e avião.)

Atividade 5
Descoberta de palavras e invenção de utilidades

O professor solicita aos alunos que se agrupem em duplas e distribui fichas, preparadas anteriormente, com palavras cujas letras estão fora de ordem (Apêndice 1C). Os alunos devem organizar as letras na ordem correta para descobrir os nomes escondidos de invenções humanas. À medida que forem sendo identificadas as palavras, o professor pergunta aos alunos se sabem do que se trata.

A seguir, o professor convida os alunos a produzirem frases que expliquem, para crianças pequenas, o que são os objetos identificados e para que servem. O professor deve enfatizar que as crianças não veem as coisas como os adultos, percebendo o mundo à sua volta de uma maneira peculiar. Para ilustrar a atividade, o professor pode valer-se do seguinte exemplo: "Boca: gaveta de guardar língua e dentes", de José Carlos Aragão.

Apêndice 1A

Humor negro
Leo Cunha

Fiz um castelo na areia
com coisas que ali achei.

A torre era um pote de aveia.
A varanda, uma correia.
A princesinha, catei-a
no chão, resto de sereia.
A bandeira, um pé de meia,
Fedida, furada e feia.

Ficou com nojo? Não leia
o resto na hora da ceia...

De repente a onda veio
com gula de maré cheia
e lambeu sujeira e meia
pra barriga da baleia!

Fonte: Cunha (2006, p. 12).

Poesia como brincadeira

Apêndice 1B

Roteiro para leitura coletiva de "Humor negro"

Aluno 1:
Fiz um castelo na areia com coisas que ali achei.

Aluno 2:
A torre era um pote de aveia.

Aluno 3:
A varanda, uma correia.

Aluno 4:
A princesinha, catei-a no chão, resto de sereia.

Aluno 5:
A bandeira, um pé de meia,

Todos:
Fedida, furada e feia.

Aluno 6:
Ficou com nojo?

Aluno 7:
Não leia o resto na hora da ceia...

Aluno 8:
De repente a onda veio

Todos:
com gula de maré cheia

Aluno 9:
e lambeu sujeira e meia

Todos:
pra barriga da baleia!

Apêndice 1C

Fichas com nomes de invenções humanas

EVITESLOR

| TADMOCOPUR |

| NUMISARBO |

| LÓCUSO |

| OGETUFE |

| ELIOGRÓ |

| FEINATEL |

- **PARA O PROFESSOR**
  Respostas: televisor, computador, submarino, óculos, foguete, relógio, alfinete.
  Sempre que os alunos tiverem dificuldade em identificar a palavra, o professor deve levá-los à descoberta por meio de pistas.

Poesia como brincadeira

APELO AO ILÓGICO E ENGRAÇADO

Atividade 1
Leitura do poema "Os mirabolantes casamentos do cientista e cupido Dr. Horacides"

O professor inicia as atividades escrevendo no quadro as palavras *mirabolante*, *cientista* e *cupido*. Em seguida, pergunta aos alunos se eles sabem o seu significado. Depois de ouvir as manifestações e de ter explicado a significação dos termos, pergunta aos alunos se um cientista pode ser um cupido. Ele ouve as respostas dos alunos e anota as manifestações que se relacionem com o poema a ser explorado.

O professor entrega aos alunos uma cópia do poema "Os mirabolantes casamentos do cientista e cupido Dr. Horacides", de Luiz Coronel (**Apêndice 2A**), e o lê expressivamente. Depois, faz a leitura das estrofes, uma a uma, e solicita aos alunos que as repitam em coro. A seguir, lança algumas perguntas para que os alunos se manifestem sobre o conteúdo do poema:

- Que detalhes mostram Horacides como um cientista?
- Que ação realizada por Horacides o mostra como cupido?
- Por que as ações de Horacides são mirabolantes?
- Por que os "casamentos" realizados por Horacides são possíveis?

Atividade 2
Ilustração do cientista e de suas criaturas

O professor propõe aos alunos que criem, por meio de desenhos, uma "galeria de retratos". Para isso, distribui a tarefa entre os alunos, reunidos em grupos. O primeiro grupo faz o retrato do Dr. Horacides e os outros o dos "casamentos" que o cientista promoveu. Embaixo de cada "retrato", os alunos devem escrever a frase que revela o resultado do cruzamento realizado.

Concluídos os trabalhos, o professor organiza a "galeria", que deve ter como título o nome do poema e na qual os alunos afixam seus trabalhos.

Atividade 3
Invenção de nome para as criaturas

O professor propõe aos alunos que completem o quadro (**Apêndice 2B**), com duas colunas: na primeira, eles escrevem os nomes das criaturas que foram cruzadas; na segunda, propõem um nome que combine com os bichos que se acasalaram. Além disso, devem completar as linhas pontilhadas do quadro, de acordo com as sugestões do poema.

Atividade 4
Recriação do poema

O professor solicita que os alunos criem um nome para um cientista excêntrico e que escrevam suas ações, suas experiências malucas, em prosa ou em verso. Após a conclusão desta atividade, os alunos apresentam-na oralmente a seus colegas.

Apêndice 2A

Os mirabolantes casamentos do cientista e cupido, Dr. Horacides

Luiz Coronel

Ora, ora quem não conhece
as histórias do Dr. Horacides.
O casamento entre bichos
ele sempre é quem decide.

Abelha com vaga-lume
foi um feliz casamento:
as abelhas iluminadas
trabalhavam noite adentro.

Pombo-correio com papagaio
teve bom resultado:
em vez de levar bilhetes,
já davam recado-falado.

Casou minhoca com ovelha
com uma razão muito sã:
os filhos do casamento
seriam novelos de lã.

Se Horacides seguir
casando desta maneira
teremos elefantes nos ninhos
e baleias em mangueiras.

Cabritos em cima das árvores,
jacarés na gaiola,
Gatos em baixo d'água
por nadadeiras a cola.

Apelo ao ilógico e engraçado

Fonte: Coronel (1980, p. 28-29).

Apêndice 2B

Quadro das criaturas

Par formado	Nome da criatura resultante
ABELHA + VAGA-LUME	
POMBO-CORREIO + PAPAGAIO	
MINHOCA + OVELHA	
ELEFANTE + ...	
BALEIA + ...	
CABRITO + ...	
JACARÉ + ...	
GATO + ...	

Apelo ao ilógico e engraçado

3
IMAGENS VERBAIS E VISUAIS

Atividade 1
Representação na linguagem pictórica e verbal

O professor mostra a reprodução de telas que representam trens (Apêndice 3A) e comenta com os alunos que, no passado, esse meio de transporte era comum em nosso país e que existem lugares em que os trens são muito utilizados.

Para chamar a atenção dos alunos para os detalhes das telas, o professor pode fazer perguntas como as seguintes:

- O que está representado nas telas?
- O que elas têm em comum?
- O que elas têm de diferente?
- Em qual delas o trem se destaca?
- Em que espaço o trem está circulando?
- Como se constata o esforço do trem para se movimentar em cada uma das telas?

Depois de explorar a última tela, o professor diz que é possível imitar o ruído e os movimentos do trem em um poema. Para demonstrar, lê expressivamente o poema "Trem de ferro", de Manuel Bandeira (Apêndice 3B), a fim de que os alunos percebam o movimento inicial do trem, sua aceleração e a posterior diminuição da velocidade.

Atividade 2
Imitação do trem na leitura de "Trem de ferro"

O professor separa os alunos em cinco grupos para uma leitura em jogral. Divide o poema em partes e estabelece o que cabe a cada grupo (Apêndice 3C). Ele dirige a leitura, imprimindo o ritmo sugerido pelas diversas estrofes.

- **PARA O PROFESSOR**

  Os três primeiros versos constituem o momento em que o trem começa a se movimentar. No quarto verso, a ênfase está no /i/, pelo fato de ser esse o som que imita o apito do trem. Do verso 5 ao 16, a sugestão da leitura deve ser de movimento rápido realizado pelo trem.Os versos 17, 30, 35, 40 e 45 também imitam o apito do trem. Os versos 18 a 29, 31 a 39 e 41 a 44 apresentam ritmo marcante. Do verso 46 em diante, a leitura feita deve sugerir a diminuição do ritmo do trem até a completa parada. Nos versos 50, 51 e 52, o professor deve reparar na sugestão de descompressão, possível pelo efeito fonético do /e/ que, por não pertencer à sílaba tônica da palavra, equivale a um /i/.

Atividade 3
Observação da paisagem vista a partir do trem

O professor recomenda que cada aluno ilustre a estrofe constituída pelos versos 17 a 29 e solicita a alguns que comentem o trabalho realizado. A seguir, determina aos alunos que circulem nas outras estrofes as palavras que identificam os objetos, os seres, as coisas que também são vistas pela voz que fala no poema. Ele convida alguns alunos a escreverem as palavras no quadro-verde.

Atividade 4
Identificação da "voz" que fala no poema

O professor explora a composição do poema, verificando a presença do sujeito da enunciação, que observa a paisagem e dialoga com uma personagem que dela faz parte (Apêndice 3D).

Atividade 5
Audição de músicas

O professor traz para a sala de aula a música "Trenzinho do caipira", de Heitor Villa-Lobos (Apêndice 3E), ou "Maria Fumaça", de Kleiton e Kledir (Apêndice 3F), e convida os alunos a escutá-la para reconhecer o ritmo do andamento do trem.

Atividade 6
Criação de uma narrativa

Depois dos comentários, o professor solicita que cada um invente uma narrativa a respeito das andanças de um trem pelo interior, isto é, de um trem que seja a personagem e lhes comunica que os textos serão apresentados para outras turmas da escola.

Após corrigir as narrativas dos alunos, o professor sugere sua reescrita, estimulando os alunos a excluírem repetições desnecessárias, a manterem a sequencialidade das ações, a darem detalhes sobre o trem, para que sua imagem seja consistente, a respeitarem os padrões frasais e ortográficos.

O professor solicita aos alunos que tragam materiais tipo sucata para a confecção de um trenzinho na próxima aula.

Atividade 7
Confecção de um trem

Usando tampas de embalagens, caixa de papelão, canudinhos, pedaços de madeira e palitos, entre outros materiais, os alunos, reunidos em grupos, confeccionam um trem, sob a coordenação do professor.

> ● **PARA O PROFESSOR**
> O trem ao lado pode trazer ideias ao professor de como os alunos podem executar a tarefa: o fato de a ilustração ser constituída por formas geométricas sugere a possibilidade do aproveitamento de diferentes materiais. Entretanto, é importante que o professor não mostre a ilustração ao lado para evitar que os alunos tentem reproduzi-la.

Atividade 8
Apresentação dos trabalhos

Concluída a tarefa da confecção do trem pelos grupos, o professor expõe os trabalhos em sala de aula e convida outras turmas e o corpo diretivo da escola para que os vejam e para que assistam à apresentação das narrativas criadas pelos alunos. Cada aluno lê sua narrativa e, a seguir, afixa a folha em que a transcreveu no espaço destinado para isso.

Apêndice 3A

A representação de trens em telas

"The Gare Saint-Lazare: arrival of a train" (1877), de Claude Monet

"Train in the country" (1870), de Claude Monet

"Keep the train running" (2004), de Tommie Olofsson

Fonte: Monet ([2009]).

Imagens verbais e visuais

Apêndice 3B

Trem de ferro

Manuel Bandeira

Café com pão
Café com pão
Café com pão

Virge Maria que foi isto maquinista?

Agora sim
Café com pão
Agora sim
Voa, fumaça
Corre, cerca
Ai seu foguista
Bota fogo
Na fornalha
Que eu preciso
Muita força
Muita força
Muita força

Oô..
Foge, bicho
Foge, povo
Passa ponte
Passa poste
Passa pasto
Passa boi
Passa boiada
Passa galho
De ingazeira
Debruçada
No riacho
Que vontade de cantar!

Oô...
Quando me prendero
No canaviá
Cada pé de cana
Era um oficiá
Ôo...
Menina bonita
Do vestido verde
Me dá tua boca
Pra matá minha sede
Ôo...
Vou mimbora vou mimbora

Não gosto daqui
Nasci no sertão
Sou de Ouricuri
Ôo...

Vou depressa
Vou correndo
Vou na toda
Que só levo
Pouca gente
Pouca gente
Pouca gente..

Fonte: Bandeira (1996, p. 158).

Apêndice 3C

Sugestão de divisão do poema "Trem de ferro" para leitura em jogral

1. Café com pão
2. Café com pão } Todos
3. Café com pão

4. Virge Maria que foi isto maquinista? (Grupo 1)

5. Agora sim (Grupo 2)
6. Café com pão (Todos)
7. Agora sim (Grupo 2)
8. Voa, fumaça (Grupo 3)
9. Corre, cerca (Grupo 4)
10. Ai seu foguista
11. Bota fogo
12. Na fornalha } (Grupo 5)
13. Que eu preciso
14. Muita força
15. Muita força } Todos
16. Muita força

17. Oô.. (Grupo 1)
18. Foge, bicho (Grupo 2)
19. Foge, povo (Grupo 3)
20. Passa ponte (Grupo 4)
21. Passa poste (Grupo 5)
22. Passa pasto (Grupo 2)
23. Passa boi (Grupo 4)
24. Passa boiada (Grupo 5)
25. Passa galho
26. De ingazeira } (Grupo 2)
27. Debruçada
28. No riacho
29. Que vontade de cantar! (Todos)

Imagens verbais e visuais

30. Oô... (Grupo 1)
31. Quando me prendero ⎫
32. No canaviá   ⎬ (Grupo 3)
33. Cada pé de cana   ⎪
34. Era um oficiá   ⎭
35. Ôo... (Grupo 1)
36. Menina bonita   ⎫
37. Do vestido verde   ⎬ (Grupo 4)
38. Me dá tua boca   ⎪
39. Pra matá minha sede ⎭
40. Ôo... (Grupo 1)
41. Vou mimbora vou mimbora (Todos)

42. Não gosto daqui   ⎫
43. Nasci no sertão   ⎬ (Grupo 5)
44. Sou de Ouricuri   ⎭
45. Ôo... (Grupo 1)
46. Vou depressa (Grupo 2)
47. Vou correndo (Grupo 3)
48. Vou na toda (Grupo 4)
49. Que só levo (Grupo 5)
50. Pouca gente   ⎫
51. Pouca gente   ⎬ Todos
52. Pouca gente...   ⎭

Apêndice 3D

Atividades de exploração do poema "Trem de ferro"

1) Marque com um X o que completa adequadamente a frase, de acordo com o poema:

   Quem fala no poema
   ( ) gosta do interior.
   ( ) é sofisticado.
   ( ) é simples.
   ( ) já esteve retido em algum lugar.
   ( ) presta atenção ao que está ao seu redor.
   ( ) é distraído, nada vê ao seu redor.
   ( ) gosta de correr.

2) Em um determinado verso, é possível identificar com quem essa "voz" conversa.

   Pinte de vermelho o verso em que isso acontece.

3) Essa "voz" pronuncia oito palavras de um modo estranho.

   Localize cinco dessas palavras e pinte de verde os versos em que você as descobriu.

4) Leia os versos e depois complete a frase abaixo:

   Não gosto daqui/Nasci no sertão
   Vou depressa/Vou correndo

   A "voz" que fala no poema é a do _____ .

5) A partir disso, desenhe a figura que fala no poema.

Imagens verbais e visuais

Apêndice 3E

Trenzinho do caipira

Heitor Villa-Lobos com poema de Ferreira Gullar

Lá vai o trem com o menino
Lá vai a vida a rodar
Lá vai ciranda e destino
Cidade e noite a girar

Lá vai o trem sem destino
Pro dia novo encontrar
Correndo vai pela terra
Vai pela serra
Vai pelo mar
Cantando pela serra o luar
Correndo entre as estrelas a voar
No ar, no ar...

Fonte: Villa-Lobos e Gullar ([20--?]).

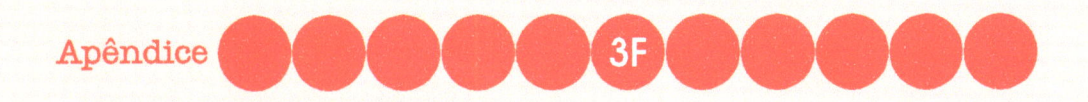

Maria Fumaça
Kleiton e Kledir

Essa Maria Fumaça é devagar quase parada
Ô seu foguista, bota fogo na fogueira
Que essa chaleira tem que estar até sexta-feira
Na estação de Pedro Osório, sim senhor
Se esse trem não chega a tempo vou perder meu casamento
Atraca, atraca-lhe carvão nessa lareira
Esse fogão é que acelera essa banheira
O padre é louco e bota outro em meu lugar
Se chego tarde não vou casar
Eu perco a noiva e o jantar
A moça não é nenhuma miss
Mas é prendada e me faz feliz
Seu pai é um próspero fazendeiro
Não é que eu seja interesseiro
Mas sempre bom e aconselhável
Unir o útil ao agradável
Esse trem não sai do chão (capaz)
Urinaram no carvão (mas que barbaridade)
Entupiram a lotação (mééééé...)
E eu nem sou desse vagão (mas que tá fazendo aqui)
Mas que baita confusão (Opa! Opa!)
Tem crioulo e alemão
Empregado com patrão
Ôpa! me passaram a mão
Ora vá lamber sabão!
(Tagará, tagará, tagará...togoro, togoro, togoro...)
Se por acaso eu não casar
Alguém vai ter que indenizar
Esse expresso vai a trote mais parece um pangaré
Essa carroça é um jaboti com chaminé
Eu tenho pena de quem segue pra Bagé
Seu cobrador, cadê meu troco? por favor

Dá-lhe apito e manivela, passa sebo nas canelas
Seu maquinista, eu vou tirar meu pai da forca
Por que não joga esse museu no ferro velho
E compra logo um trem moderno japonês
No dia alegre do meu noivado
pedi a mão todo emocionado
A mãe da moça me garantiu
"É virgem, só que morou no Rio
O pai falou "é carne de primeira,
mas se abre a boca só sai besteira"
Eu disse: "Fico com essa guria
Só quero mesmo é pra tirar cria"
Esse trem não era o teu
O meu esvaziaram o pneu
Mas cadê esse guri?
Tá na bicha do xixi
Tem chiclete com tatu (que nojo)
Foi alguém do Canguçu
Me roubaram meu chapéu (alapucha)
Chama o homem do quartel
Deu enjoo na mulher
Fez "porquinho" no meu pé
(Tagará, tagará, tagará...togoro, togoro, togoro...)
Se por acaso eu não casar
Alguém vai ter que indenizar
É o presidente dessa tal
R.F.F.S.A.R.F.F.S.A.R.F.F.S.A....

Fonte: Kleiton & Kledir (1980).

UM BRINQUEDO EM POEMAS E EM OUTROS TEXTOS

Atividade 1
Leitura do poema "Minha bicicleta"

O professor pergunta aos alunos quais os brinquedos favoritos de uma criança da idade deles. De acordo com as respostas recebidas, lista no quadro-verde as diversas indicações. Não havendo citação à bicicleta, pode referir-se a ela como o brinquedo preferido de muitas crianças. A seguir, propõe uma série de perguntas sobre esse brinquedo:

- É fácil aprender a andar de bicicleta?
- O que atrai na bicicleta?
- Qual a sensação de se andar de bicicleta?
- Que tipos de bicicleta existem?
- Que cuidados uma pessoa deve ter ao andar de bicicleta?

Após essa introdução, o professor apresenta o poema de Sérgio Capparelli (Apêndice 4A), lendo-o expressivamente. Depois, o professor distribui cópias do texto aos alunos e, durante a segunda leitura, solicita que sublinhem as palavras desconhecidas. A partir das perguntas feitas pelos alunos, ele traz outros exemplos de enunciados em que as palavras aparecem e esclarece sua significação.

Atividade 2
Observações sobre a forma de composição do poema

O professor solicita que os alunos observem a forma do poema – uma única e longa estrofe – e que numerem cada verso, a fim de verificar o número total de versos que o compõem. A seguir, ele pede aos alunos que

- circulem os versos que estão repetidos ao longo do poema;
- pintem com cor igual as palavras que se encontram no final dos versos e cujos sons combinam;
- façam uma cruz na frente dos versos em que aparece a palavra "eu".

Atividade 3
Análise da representação da "voz" que fala no poema

Após as atividades de observação do texto em seus aspectos visuais e sonoros mais evidentes, o professor propõe atividades de exploração do poema, centrando-as na relação do eu-enunciador com sua bicicleta e na imagem que o leitor faz dele e nas ações que o eu realiza no poema (Apêndice 4B).

Atividade 5
Audição da canção "Bicicleta" e desenho sugerido pela canção

O professor apresenta aos alunos a música "Bicicleta", de Toquinho (Apêndice 4C). Na primeira execução da música, os alunos identificam a melodia e o ritmo; na segunda, acompanham a interpretação por meio da leitura da letra da canção, transcrita em um cartaz ou apresentada por um retroprojetor; na terceira, eles a ouvem e, então, fazem um desenho sobre o que ela lhes sugere.

Atividade 6
Explicação do desenho e realização de brincadeiras

Os alunos, atendendo à solicitação do professor, apresentam seu desenho aos colegas, explicando os aspectos aí representados e relacionando-os à música ouvida. Depois disso, afixam o desenho no painel, previamente preparado pelo professor.

A seguir, o professor propõe atividades lúdicas, como uma charada, o jogo da forca e uma colagem (Apêndice 4D) que têm por tema a bicicleta e outros brinquedos.

Atividade 7
Leitura do poema "A bicicleta"

Iniciando as atividades, o professor afirma que há vários textos sobre bicicletas, como o de Sérgio Capparelli e o de Carlos Franco, que eles vão ler. Entrega, então, uma folha com a cópia do poema "A bicicleta" (Apêndice 4E) aos alunos, procedendo à sua leitura expressiva.

O professor solicita aos alunos que indiquem se há no poema alguma palavra desconhecida. Se houver, lista as palavras no quadro-verde e desafia os alunos a trazerem diferentes exemplos de uso dessas palavras para só então explicar-lhes sua significação.

Atividade 8
Comparação dos três textos lidos

O professor retoma o poema de Capparelli, a letra da música de Toquinho e o poema de Carlos Franco por meio da leitura. A seguir, ele estimula os alunos a fazerem uma comparação entre os textos (Apêndice 4F).

Atividade 9
Produção de um relato

O professor propõe a criação de um relato a partir da experiência da leitura dos três textos. Para tanto, solicita que os alunos imaginem uma personagem que goste muito de andar de bicicleta. O processo criativo pode ser orientado por questões como as seguintes:

- Como é o nome da criança que realiza travessuras com a bicicleta? Quem são seus pais? Que idade ela tem? Onde mora? Em que escola estuda?
- Quem deu a bicicleta à criança? Quando foi que a recebeu? Como é a bicicleta? Qual a sua cor? Que cuidados a criança tem com a sua bicicleta?
- Que aventura aconteceu, certo dia, quando a criança saiu para brincar com a bicicleta? Como terminou essa aventura da criança com a sua bíci?

● PARA O PROFESSOR
Para evitar que os alunos restrinjam seu texto à formulação das respostas às questões, recomenda-se que o professor as faça oralmente e explique que eles podem acrescentar os detalhes que desejarem.

Apêndice 4A

Minha bicicleta

Sérgio Capparelli

Com minha bíci
eu roubo a lua
pra enfeitar
a minha rua
com minha bíci
dou nó no vento
e até fantasma
eu espavento
com minha bíci
jogo o anzol
no horizonte
e pesco o sol
com minha bíci
caio e não doi
eu sou o tal
sou um heroi
com minha bíci
eu vou a fundo
pelas estradas
do fim do mundo
com minha bíci...

Fonte: Capparelli (1997, p. 17).

Apêndice 4B

Exploração do poema "Minha bicicleta"

1) Verifique quantas vezes a palavra "eu" aparece no poema de Sérgio Capparelli e assinale a resposta correta:

   ( ) 2 vezes
   ( ) 3 vezes
   ( ) 4 vezes
   ( ) 6 vezes

2) Marque os parênteses que indicam como esse "eu" é:

   ( ) Ninguém o segura.
   ( ) É muito levado e medroso.
   ( ) Tem muita imaginação.
   ( ) Faz travessuras incríveis.
   ( ) Sente-se muito seguro.
   ( ) Assusta-se com os perigos.

3) Responda:

   - Quem é esse "eu" que faz tantas coisas com a bicicleta?

     ....

   - O "eu" do poema fala "dou nó no vento". O que ele quer dizer com isso?

     ....

4) Ilustre em uma folha de desenho, a parte do poema que diz "com minha bíci/jogo o anzol/ no horizonte/e pesco o sol".

Um brinquedo em poemas e em outros textos

5) Encontre no caça-palavras cinco expressões do poema que se referem àquilo que o "eu" faz com sua bicicleta. Pinte-as com a cor que você preferir:

J	V	O	U	A	F	U	N	D	O	S	T	V	S	T	A	C	A	I
O	D	R	G	R	V	A	E	R	G	W	F	A	F	D	G	D	S	A
G	V	E	R	E	B	S	F	I	R	C	R	A	O	A	R	V	E	R
O	B	D	K	D	N	T	F	L	K	V	E	Q	T	Q	K	O	B	R
O	N	C	T	C	U	Ç	S	F	T	E	R	O	T	S	T	V	S	E
A	U	S	B	S	O	R	O	U	B	O	A	L	U	A	H	I	T	A
N	O	A	S	A	S	A	D	T	S	G	R	V	A	E	S	D	Ç	R
Z	T	Q	C	Q	C	B	V	F	C	W	F	A	M	D	C	N	I	R
O	D	O	V	O	J	O	D	O	U	N	Ó	N	O	V	E	N	T	O
L	E	F	F	Z	O	L	N	E	F	C	R	A	O	T	F	E	L	F
A	A	S	I	E	F	T	O	C	I	S	I	M	D	I	I	N	F	A
Q	P	E	S	C	O	O	S	O	L	S	A	S	A	V	I	D	T	I

6) Complete a torre de palavras:

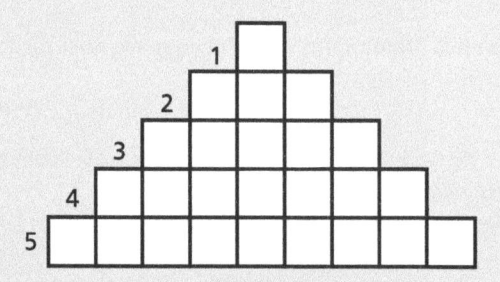

1. Segunda letra do alfabeto.
2. "Peixe" pescado pela voz que fala no poema.
3. Pessoa extraordinária com quem a voz do poema se compara.
4. Lugar onde circulam pessoas, animais e veículos e onde a voz que fala no poema diz que passa.
5. Nome por extenso do veículo que pertence à voz que fala no poema.

Apêndice 4C

Bicicleta
Toquinho

B-I-C-I-C-L-E-T-A
Sou sua amiga bicicleta.
Sou eu que te levo pelos parques a correr,
Te ajudo a crescer e em duas rodas deslizar.
Em cima de mim o mundo fica à sua mercê
Você roda em mim e o mundo embaixo de você.
Corpo ao vento, pensamento solto pelo ar,
Pra isso acontecer basta você me pedalar.

B-I-C-I-C-L-E-T-A
Sou sua amiga bicicleta.

Sou eu que te faço companhia por aí,
Entre ruas, avenidas, na beira do mar.
Eu vou com você comprar e te ajudo a curtir
Picolés, chicletes, figurinhas e gibis.
Rodo a roda e o tempo roda e é hora de voltar,
Pra isso acontecer basta você me pedalar.

B-I-C-I-C-L-E-T-A

Sou sua amiga bicicleta.
Faz bem pouco tempo entrei na moda pra valer,
Os executivos me procuram sem parar.
Todo mundo vive preocupado em emagrecer,
Até mesmo teus pais resolveram me adotar.
Muita gente ultimamente vem me pedalar
Mas de um jeito estranho que eu não saio do lugar.

Fonte: Toquinho (2008).

Um brinquedo em poemas e em outros textos

Apêndice 4D

Atividades referentes à canção "Bicicleta"

1) Releia a seguinte estrofe:

   "Faz bem pouco tempo entrei na moda pra valer,
   Os executivos me procuram sem parar.
   Todo mundo vive preocupado em emagrecer,
   Até mesmo teus pais resolveram me adotar.
   Muita gente ultimamente vem me pedalar
   Mas de um jeito estranho que eu não saio do lugar."

2) Participe do jogo da forca para descobrir o nome do tipo de bicicleta mencionado na estrofe acima.

   _ _ _ _ _ _ _ _ _ _ _ _

3) Procure em revistas ou jornais uma imagem desse tipo de bicicleta para ilustrar a mensagem de uma propaganda que você vai criar. Caso não a encontre, faça você mesmo um desenho.

Um brinquedo em poemas e em outros textos

Apêndice 4E

A bicicleta
Carlos Franco

A bicicleta desce a rua
a bicicleta desce a rua
desce a rua com a roda rodando
a roda reclamando:

— Nhec, nhec falta óleo nessa roda!
— Nhec, nhec falta óleo nessa roda!

Nhec, nhec se não colocar
o joelho do menino
a rua vai ralar.

O menino na bicicleta
pedala o dia inteiro
e a roda rodando
só reclamando:

— Nhec, nhec falta óleo nessa roda!
— Nhec, nhec falta óleo nessa roda!

Um brinquedo em poemas e em outros textos

Fonte: Franco ([20--?]).

Apêndice 4F

Atividades de relação entre os textos

1) Leia com atenção o poema de Capparelli e a letra da música de Toquinho. A seguir, execute o que se solicita.

   Marque as frases que podem responder à seguinte pergunta: o que há de comum entre esses dois textos?

   ( ) Existe uma relação de amizade entre a bicicleta e seu dono.
   ( ) Ocorre um acidente com o menino.
   ( ) Os objetos se manifestam como se fossem pessoas.
   ( ) A bicicleta necessita de manutenção.
   ( ) Menino e bicicleta são inseparáveis.

   Responda:

   a) As vozes que falam no poema de Capparelli e de Toquinho são as mesmas?
   ....

   b) Como você justifica a resposta dada na questão anterior?
   ....
   ....

   c) Que diferenças você identifica entre os textos de Capparelli, Toquinho e Franco?
   ....
   ....
   ....

Um brinquedo em poemas e em outros textos

1 2 3 4 **5** 6

REFLEXÃO SOBRE O COMPORTAMENTO SOCIAL POR MEIO DE UM BRINQUEDO

Atividade 1
Diálogo sobre bonecas

Para iniciar as atividades, o professor apresenta aos alunos uma boneca de porcelana ou de pano ou, então, a reprodução de uma pintura em que há uma menina com uma boneca (Apêndice 5A).

Ele dialoga com os alunos para que descrevam oralmente a boneca, conduzindo a conversa por meio de tópicos como, por exemplo, o tipo de material com que é confeccionada, os detalhes de seu corpo e de sua roupa, a faixa etária para a qual esse brinquedo se destina, etc.

Após as observações, o professor expõe o desenho de meninas brincando com bonecas (Apêndice 5A) e convida os alunos a criarem uma narrativa oral sobre o que está sugerido na gravura.

• **PARA O PROFESSOR**
Esse tipo de atividade possibilita ao professor explorar a imaginação dos alunos. A cena é conhecida, o que torna fácil a invenção de uma pequena narrativa oral. Além disso, a atividade abre espaço para a manifestação espontânea dos alunos, desinibindo-os.

Atividade 2
Leitura do poema "A boneca"

O professor entrega aos alunos uma cópia do poema "A boneca", de Olavo Bilac (**Apêndice 5B**), e o lê expressivamente. Depois disso, distribui as estrofes para que os alunos as leiam e localizem termos desconhecidos, os quais devem ser explicados pelo professor.

> ● **PARA O PROFESSOR**
> Provavelmente, haverá necessidade de o professor explicar que a boneca a que se refere o poeta é semelhante à da tela e diferente das bonecas da atualidade. O professor pode apontar os versos 12 e 15 como partes do poema em que se evidencia o tipo de boneca que havia no final do século XIX e começo do século XX.

Atividade 3
Análise do aspecto formal do poema

O professor chama a atenção dos alunos para o aspecto formal do poema, destacando a composição das estrofes, o número de versos que cada uma delas contém e a presença das rimas que ocorrem em todas as estrofes, propondo-lhes que descubram as combinações sonoras e também os versos em que elas não ocorrem.

> ● **PARA O PROFESSOR**
> O objetivo da atividade é mostrar o trabalho de exploração da língua que o poeta realiza ao construir estrofes semelhantes e selecionar palavras cuja sonoridade institui as rimas, ao mesmo tempo em que concebe a significação do poema.

Atividade 4
Exploração do poema

Para que os alunos apreendam a significação do texto, o professor explora seu assunto, reconstitui a cena da disputa e conduz os alunos a refletirem sobre a intencionalidade do autor ao conceber o poema (**Apêndice 5C**).

Atividade 5
Reflexão sobre o brincar

O professor retoma a gravura das meninas brincando (Apêndice 5A) – apresentada como motivação para a leitura do poema – e solicita que os alunos exponham as diferenças entre o desenho apresentado e a situação expressa no poema. Para orientar a discussão, o professor pode fazer as seguintes perguntas:

- Quantas meninas são representadas no desenho e no poema?
- Quantas são as bonecas no desenho e no poema?
- Por que as meninas brigam pela boneca?
- Por que as meninas não brigam quando jogam com a bola e a peteca?
- Que alternativas existem para evitar brigas nas brincadeiras infantis?

Atividade 6
Produção textual

O professor distribui uma folha de papel para que os alunos escrevam uma narrativa, contando uma situação de disputa em que se viram envolvidos por causa de um brinquedo ou de um jogo e a forma como ela foi resolvida. A seguir, o professor recolhe o trabalho dos alunos para avaliar sua correção linguística e a estrutura da narrativa.

Feita a correção, o professor acompanha a reescrita do texto, que será afixado em um painel na sala de aula para ser lido por todos os alunos.

Atividade 7
Encontro poético e exposição de trabalhos

Para encerrar a unidade, o professor organiza um encontro poético e faz a exposição dos trabalhos dos alunos, particularmente dos textos verbais. Cada aluno deverá declamar um poema ou uma quadrinha. Os professores, o corpo diretivo, os outros alunos, os pais ou demais familiares poderão ser convidados para a atividade e também participar dela como declamadores.

Apêndice 5A

Tela de menina com boneca

Reflexão sobre o comportamento social por meio de um brinquedo

- **PARA O PROFESSOR**
  A tela da menina com uma boneca, do século XVIII, é de um pintor alemão desconhecido. A cabeça, os braços e as pernas da boneca são de porcelana e o corpo, provavelmente, é de pano com enchimento de palha.

  Fonte: Girl with a doll ([2007]).

Ilustração de brincadeira com bonecas

Fonte: Amigos de Delmiro Gouveia. Brincadeiras de rua (2005).

Reflexão sobre o comportamento social por meio de um brinquedo

Apêndice 5B

A boneca
Olavo Bilac

Deixando a bola e a peteca,
Com que inda há pouco brincavam,
Por causa de uma boneca,
Duas meninas brigavam.

Dizia a primeira: "É minha!"
– "É minha!" a outra gritava;
E nenhuma se continha,
Nem a boneca largava.

Quem mais sofria (coitada!)
Era a boneca. Já tinha
Toda a roupa estraçalhada,
E amarrotada a carinha.

Tanto puxaram por ela,
Que a pobre rasgou-se ao meio,
Perdendo a estopa amarela
Que lhe formava o recheio.

E, ao fim de tanta fadiga,
Voltando à bola e à peteca,
Ambas, por causa da briga,
Ficaram sem a boneca...

Fonte: Bilac (1929).

Apêndice 5C

Atividades de exploração do poema "A boneca"

1) Faça o que se pede:
   - Circule três palavras que são brinquedos.
   - Sublinhe palavras que expressam a agitação da cena representada.
   - Pinte os versos em que a boneca é apresentada como uma pessoa.

2) Escreva frases utilizando as palavras abaixo para explicar o que se passa no poema e tendo o cuidado de ordenar essas frases na sequência em que as ações acontecem.

| BONECA | BOLA | PETECA | MENINAS | BRIGAR | ESTRAÇALHAR |

_____
_____
_____
_____
_____

3) Preencha os espaços com palavras do poema que têm o mesmo significado das palavras ou expressões a seguir e pinte de vermelho o nome do autor do poema "A boneca".

1. Metade da unidade
2. Soltava
3. Diminutivo de "cara"
4. Falava muito alto
5. Desgraçada, infeliz
6. Brinquedo que imita a forma humana
7. Divertiam-se, entretinham-se
8. Despedaçada
9. Discordavam, divergiam
10. Pequena bola achatada e leve que se joga com uma raquete ou com as mãos

Reflexão sobre o comportamento social por meio de um brinquedo

```
1. [ ][ ][ ][O]
        2. [L][ ][ ][ ][ ][ ][ ]
3. [ ][ ][ ][ ][ ][A]
   4. [ ][ ][ ][ ][V]
            5. [ ][ ][O][ ][ ][ ][ ]
                  [■]
            6. [B][ ][ ][ ][ ][ ][ ]
         7. [ ][ ][I][ ][ ]
8. [ ][ ][ ][ ][ ][L]
      9. [ ][ ][A][ ]
     10. [ ][ ][ ][C]
```

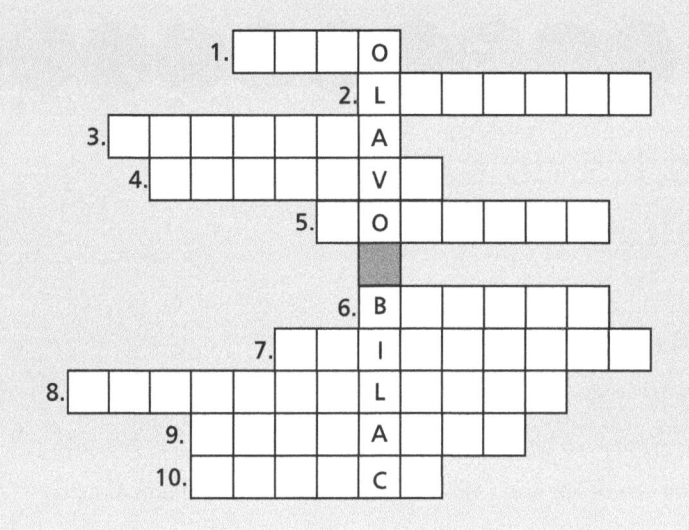

4) Escreva nos balões
   a) prováveis xingamentos ditos pelas meninas na hora do desacerto:

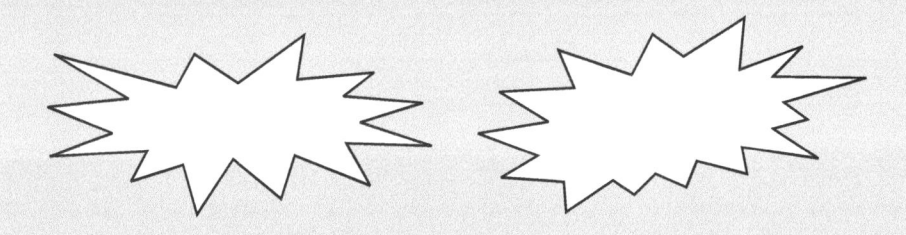

   b) provável "pensamento" da boneca diante da disputa:

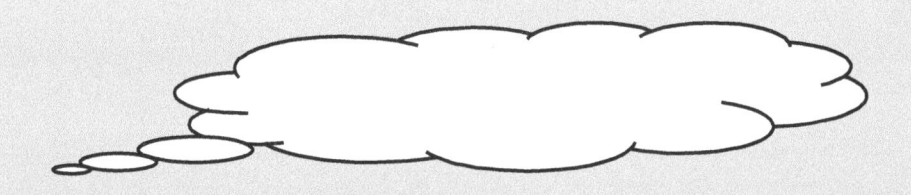

Reflexão sobre o comportamento social por meio de um brinquedo

5) Responda:
Valeu a pena, para as meninas, terem brigado pela boneca?
_____
_____
_____
_____
_____
_____
_____

Reflexão sobre o comportamento social por meio de um brinquedo

PRODUÇÃO DE ALUNOS
TERCEIRA UNIDADE

Atividades referentes ao poema "Humor negro", de Leo Cunha

Criação de poema

O espantalho
Fiz um espantalho na horta,
com coisas que ali achei.

A cabeça com palha.
A barriga com malha.
A perna molhada,
pela chuva foi estragada.
Os pés com calçados,
fedidos, furados, amassados.

Ficou com medo?
leia o resto até amanhã cedo.

De repente a chuva veio
com força e tirou o feio.
Derrubou o espantalho
junto com o alho
e levou para baixo do meu armário!

Tiffany, Ketlin, Bianca e Maicon, 4ª série
Profª Janete V. Grendoski
EMEF Prof. Francisco Weiler
Morro Reuter, RS

Desenho do reaproveitamento de um objeto descartado

Luva sem par transformada em quadro

Ketlin, 4ª série
Profª Janete V. Grendoski
EMEF Prof. Francisco Weiler
Morro Reuter, RS

Sapato velho transformado em carrinho de brinquedo

Maicon, 4ª série
Profª Janete V. Grendoski
EMEF Prof. Francisco Weiler
Morro Reuter, RS

Atividades referentes ao poema "Os mirabolantes casamentos do cientista e cupido, Dr. Horacides", de Luiz Coronel

Ilustração do cientista e de suas criaturas

Vivian, João, Gleissom, Pedro e Kethlen, 4ª série
Profª Carla Denise Posselt
EMEF Prof. Arno Nienow
Dois Irmãos, RS

Dr. Horacides

TERCEIRA UNIDADE • Poemas: 3ª e 4ª séries do ensino fundamental

Casamento de minhoca com ovelha

Mailon, Larissa, Tainara e Anderson, 4ª série
Profª Carla Denise Posselt
EMEF Prof. Arno Nienow
Dois Irmãos, RS

Casamento de pássaro com borboleta

Fabieli

Casamento de abelha com vaga-lume

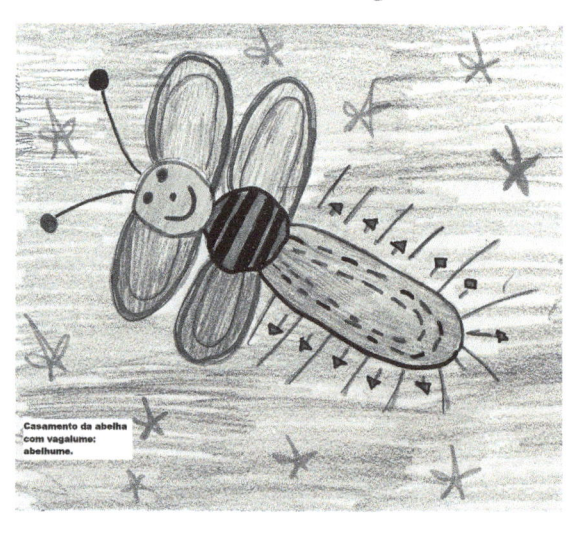

Paola, Mateus, Cíntia, Gabriel e Jéferson, 4ª série
Profª Carla Denise Posselt
EMEF Prof. Arno Nienow
Dois Irmãos, RS

Casamento da abelha com vagalume: abelhume.

Dr. Horacides e suas criaturas

Eduardo Augusto

▲ Alunos da 3ª série
Profª Eliane Roth
EMEF Primavera
Dois Irmãos, RS

Casamento de gato com peixe

Tiago

Casamento de minhoca com ovelha

Júlia Maria

TERCEIRA UNIDADE • Poemas: 3ª e 4ª séries do ensino fundamental

Casamento de pássaro com elefante

Amanda

◀ Alunos da 3ª série
Profª Eliane Roth
EMEF Primavera
Dois Irmãos, RS

Invenção de nome para as criaturas

Par formado	Nome da criatura resultante
abelha + vaga-lume	vagabelha, abelhume
pombo-correio + papagaio	pomgaio, papapombo
minhoca + ovelha	ovinhoca, minhocovelha
elefante + pássaro	passafante
baleia + borboleta	barboleia
cabrito + peixe	cabrixe
jacaré + cachorro	chocaré
gato + mosca	mosgato

Recriação do poema

Dr. Loucura
O Dr. Loucura
Criou um robô
De 1m de altura
E os cabelos com fio de io-iô.

Ele cruzou um pato
– Imagina! – com um gato
O número de filhotes foi 4
Todos patos-gatos!

Alunos da 4ª série, turma 42
Profª Carla Denise Posselt
EMEF Prof. Arno Nienow
Dois Irmãos, RS

As experiências de Jonathan Maluco
Jonathan Maluco
É o novo cientista
Inventa o que lhe pedem
Mas gosta mesmo é de ser dentista.

Inventou escova de dente com motor
Para os mais apressados
Fez sofá com motor
Para os mais deitados.

Jonathan Maluco não perde tempo
Gosta muito de inventar
Fez uma bola quadrada
Para longe ela não rolar.

Quem quiser alguma coisa diferente
É só falar com ele
Misturou escova de dente com pente
E ganhou uma baita dor de dente.

Jonas, 3ª série
Profª Eliane Roth
EMEF Primavera
Dois Irmãos, RS

Atividades referentes ao poema "Trem de ferro", de Manuel Bandeira

Ilustração de um trem

Luana, 4ª série
Profª Carla Denise Posselt
EMEF Prof. Arno Nienow
Dois Irmãos, RS

Confecção de trens com sucatas

Alunos da 4ª série
Profª Carla Denise Posselt
EMEF Prof. Arno Nienow
Dois Irmãos, RS

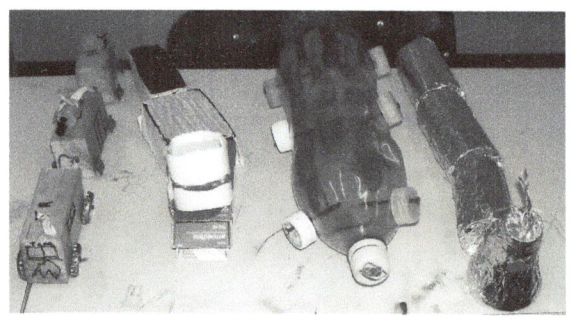

Criação de uma narrativa a partir do poema

Viagem pelo interior

Eu sou aquela que viaja pelo interior, a Maria Fumaça. Na minha viagem vejo campos, serras, pontes. Pessoas é o que mais vejo, entram e saem nenês, crianças, adolescentes, adultos e idosos.

Passo por sol, chuva, tempestade, vento, frio, calor, garoa e nunca enjôo. No interior vejo casas pequenas, mas o que eu mais gosto de ver são as fazendas que tem galinhas, porcos, cavalos, bois, vacas... Tem também terrenos enormes, milharais, mandiocais, plantações de uva, plantações de feijão, etc.

Gabriel, 4ª série
Profª Carla Denise Posselt
EMEF Prof. Arno Nienow
Dois Irmãos, RS

Maria Fumaça anda, anda

Chic, TAC, chic, TAC, chic, TAC... Fuuuuu, fuuuuu... Vou andando, anda, anda, passa cidade, passa fazenda.

Meu nome é Maria Fumaça, ando, ando que quase não paro de andar. Passo por todos os tipos de cidades, adoro o meu trabalho! Até amanhã!

Uuuaaa! Que noite!

— Você, ao trabalho!

Vou levar todos esses passageiros até o interior: 5 dias e 5 noites. Ao chegar ao interior o maquinista quis agradecer e disse:

— Parabéns, Maria Fumaça! O recorde, 5 dias e 5 noites... Hã?! Ora, ora, de tanto andar Fumaça adormeceu!

Eduardo Augusto, 3ª série
Profª Eliane Roth
EMEF Primavera
Dois Irmãos, RS

O trenzinho e suas viagens

Olá! Sou o trenzinho Flecha. Todos adoram andar comigo, pois sou um trem-bala com uma carroceria para cargas.

Eu faço várias viagens e sempre quero mais, pois adoro aquele vento no rosto, sentir as árvores e flores, o sol do fim do dia.

Eu me lembro de várias viagens que fiz. Já vi gente muito feliz, brincando e sorrindo, já vi também muitos rios, vários metros abaixo de mim. O que dificulta minhas viagens são os trilhos enferrujados porque dá muito barulho... e os com muitas curvas...! Dá um medo!!

Uma vez passei em um túnel, quando de repente... Vup! Foi-se a luz! Fiquei horas e horas parado. Quando finalmente voltou a luz eu pude seguir viagem.

Eu conheci também um trem-bala chamado M. Fumaça. Ela é muito brilhante, a cor dela é bem legal. Ela tem um amigo que é meu também, o Márcio. A gente se fala quase todo dia.

Um dia um passarinho pousou sobre mim e fez muitas coceguinhas. O amigo voador me falou que era bem legal voar, e eu disse que achava melhor andar.

Eu sou assim e sou feliz, por isso estou sempre viajando e contando o que vejo.

Por falar nisso, está na hora de mais uma viagem. Tchau!!!!

Amanda, 3ª série
Profª Eliane Roth
EMEF Primavera
Dois Irmãos, RS

Atividades referentes ao poema "Minha bicicleta", de Sérgio Capparelli

Desenho da expressão do verso *com minha bici jogo o anzol no horizonte e pesco o sol*

Mailon, 4ª série
Profª Carla Denise Posselt
EMEF Prof. Arno Nienow
Dois Irmãos, RS

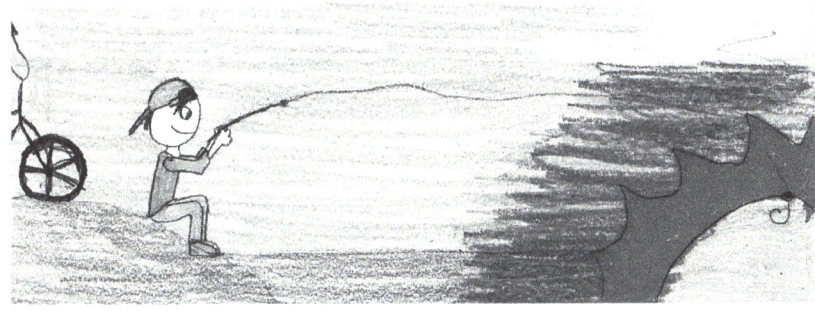

Amanda, 3ª série
Profª Eliane Roth
EMEF Primavera
Dois Irmãos, RS

Produção de texto narrativo

A bicicleta

Roger era um menino muito triste, pois não tinha bicicleta e todos seus amigos tinham.

Em um Natal, seu pai, João, e sua mãe Larissa, chegaram em casa com uma surpresa: uma bicicleta. Mas não uma bicicleta qualquer, era uma bicicleta com 21 marchas, com amortecedor na frente e atrás, cromada, com aro aéreo e freio a disco, além de raios grossos.

Roger foi logo correndo mostrar aos seus irmãos Gabriel e Mailon. Mailon falou:

– Vamos dar um nome para ela? Que tal Luana?

– É um bom nome – disse Gabriel.

Roger vai para todo lugar com Luana: pra escola, mercado, farmácia e muitos outros lugares. Roger vivia alegre até que um dia Luana sumiu. Mas como, se ela estava no esconderijo secreto do garoto?

Será que alguém o seguiu até o esconderijo e pegou a chave do cadeado?...

Pedro, 4ª série
Profª Carla Denise Posselt
EMEF Prof. Arno Nienow
Dois Irmãos, RS

As aventuras de Sandra com a sua bicicleta

Sandra era uma criança normal como as outras crianças. Algumas pessoas, no entanto, viam que Sandra tinha uma coisa diferente das outras crianças: era os esportes, ela se interessava muito por esportes, corridas, disputas de bicicletas, mas os pais dela não viam isso.

Um dia Sandra ficou sabendo que tinha corrida de bicicleta e foi pedir para sua mãe, que se chama Clarice, se ela podia participar. Clarice disse:

– Você sabe que essas coisas quem decide é seu pai.

O pai de Sandra se chamava Juldemar. Então a menina foi pedir ao pai:

– Papai, eu posso ir a corrida de bicicleta que vai ter na escola?

Juldemar respondeu:

– Depende de como você vai se comportar nesse final de semana.

Na segunda de manhã, Sandra levantou rapidamente e, antes que seu pai saísse para trabalhar, perguntou se ela poderia ir a corrida. Ele falou:

– É claro, minha filha, você se comportou muito bem.

Então a guria foi a corrida em ficou em primeiro lugar.

Sandra falou com o pai:

– O senhor compra uma *bici* grande pra mim?

Disse Juldemar:

– Filha, você é muito nova pra andar numa bicicleta grande. Você tem que andar numa bicicleta média.

Então eles foram a loja ver se ela poderia andar numa *bici* grande, então ela saiu andando.

Então eles compraram aquela bicicleta e dos 11 aos 13 anos ela participou de muitas corridas de bicicleta.

Betina, 3ª série
Profª Eliane Roth
EMEF Primavera
Dois Irmãos, RS

A bicicleta de Mariana

Mariana tem 10 anos, ela estuda muito, é bem interessada em Matemática. A garota mora no bairro Primavera, na Av. do Parque, nº 1439, em uma casa linda, junto com sua mãe Marisa, o pai Jair e um irmão de 10 meses, o Renato.

Mariana comportou-se muito. Ajudou sua mãe a limpar a casa, foi no mercado para seu pai, trocou seu irmão quando ele fazia cocô e xixi, além de tirar notas boas na escola.

Chegou o Natal e ela queria milhares de coisas, principalmente uma bicicleta. Como a menina se comportou, acabou ganhando uma bicicleta, que adorou muito. A marca da bicicleta era Caloi.

A sua primeira aventura foi descer uma lomba em alta velocidade. Deu um frio na barriga... Depois passou pela estrada de chão e por uma ponte de 50 metros, que também deu medo. E, finalmente, voltou para casa.

Fabieli, 3ª série
Profª Eliane Roth
EMEF Primavera
Dois Irmãos, RS

Atividade referente ao poema "A boneca", de Olavo Bilac

Produção textual

As amigas

Era uma vez duas amigas que eram muito companheiras. Elas se chamavam Franciele e Stéfani.

Franciele gostava muito de jogar bola, pois era a craque do colégio. No entanto, Stéfani já gostava mais de brincar com sua boneca de porcelana.

Uma vez Franciele cansou de ver a amiga brincar de boneca e pensou:

– Se eu estragar aquela boneca, dizendo que foi um acidente, aí ela vai querer jogar bola comigo.

Então foi o que a Franciele fez, quebrou a boneca toda e disse que havia sido sem querer. Stéfani ficou muito triste, discutiu com Franciele e foi embora.

Passou alguns minutos, passou horas, dias, noites, semanas, até 1 mês e Franciele não aguentava mais ficar longe de sua ex-melhor amiga. Pensou e pensou até que resolveu dar, não apenas uma mas duas bonecas de porcelana para Stéfani, pedindo desculpa pelo que fizera. Stéfani acabou desculpando Franciele e agora as duas um dia brincam de bola e às vezes de boneca de porcelana.

Vivian, 4ª série
Profª Carla Denise Posselt
EMEF Prof. Arno Nienow
Dois Irmãos, RS

QUARTA UNIDADE

Fábulas
reflexão e articulação com as artes

JURACY ASSMANN SARAIVA
LUÍS CAMARGO
GABRIELA HOFFMANN LOPES

AMPLIAÇÃO DO HORIZONTE CULTURAL

Atividade 1
Reconhecimento de um animal

O professor mostra fotografias de burros (**Apêndice 1A**) e pergunta aos alunos que animal é este, incentivando-os a enumerarem suas características. Em seguida, faz perguntas que assinalem o aspecto amistoso e paciente do animal e estimulando os alunos a falarem sobre o que estão vendo.

Feito isso, ele solicita aos alunos que desenhem, de memória, uma das fotografias e que escrevam uma legenda para o desenho.

> ● **PARA O PROFESSOR**
> O termo "legenda" refere-se aqui a uma espécie de título que esclarece uma fotografia ou um desenho, apresentando um dado que não pode ser depreendido pela simples visualização da imagem.

Atividade 2
Reconhecimento da personagem Burro em *Shrek*

O professor apresenta reproduções da capa dos DVDs *Shrek*, *Shrek 2* e *Shrek Terceiro* (**Apêndice 1B**), deixando aparecer apenas o Burro e perguntando aos alunos se sabem quem é essa personagem. Em seguida, ele mostra as capas dos DVDs sem esconder parte alguma e incentiva os alunos a contarem o que sabem sobre as histórias de Shrek.

Atividade 3
Estudo do gênero sinopse

O professor distribui cópias das sinopses dos DVDs *Shrek*, *Shrek 2* e *Shrek Terceiro* entre os alunos (Apêndice 1C). Em duplas, eles leem silenciosamente os textos e depois em voz alta. O professor informa que esses textos são chamados de sinopses e escreve no quadro a palavra "sinopse".

Caso os alunos ainda não estejam alfabetizados, o professor lê ou narra as sinopses e, a seguir, apresenta a palavra "sinopse" escrita em uma ficha, que será afixada na sala de aula. Além disso, explica seu significado.

Ele incentiva os alunos a apontarem características das sinopses por meio dos seguintes questionamentos:

- Com que tipo de texto a sinopse se parece: com um poema, com uma notícia, com um anúncio?
- A sinopse
    - revela detalhes do comportamento das personagens?
    - traz detalhes dos lugares onde se desenrola a história?
    - apresenta o final da história dos filmes?
    - expõe a avaliação de quem a escreve sobre o filme?
    - indica o nome de pessoas que realizaram o filme?

O professor acolhe as opiniões, que serão aproveitadas na orientação do trabalho a ser desenvolvido.

- **PARA O PROFESSOR**
    As características da sinopse são as seguintes: um texto narrativo, curto, que resume uma narrativa, apresentando os personagens principais e o conflito central, sem revelar o fim da história. O professor não deve dar essas explicações, mas incentivar os alunos a percebê-las gradativamente.

Atividade 4
Redação de uma sinopse

O professor identifica, junto com os alunos, outros filmes e desenhos animados conhecidos por eles e escreve os títulos no quadro. Os alunos já alfabetizados reúnem-se em duplas e escolhem um dos filmes ou desenhos animados listados para escreverem sua sinopse. Estimulados pelo professor, os alunos não alfabetizados formulam frases que sintetizam a sequência dos eventos de um filme ou desenho escolhido coletivamente, cabendo ao professor transcrevê-las no quadro.

Atividade 4
Leitura e compreensão de "O cavalo e o burro"

O professor diz que há muitas narrativas em que burros são personagens. A seguir, lê a narrativa "O cavalo e o burro" (Apêndice 1D), mas sem dizer o título. Depois da leitura, ele pergunta:

- O que significa, no texto, "o cavalo ia todo orgulhoso por uma estrada"?
- Qual a diferença entre o comportamento do cavalo e do burro que andam pela estrada?
- Por que o burro procurou "manter a calma"?
- O pedido de justiça que o burro fez aos deuses foi atendido? Por quê?
- Por que carregar bosta não combina com arrogância?

> ● **PARA O PROFESSOR**
> O gênero fábula faz parte do modo narrativo. Como esse conceito será desenvolvido posteriormente, com a participação direta dos alunos em sua elaboração, o professor não deve empregá-lo ainda, valendo-se do termo genérico "narrativa".

Atividade 6
Ilustração do diálogo da narrativa

O professor pede que os alunos ilustrem o diálogo entre o cavalo e o burro, dando-lhe a forma de uma história, desenhada em cinco quadrinhos, que deve ter um título.

Em substituição à história em quadrinhos, o professor pode sugerir aos alunos que dividam uma folha de desenho em duas colunas: na primeira, ilustram a sequência das ações; na segunda, escrevem os diálogos ou as frases sobre o que aconteceu na narrativa.

Feita a atividade, o professor solicita que os alunos apresentem suas ilustrações e mencionem o título que lhe deram. Ele, então, anota os títulos sugeridos e pede que cada um justifique sua sugestão.

Os alunos não alfabetizados fazem os desenhos em sala de aula e, em casa, com a ajuda dos pais, recuperam as ações da sequência da narrativa e inventam um título, o qual deverá ser explicado aos colegas e ao professor, que o registrará no quadro.

No final da atividade, o professor deve revelar o título original da narrativa a fim de que os alunos o comparem com aquele atribuído por eles.

> ● **PARA O PROFESSOR**
> A atividade de desenho permite ao professor observar se os alunos incluíram detalhes que não aparecem no texto, enquanto a escrita permite verificar se compreenderam a sequência das ações e avaliar sua correção linguística. O professor deve elogiar a riqueza da ilustração e a correção do enunciado verbal, fazendo correções quando necessário.

Apêndice 1A

Fotografias de burros

Fonte: O Parente da Refóias. No Porto com alguns amigos do tempo da tropa (2006).

Ampliação do horizonte cultural

Passeio de jegue na praia de Canoa Quebrada, Ceará

Ampliação do horizonte cultural

Fonte: Pousada La Dolce Vita – Fotos de Canoa Quebrada e da região. Passeio de jegue na praia de Canoa Quebrada ([2009]).

Apêndice 1B

Capas dos filmes de Shrek

Capa de *Shrek*

Fonte: Amazon.com. Shrek (2001).

Capa de *Shrek 2*

Fonte: Amazon.com. Shrek 2 (2004).

Capa de *Shrek Terceiro*

Fonte: Cinema com rapadura. "Shrek Terceiro" estreia ... (2007).

Ampliação do horizonte cultural

Apêndice 1C

Sinopses dos filmes de Shrek

Sinopse de Shrek
Em um pântano distante vive Shrek, um ogro solitário que vê, sem mais nem menos, sua vida ser invadida por uma série de personagens de contos de fada, como três ratos cegos, um grande e malvado lobo e ainda três porcos que não têm onde morar. Todos eles foram expulsos de seus lares pelo maligno Lorde Farquaad. Determinado a recuperar a tranquilidade de antes, Shrek resolve encontrar Farquaad e com ele faz um acordo: todos os personagens poderão retornar aos seus lares se ele e seu amigo Burro resgatarem uma bela princesa, que é prisioneira de um dragão. Porém, quando Shrek e o Burro enfim conseguem resgatar a princesa, logo eles descobrem que seus problemas estão apenas começando.

Sinopse de Shrek 2
Após se casar com a Princesa Fiona, Shrek vive feliz em seu pântano. Ao retornar de sua lua de mel, Fiona recebe uma carta de seus pais, que não sabem que ela agora é um ogro, convidando-a para um jantar juntamente com seu marido, na intenção de conhecê-lo. A muito custo, Fiona consegue convencer Shrek a ir visitá-los, tendo ainda a companhia do Burro. Porém, os problemas começam quando os pais de Fiona descobrem que ela não se casou com o Príncipe, a quem havia sido prometida, e enviam o Gato de Botas para separá-los.

Sinopse de Shrek Terceiro
O rei Harold, pai de Fiona, morre repentinamente. Com isso, Shrek precisa ser coroado rei, algo que ele jamais pensou em ser. Juntamente com o Burro e o Gato de Botas, ele precisa encontrar alguém que possa substituí-lo no cargo de soberano do Reino de Tão, Tão Distante. O principal candidato é Artie, um jovem desprezado por todos em sua escola, que é primo de Fiona.

Fontes: Sobre Filmes, Desenhos e Análise do Comportamento. Shrek (2007).

Tudo em foco. DVD Shrek ([2007]).

Apêndice 1D

O cavalo e o burro

Um cavalo ia todo orgulhoso por uma estrada, quando encontrou um burro. Todo carregado, o burro andava lentamente e saiu de lado, deixando o cavalo passar.
– Eu mal posso resistir à tentação de lhe dar uns coices, seu burro de carga! – disse o cavalo.
O burro procurou manter a calma e apenas pediu justiça aos deuses, mas em silêncio.
Não muito tempo depois, o cavalo ficou doente e seu dono o mandou a uma fazenda.
O burro, vendo o cavalo puxando uma carroça carregada de bosta de vaca, perguntou:
– Então, seu carregador de bosta, onde está sua antiga arrogância?

Fonte: Three Hundred Aesop´s Fables (1867).

Ampliação do horizonte cultural

COMPREENSÃO DO CONCEITO DE FÁBULA

Atividade 1
Leitura de "O burro e o cachorrinho de estimação" e análise das ações

O professor distribui a narrativa "O burro e o cachorrinho de estimação" (Apêndice 2A), mas sem o título, para que os alunos façam a leitura silenciosa. Em classes não alfabetizadas, cabe ao professor realizar a leitura.

Após a leitura, o professor escolhe seis alunos para lerem o texto em voz alta conforme o roteiro do Apêndice 2B, ou seleciona quatro crianças para recontarem a narrativa: um aluno inicia e, quando o professor bate palmas, outro assume a palavra e, assim, até terminarem.

Depois disso, o professor incentiva os alunos a falarem sobre o comportamento do burro, do cachorrinho e das outras personagens, bem como sobre a aprendizagem que se pode ter a partir do comportamento do burro.

Feitos os comentários, o professor pede que criem um título para a narrativa e que respondam, por escrito ou por meio de uma ilustração, à seguinte pergunta:

- O que essa narrativa quer mostrar?

Concluída a tarefa, o professor pede aos alunos que leiam o que escreveram e comenta as respostas, enfatizando o ensinamento moral que a narrativa traz.

> **PARA O PROFESSOR**
> Ao criar um título para a fábula (ou para qualquer texto), o aluno desenvolve a capacidade de síntese e, ao justificar o título, reflete sobre a sua adequação. É importante que os alunos percebam que uma mesma história pode ter títulos diferentes e que os títulos sugeridos têm a ver com a interpretação de cada um, com a maneira peculiar como cada um entendeu o texto.

Atividade 2
Recriação de uma passagem

O professor solicita que os alunos representem a passagem mais interessante da narrativa, fazendo um cenário de fundo e incluindo personagens modeladas em argila ou em massa de modelar caseira.

Atividade 3
Introdução ao conceito de fábula

O professor retoma, a partir das representações das passagens feitas pelos alunos, a narrativa e pergunta-lhes se conhecem outras semelhantes a essa, explicando que se chamam fábulas. Ele faz perguntas para ajudar os alunos a identificarem as características do gênero:

- Quem são as personagens desse tipo de narrativa?
- Por que essas personagens se assemelham às pessoas?
- O que as fábulas querem mostrar?
- Como se chama a opinião sobre os comportamentos expressa pela fábula?
- Que outras fábulas vocês conhecem?

Atividade 4
Redação de um conceito de fábula

O professor distribui folhas em branco para que, em duplas, os alunos escrevam uma explicação sobre o que é fábula, tomando por base a discussão anterior.

Em se tratando de alunos das primeiras etapas da alfabetização, a atividade deve ser feita coletivamente. O professor escreve o conceito em papel pardo e o expõe na sala para que os alunos se familiarizem com a escrita.

> ● **PARA O PROFESSOR**
>
> "As fábulas são narrativas – em prosa ou em verso – que geralmente apresentam animais como personagens. Animais que pensam, sentem, agem e falam como se fossem pessoas. Mas as fábulas não apresentam só animais como personagens. Há fábulas sobre objetos, sobre plantas, sobre estações do ano, sobre a morte, sobre pessoas. As fábulas mostram pontos de vista sobre comportamentos humanos. Ou seja, recomendam certos comportamentos e censuram outros, que devem ser evitados. Esse ponto de vista – ou opinião – costuma ser explicitado(a) no início ou no fim das fábulas e é chamado *lição* ou *moral*."
>
> **Fonte:** Brasil (2005).

Apêndice 2A

Fábula

Um homem tinha um burro e um cachorrinho de estimação. O burro dormia no estábulo e era bem tratado. Tinha tudo o que um burro poderia desejar.

O cachorrinho fazia um monte de gracinhas e o dono gostava muito dele. Fazia carinhos no cachorrinho e raramente almoçava ou jantava sem lhe dar um bocadinho.

O burro não fazia gracinhas. Trabalhava duro: transportando milho para o moinho, farinha para o mercado, madeira da floresta, cargas da fazenda. Muitas vezes o burro se queixava de trabalhar muito, enquanto o cachorrinho não fazia nada de útil, só vivia fazendo gracinhas.

Um dia, o burro quebrou o freio, soltou as rédeas e foi até a casa do seu dono e resolveu imitar o cachorrinho. Deu pulinhos, abanou o rabo, saltou em cima do dono, igualzinho ele via o cachorrinho fazer. Acabou quebrando uma mesa com tudo o que tinha em cima. E ainda tentou dar umas lambidas no seu dono.

Ouvindo a barulheira, os empregados correram até a casa e, vendo o patrão em perigo, prenderam o burro e o levaram de volta para o estábulo. O burro apanhou que só vendo.

Ficou pensando na lição:

— Por que é que eu não me contentei em trabalhar como meus companheiros, em lugar de querer imitar aquele cachorrinho inútil?

Fonte: Three Hundred Aesop´s Fables (1867).

Apêndice 2B

Roteiro para leitura de "O burro e o cachorrinho de estimação"

Narrador 1: Um homem tinha um burro e um cachorrinho de estimação.

Narrador 2: O burro dormia no estábulo e era bem tratado.

Narrador 3: Tinha tudo o que um burro poderia desejar.

Narrador 1: O cachorrinho fazia um monte de gracinhas e o dono gostava muito dele. Fazia carinhos no cachorrinho e raramente almoçava ou jantava sem lhe dar um bocadinho.

Narrador 2: O burro não fazia gracinhas. Trabalhava duro: transportando milho para o moinho, farinha para o mercado, madeira da floresta, cargas da fazenda.

Narrador 4: Muitas vezes o burro se queixava de trabalhar muito, enquanto o cachorrinho não fazia nada de útil, só vivia fazendo gracinhas.

Narrador 5: Um dia, o burro quebrou o freio, soltou as rédeas e foi até a casa do seu dono e resolveu imitar o cachorrinho.

Narrador 1: Deu pulinhos, abanou o rabo, saltou em cima do dono, igualzinho ele via o cachorrinho fazer.

Narrador 2: Acabou quebrando uma mesa com tudo o que tinha em cima.

Narrador 3 e narrador 4: E ainda tentou dar umas lambidas no seu dono.

Narrador 5: Ouvindo a barulheira, os empregados correram até a casa e, vendo o patrão em perigo, prenderam o burro e o levaram de volta para o estábulo.

Narrador 4: O burro apanhou que só vendo.

Narrador 5: Ficou pensando na lição:

Burro: – Por que é que eu não me contentei em trabalhar como meus companheiros, em lugar de querer imitar aquele cachorrinho inútil?

Compreensão do conceito de fábula

COMPORTAMENTO DE PERSONAGENS E PESSOAS

Atividade 1
Leitura de "O burro brincalhão"

O professor diz aos alunos que lhes trouxe uma nova fábula e lê "O burro brincalhão", seguindo as sugestões feitas no Apêndice 3A. Depois da leitura, ele pergunta:

- O que são lambadas?
- Como o dono da casa tratou o burro?
- Como o dono da casa tratou o macaco, quando ele pulou no telhado?
- Por que o dono da casa tratou o burro dessa maneira, se ele tinha achado o macaco tão divertido?
- Se vocês fossem o dono da casa, que resposta dariam para o burro?

Nas primeiras etapas da alfabetização, o professor registra no quadro as respostas dadas pelos alunos à última pergunta tendo o cuidado de estimulá-los a formular frases simples. Uma vez transcritas todas as respostas, o professor as lê junto com os alunos, indicando o autor da frase.

Atividade 2
Desenho a partir da fábula

A seguir, o professor pede aos alunos que façam um desenho, mostrando o dono da casa falando com o burro, depois que este justificou suas ações. A seguir, solicita que escrevam em um balão a resposta que dariam ao burro se eles fossem o dono da casa.

Os alunos das etapas iniciais deverão copiar a frase que o professor transcreveu no quadro na atividade anterior. Os demais criarão sua resposta.

Atividade 3
Transcrição de frases

Nas turmas que já dominam a escrita, o professor transcreve no quadro algumas frases escritas pelos alunos para atenderem à ordem da atividade anterior, analisando possíveis problemas de estrutura frasal e enfatizando o registro correto de vocábulos. Para tanto, solicita que os alunos escrevam outras frases – afirmativas, negativas e interrogativas –e utilizem os vocábulos que foram anteriormente corrigidos.

Nas turmas que estão no processo inicial da escrita, o professor propõe uma brincadeira com as palavras que estão transcritas no quadro. Ele vai dizendo essas palavras, uma a uma, e chama os alunos que as identificam para contorná-las com giz colorido.

Atividade 4
Leitura de "O burro e o lobo" e avaliação do comportamento das personagens

O professor distribui aos alunos a fábula "O burro e o lobo" (Apêndice 3B) para que a leiam. Feito isso, pede aos alunos que preencham o quadro, que está junto ao texto, com as qualidades e os defeitos do burro e do lobo.

A seguir, conforme os alunos leem as qualidades e os defeitos que escreveram, o professor os registra no quadro-verde e então coordena uma discussão para responder à pergunta:

- Quem foi mais esperto na fábula: o lobo ou o burro?

Atividade 5
Escrita de um texto opinativo

Após a discussão, os alunos deverão produzir um texto que inicie com a seguinte frase: *As pessoas costumam chamar de "burro" quem comete erros, mas a fábula mostra que o burro foi inteligente. Ele...*

Em turmas em estágio inicial de alfabetização, o texto pode ser feito coletivamente.

Atividade 6
Leitura de imagens

O professor mostra à turma desenhos de Alexander Calder (Apêndice 3C) e explica que ele é um escultor norte-americano que usa, predominantemente, o arame como matéria-prima em suas obras.

Para conduzir a leitura do primeiro desenho, o professor faz aos alunos alguns questionamentos:

- Que animais estão representados no desenho?
- Como eles são?

- O que o cavalo está fazendo?
- Você se lembra de alguma fábula em que o cavalo faz isso? Por quê?

> **● PARA O PROFESSOR**
> Como os alunos já conhecem a fábula "O burro e o lobo", poderão estabelecer relações com ela para responder às perguntas. Entretanto, talvez questionem o fato de o burro ter sido substituído por um cavalo. O professor deve explicar que essa ilustração de Calder foi feita para uma fábula de La Fontaine intitulada "O cavalo e o lobo" e que é comum a substituição de determinados animais por outros.

A seguir, ele conduz os alunos à observação da ilustração do segundo desenho de Calder (Apêndice 3C). Ele questiona a turma:

- O que vocês estão vendo?
- Para que direção o camelo está indo?
- O que o camelo está fazendo?

> **● PARA O PROFESSOR**
> Para incentivar a percepção de como os animais estão representados, o professor pode perguntar se os desenhos se parecem com uma fotografia, se lembram figuras geométricas, se são muitas as linhas que os compõem, se elas seguem em várias direções. Ele pode ainda perguntar se o desenho tem volume, se é possível perceber o lugar onde as personagens estão, etc.

O professor recomenda que os alunos prestem atenção às linhas que Calder usou para fazer esse desenho e os desafia a descobrirem letras ali presentes (as linhas sugerem as letras U, L, E, W).

Após a identificação das letras no desenho do camelo, o professor incentiva os alunos a observarem a escultura do elefante (Apêndice 3C):

- Com que material foi feita a escultura do elefante?
- Que palavras podem descrever este elefante?
- Que sensação a escultura provoca?

● PARA O PROFESSOR

O professor acolhe as impressões, ressaltando que as sensações são subjetivas e, por isso, podem variar, mas que, provavelmente, haverá sensações semelhantes.

É importante que ele destaque a impressão de peso que a escultura provoca, embora ela seja produzida com material muito leve.

Após a análise da escultura, o professor pede aos alunos que comparem os desenhos e a escultura de Calder para levá-los a perceber que, por um lado, a escultura é feita como se fosse um desenho e, por outro, os desenhos parecem esculturas feitas com arame.

Atividade 7
Representação visual com materiais variados

O professor distribui pedaços de barbante, de lã ou de arame (com pouca espessura) e convida os alunos a "desenharem" personagens ou cenas de uma fábula com um desses materiais. Caso os alunos optem por usar barbante ou lã, o trabalho deverá ser feito sobre folhas de papel de desenho; se utilizarem o arame, necessitarão de argila para fixar sua escultura. Concluída a tarefa, o professor reúne os trabalhos dos alunos e os expõe na sala de aula.

Apêndice 3A

Sugestão de leitura de "O burro brincalhão"

Um burro pulou no telhado de uma casa.

O que vocês acham que aconteceu?

Quebrou várias telhas.

O que será que o dono da casa fez?

O dono da casa subiu no telhado e expulsou o burro de lá com umas boas lambadas.

Qual foi a reação do burro?

O burro perguntou:
– Por que o senhor está me tratando dessa maneira, se ontem mesmo o macaco fez a mesma coisa e o senhor achou tão divertido?

● **PARA O PROFESSOR**
Os alunos, nesta atividade, tomam contato com a fábula por meio da audição. É importante que o professor interrompa a sequência para fazer perguntas que incentivam os alunos a formular hipóteses sobre o que vai acontecer. Nesse processo, eles usam sua capacidade de fazer inferências. Contar histórias sempre dessa maneira fica cansativo, mas de vez em quando pode incentivar a elaboração de hipóteses e, assim, mostrar que o processo de leitura (ou de compreensão de um texto ouvido) exige o engajamento do leitor (ou ouvinte) na construção de sentidos para o texto.

Fonte: Three Hundred Aesop's Fables (1867).

Apêndice 3B

O burro e o lobo

O burro estava pastando, quando vê o lobo se aproximar, prontinho para atacá-lo. O burro resolve fingir que está manco.

O lobo pergunta por que o burro estava mancando.

O burro responde que tinha machucado o pé num espinho e pede que o lobo tire o espinho antes de comê-lo para não correr o risco de ficar engasgado com o espinho.

O lobo concorda, levanta o pé do burro, procurando o espinho atentamente.

O burro aproveita, dá um coice bem no meio da cara do lobo e dá no pé.

Com a cara toda machucada, o lobo fala: "Bem feito para mim. Por que é que eu quis bancar o médico, se meu pai só me ensinou a ser açougueiro?".

BURRO	LOBO
....	....
....	....
....	....
....	....

Fonte: Three Hundred Aesop's Fables (1867).

Comportamento de personagens e pessoas

Apêndice 3C

Desenhos e escultura de Alexander Calder

Fonte: La Fontaine (1968).

Fonte: Calder Foundation Elephant ([20--?]).

Comportamento de personagens e pessoas

FÁBULAS E DIFERENTES LINGUAGENS

Atividade 1
Apresentação de La Fontaine

O professor mostra um retrato de La Fontaine (Apêndice 4A) e pergunta aos alunos se sabem quem é ele. Incentiva-os a prestar atenção aos detalhes do retrato, a imaginar quem é essa pessoa, e lança algumas hipóteses, de preferência absurdas e engraçadas, como as seguintes: é um cantor de *rap*? É um vendedor ambulante? É um jogador de futebol? Ele pergunta ainda:

- Em que lugar ele poderia morar?
- Será que ele vive no presente ou viveu no passado?

O professor acolhe os palpites e informa que o retrato apresentado é de um escritor chamado La Fontaine, que nasceu em 1621 e morreu em 1695 na França. Seu nome quer dizer "a fonte". Em 1668, ele publicou o primeiro de três livros reunindo fábulas em verso. Ele usou o título *Fábulas escolhidas colocadas em verso*, provavelmente para ressaltar que ele não era o inventor das fábulas, mas que as havia colocado em verso.

Atividade 2
Memorização e escrita de palavras

O professor diz aos alunos que farão uma brincadeira com palavras e especifica que vai dizer seis palavras, sendo que uma delas é a tradução do nome do escritor francês. Os alunos devem memorizá-las e escrevê-las ou desenhá-las no caderno depois de a última ter sido pronunciada. O professor dá aos alunos a seguinte "dica": para que as palavras sejam memorizadas com mais facilidade, eles devem imaginar o que significam. As palavras a serem proferidas, em uma sequência, são as seguintes: *fonte, alto, maduras, vermelhas, parreira, uva*.

Atividade 3
Reconhecimento de rimas e leitura de "A raposa e as uvas"

O professor explica aos alunos que as palavras memorizadas por eles fazem parte de uma fábula de La Fontaine e que uma das características das fábulas desse autor é o uso do verso e da rima. Ele sorteia, entre os alunos que já dominam a leitura, algumas cartelas com palavras retiradas da fábula que eles lerão a seguir. O professor informa que cada um deles deve procurar um colega que tenha uma palavra que rime com a que lhe coube. Os alunos reúnem-se em duplas, de acordo com as palavras que rimam, e leem juntos a fábula "A raposa e as uvas" (Apêndice 4B), de La Fontaine.

Nas turmas que ainda não dominam a leitura, o professor mostra cartelas com as palavras do poema que rimam e as lê para os alunos, pedindo-lhes que as repitam. Essas palavras devem estar registradas com cores idênticas, de modo a evidenciar a semelhança de sua sonoridade e facilitar sua identificação pelos alunos. Posteriormente, o professor distribui as cartelas entre os alunos e pede-lhes que formem duplas para reunir as palavras cujos sons finais combinam. Uma vez constituídos os pares, os alunos leem as palavras. Feito isso, o professor lê a fábula "A raposa e as uvas" (Apêndice 4B) para que os alunos a ouçam. A seguir, lê novamente a fábula, pedindo aos alunos que mostrem a cartela cuja palavra está sendo pronunciada.

> ● **PARA O PROFESSOR**
> O professor deve apresentar as palavras matreira-parreira, faminta-quinta, madura-altura, tragar-alcançar, despeitada-nada, tantas vezes quanto necessário para que cada aluno receba uma. Se uma dupla estiver formada, o aluno deve procurar um colega que ainda não tenha dupla e, com ele, constituir novo grupo.

Atividade 4
Compreensão de "A raposa e as uvas"

A seguir, o professor lê novamente a fábula, identifica as palavras que os alunos desconhecem e as escreve no quadro. Ele faz perguntas que permitam aos alunos chegar à compreensão das palavras desconhecidas. Feito isso, o professor envolve os alunos com uma série de questionamentos, acolhendo suas respostas:

- Ao encontrar as uvas, como a raposa estava?
- Como estavam as uvas?
- Por que a raposa diz que as uvas estavam verdes?
- Qual a conclusão que o fabulista tira dessa situação?

Atividade 5
Reflexão sobre a moral da fábula

Após explicar a moral da fábula de La Fontaine, o professor dá aos alunos a tarefa de narrarem, por escrito ou oralmente, uma situação em que eles próprios se comportaram como a raposa. A narrativa deverá ter o seguinte título: *Quem desdenha, quer comprar.*

> **● PARA O PROFESSOR**
> O título sugerido para a narração é a moral expressa na fábula recontada por Monteiro Lobato.
>
> **Fonte:** Lobato (1973).

Atividade 6
Leitura de uma imagem

O professor mostra à turma uma pintura feita a partir da fábula que foi lida na aula anterior (Apêndice 4C). Enquanto a imagem é observada por todos, o professor incentiva os alunos a perceberem o que a pintura representa e como ela o faz, aguçando a sua percepção por meio das seguintes perguntas:

- O que aparece na reprodução da pintura?
- Como a raposa é representada?
- O que a expressão da raposa sugere?
- Além do cacho de uvas e da cabeça da raposa, o que mais se vê?
- Como se percebe que as uvas são inalcançáveis para a raposa?
- Em que posição o pintor se situou para pintar o quadro?
- O pintor estava preocupado em reproduzir uma situação real ou uma situação imaginada? Por quê?

O professor informa aos alunos que a pintura analisada é de Marc Chagall, um pintor russo que viveu entre os anos de 1887 e 1985. Durante um período, enquanto ele pintava, sua mulher costumava ler para ele fábulas de La Fontaine. Mais tarde, um vendedor de obras de arte, isto é, um *marchand*, encomendou a Chagall pinturas com tinta guache inspiradas nas fábulas de La Fontaine. Durante sua vida, Chagall pintou mais de cem telas.

Atividade 7
Audição da fábula "O lobo e o cordeiro"

O professor lê a fábula "O lobo e o cordeiro", de Monteiro Lobato (Apêndice 4D), recomendando aos alunos que prestem atenção aos detalhes e que imaginem o episódio que está sendo narrado. Para testar a compreensão dos alunos, o professor levanta questões referentes à fábula:

- Em que lugar do córrego está o cordeiro quando bebe água? Acima ou abaixo do lobo?
- Quais as acusações que o lobo faz ao cordeiro?
- Quais os argumentos que o cordeiro usa para se defender?

Atividade 8
Pintura a partir da fábula

Após o diálogo sobre a fábula, o professor propõe aos alunos que façam uma pintura com tinta guache para representar uma personagem ou uma cena da fábula de Monteiro Lobato.

O professor expõe os trabalhos dos alunos e solicita que cada um comente aquilo que representou.

Atividade 9
Análise de uma representação da fábula

Para demonstrar a diversidade das representações referentes a "O lobo e o cordeiro", o professor projeta a reprodução da pintura feita por Marc Chagall dessa mesma fábula (Apêndice 4E), contada por La Fontaine, e chama a atenção dos alunos para as cores escolhidas pelo pintor para representar as personagens e o cenário; para o reflexo do lobo na água e para a textura que ele imprime às imagens.

A seguir, o professor interroga os alunos sobre a razão que levou o pintor a reproduzir essa cena da fábula e não a do diálogo entre o lobo e o cordeiro, estimulando-os a perceber que o pintor salientou o momento mais impactante da fábula.

Apêndice 4A

Retrato de La Fontaine

Fonte: Jean de La Fontane Pictures and Photos ([20--?]).

Apêndice 4B

A raposa e as uvas
La Fontaine

Certa raposa matreira,
que andava à toa e faminta,
ao passar por uma quinta,
viu no alto da parreira
um cacho de uvas maduras,
sumarentas e vermelhas.
Ah, se as pudesse tragar!
Mas lá naquelas alturas
não as podia alcançar.
Então falou despeitada:
– Estão verdes essas uvas.
Verdes não servem pra nada!

*Como não cabem quatro mãos em duas luvas,
há quem prefira desdenhar a lamentar.*

Fonte: La Fontaine (1999, p. 8).

Apêndice 4C

"A raposa e as uvas", tela de Marc Chagall

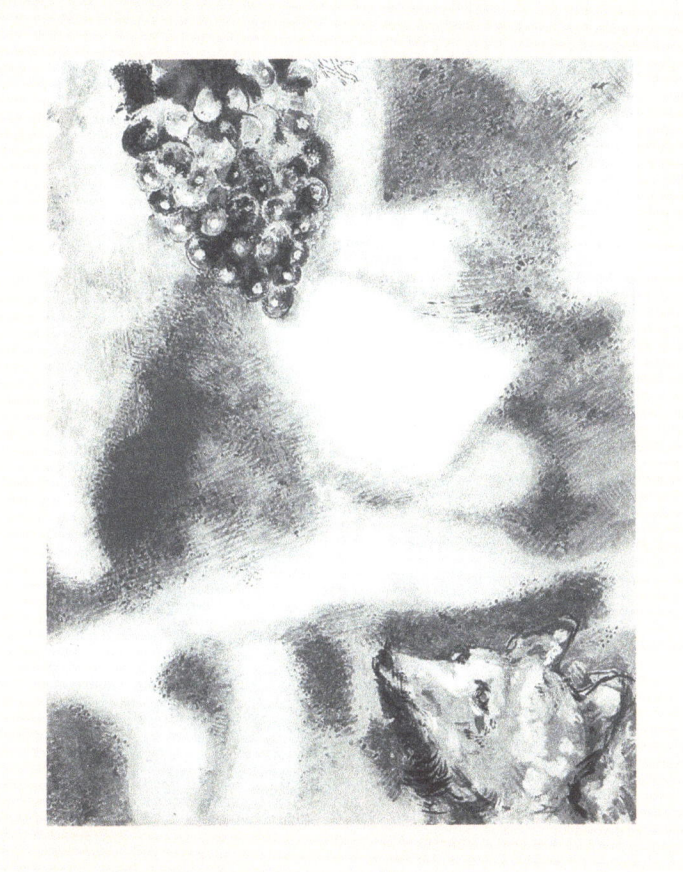

Fonte: A raposa e as uvas ([2005]).

Fábulas e diferentes linguagens

Apêndice 4D

O lobo e o cordeiro
Monteiro Lobato

Estava o cordeiro a beber num córrego, quando apareceu um lobo esfaimado, de horrendo aspecto.
– Que desaforo é esse de turvar a água que venho beber? – disse o monstro arreganhando os dentes. Espere, que vou castigar tamanha má-criação!...
O cordeirinho, trêmulo de medo, respondeu com inocência:
– Como posso turvar a água que o senhor vai beber se ela corre do senhor para mim?
Era verdade aquilo e o lobo atrapalhou-se com a resposta. Mas não deu o rabo a torcer.
– Além disso – inventou ele – sei que você andou falando mal de mim o ano passado.
– Como poderia falar mal do senhor o ano passado, se nasci este ano?
Novamente confundido pela voz da inocência, o lobo insistiu:
– Se não foi você, foi seu irmão mais velho, o que dá no mesmo.
– Como poderia ser o meu irmão mais velho, se sou filho único?
O lobo, furioso, vendo que com razões claras não vencia o pobrezinho, veio com uma razão de lobo faminto:
– Pois se não foi seu irmão, foi seu pai ou seu avô!
E – nhoque! – sangrou-o no pescoço.

Contra a força não há argumentos.

Fonte: Lobato (1973, p. 42).

Apêndice 4E

"O lobo e o cordeiro", tela de Marc Chagall

Fonte: Chagal (2004, p. 43).

Fábulas e diferentes linguagens

FÁBULAS E LIVROS MANUSCRITOS

Atividade 1
Contato com uma antiga forma de ilustração

O professor mostra a primeira página de um manuscrito que reúne fábulas de Esopo (Apêndice 5A) e instiga a curiosidade dos alunos, perguntando-lhes em que língua está escrito. Depois de informar que está em grego, o professor diz que esse livro é um manuscrito e informa que, antigamente, os livros eram copiados à mão, um a um. Geralmente, os manuscritos eram ilustrados e a primeira letra de cada página era desenhada em tamanho maior do que o das demais, trazendo elementos decorativos.

O professor acrescenta que as ilustrações dos manuscritos são chamadas *iluminuras* e explica que o trabalho da confecção dos manuscritos era dividido entre várias pessoas: uma copiava o texto, outra fazia as letras iniciais (chamadas capitulares, porque apareciam no início de capítulos), e outra pessoa fazia as iluminuras ou ilustrações. O professor chama a atenção dos alunos para a parte inferior da página, em que o artista Gherardo del Fora, que viveu no século XV, desenhou seu autorretrato.

> • **PARA O PROFESSOR**
> Os manuscritos de Gherardo Del Fora estão na Biblioteca Pública de Nova York e disponíveis no *site* dessa biblioteca. Conteúdo em inglês.
>
> **Fonte:** NYPL Digital Gallery. Home ([20--/]).

Atividade 2
Análise de uma iluminura

A seguir, o professor mostra a ilustração de Gherardo del Fora para a fábula "O asno e o cavalo", de La Fontaine (Apêndice 5B), e analisa-a com os alunos, chamando sua atenção para as personagens e aquilo que acontece com elas. (O professor deve observar que a ilustração representa uma sequência de três cenas que estão dispostas da direita para a esquerda, em sentido contrário ao que normalmente seguimos para apreciar imagens e fazer leituras.)

Atividade 3
Leitura e dramatização de "O asno e o cavalo"

O professor convida os alunos a fazerem a leitura silenciosa ou a ouvirem a fábula "O asno e o cavalo" (Apêndice 5C), recomendando que tentem recriar mentalmente a situação representada. A seguir, ele procede à explicação dos termos que os alunos desconhecem, tendo o cuidado de estimular os ainda não alfabetizados a manifestar sua compreensão sobre a significação de termos mencionados na fábula, tais como "tardo" e "fardo".

Feito isso, o professor escolhe alguns alunos que farão o papel de narrador, do asno e do cavalo para dramatizar a fábula. Ele ensaia com os demais alunos a declamação da moral da fábula (os quatro últimos versos) que deverá ser enunciada em conjunto no final da dramatização.

Atividade 4
Discussão sobre a moral da fábula

O professor registra no quadro a seguinte pergunta: "Você acha que o castigo do cavalo foi merecido? Por quê?". A seguir, ele solicita aos alunos que escrevam suas respostas no caderno para então apresentar seus argumentos e participar da discussão sobre o questionamento proposto. Caso os alunos não dominem a escrita, cabe ao docente motivá-los a expor oralmente sua opinião, que deve ser registrada na forma de esquema em um cartaz a ser exposto na sala de aula.

Atividade 5
Redação de uma narrativa curta ou relato oral

A partir da leitura da fábula e da discussão de sua moral, o professor propõe aos alunos alfabetizados que escrevam uma narrativa. Ela deve concentrar-se em uma das seguintes situações:

- Você precisou da ajuda de alguém e pôde contar com ela.
- Você precisou da ajuda de alguém e ninguém ajudou.
- Alguém precisou de sua ajuda e você ajudou.
- Alguém precisou de sua ajuda e você não ajudou.

Concluída a tarefa, o professor recolhe as narrativas para analisá-las com o intuito de destacar seus aspectos positivos ou sugerir possíveis correções e valorizar a importância do ato descrito.

O professor dos alunos não alfabetizados explora uma das situações antes mencionadas, interrogando-os. Eles fazem um breve relato oral e o professor registra o fato, em forma de frase, no quadro.

> ● **PARA O PROFESSOR**
> Esta atividade permite que a criança compreenda a importância de ser solidária, pois, assim como ela pode ser beneficiada com a ajuda de outros, também pode colaborar com outras pessoas. Sob esse aspecto, evidencia-se a natureza pedagógica das fábulas, que estabelecem uma relação com as ações humanas.

Atividade 6
Reescrita da narrativa e ilustração na forma de *iluminura*

O professor comenta as narrativas dos alunos que já dominam a escrita, apontando suas qualidades, e depois entrega a cada aluno o texto por ele produzido, solicitando que o reescreva atendendo às suas orientações. Os alunos devem transcrever a narrativa corrigida em uma folha de desenho, deixando espaços em branco para fazer sua ilustração ou iluminura no entorno do texto.

Em turmas ainda não alfabetizadas, o professor lê os textos produzidos com o auxílio dos pais e depois solicita que as crianças colem a página do texto em uma folha maior, tendo o cuidado de deixar os espaços do entorno para a ilustração.

Atividade 7
Exposição das narrativas ilustradas

O professor reúne os trabalhos dos alunos e os expõe em um painel, junto com uma breve explicação sobre o conceito e a finalidade da iluminura.

> ● **PARA O PROFESSOR**
> **Iluminura.** Arte que, nos antigos manuscritos [...], alia a ilustração e a ornamentação por meio de pintura a cores vivas, ouro e prata, de letras iniciais, flores, folhagens, figuras e cenas, em combinações variadas, ocupando parte do espaço comumente reservada ao texto e estendendo-se pelas margens, em barras, molduras e ramagens."
>
> **Fonte:** Ferreira (1995, p. 917).

Apêndice 5A

Página de abertura de uma antologia de fábulas de Esopo com iluminura de Gherardo del Fora

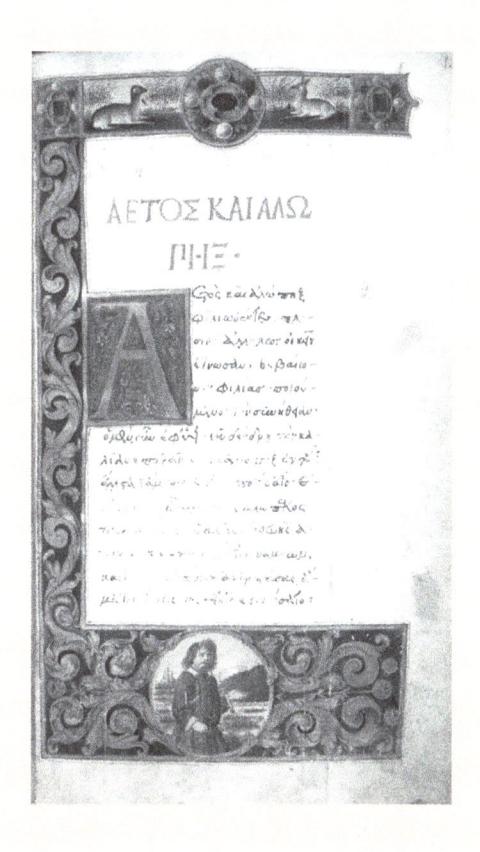

Fonte: NYPL Digital Gallery. Image ID: 427634. Disponível em: http://digitalgallery.nypl.org/nyp/digital/index.cfm

Fábulas e livros manuscritos

Apêndice 5B

"O asno e o cavalo" com iluminura de Gherardo Del Fora

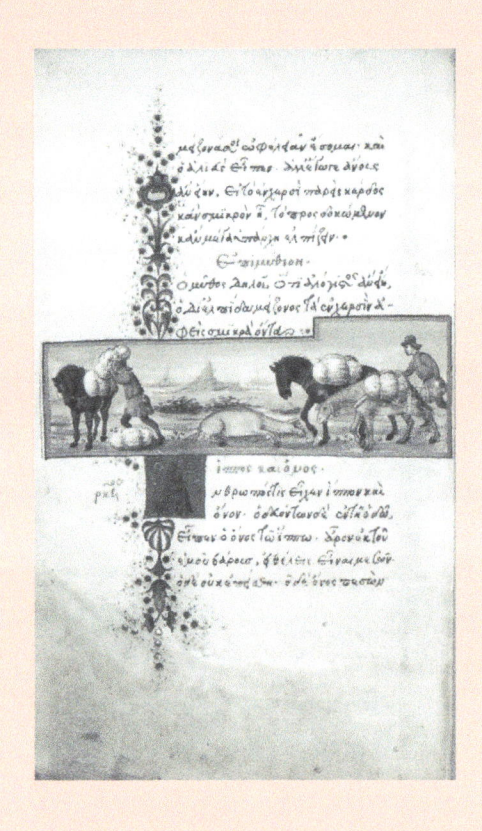

Fonte: NYPL Digital Gallery. Image ID: 1169567. Disponível em: http://digitalgallery.nypl.org/nyp/digital/index.cfm

Fábulas e livros manuscritos

Apêndice 5C

O asno e o cavalo

La Fontaine

Um asno, de passo tardo,
mal podendo suportar
o pesadíssimo fardo
que tinha de carregar,
pediu ao Cavalo: – Amigo,
podes dividir comigo
a carga que mal suporto?
Se assim continuar,
muito em breve estarei morto.
o Cavalo respondeu:
– Com isso pouco me importo.

Sem demora, o Asno morreu.
Então o dono dos dois
transferiu para o Cavalo
todos os sacos de arroz.

E foi assim que um esperto
acabou bancando o otário
e pagou um alto preço
porque não foi solidário.

Fonte: La Fontaine (1999, p. 23).

Fábulas e livros manuscritos

VALORIZAÇÃO DA CULTURA ORAL E DAS PRODUÇÕES DOS ALUNOS

Atividade 1
Lição moral de fábulas e provérbios

O professor recupera as mensagens moralizantes das fábulas até aqui lidas pela turma e comenta que a lição de moral, muitas vezes, tem a forma de provérbio. Ele explica que provérbios são enunciados de origem popular que procuram expressar, de forma simples e resumida, um ensinamento. Por isso, se diz que o provérbio é uma fábula resumida e que a fábula é um provérbio desenvolvido.

O professor dá exemplos de provérbios e pergunta se os alunos conhecem outros enunciados semelhantes aos que ele disse, registrando-os no quadro.

> **PARA O PROFESSOR**
> Para propiciar uma maior identificação dos alunos com a atividade e para retomar provérbios da cultura da comunidade, é importante que o professor procure citar provérbios que são comumente empregados e aceite aqueles que são citados por seus alunos, tendo presente a possibilidade de haver variantes para um mesmo tema.

Atividade 2
Recuperação do conhecimento de fábulas e provérbios

O professor distribui aos alunos uma ficha com uma atividade de identificação de fábulas e de provérbios (Apêndice 6A). Para realizar a tarefa, os alunos deverão contar com a ajuda dos familiares, que não somente serão solicitados a estabelecer as correlações, mas também a narrar à criança uma fábula não trabalhada em aula ou a lhe ensinar um provérbio.

Atividade 3
Demonstração da familiaridade com fábulas e provérbios

O professor corrige com os alunos a tarefa do estabelecimento de relações entre fábulas e provérbios (Apêndice 6B). Depois, dá espaço para que cada um deles exponha a fábula ou o provérbio que ouviu de um familiar.

Atividade 4
Redação e ilustração de um convite formal

Junto com os alunos, o professor redige no quadro um convite para os pais, os professores e a direção da escola para participarem da sessão de apresentação de fábulas, de provérbios e dos trabalhos desenvolvidos pela turma ao longo da unidade. No convite deverá constar que as pessoas que desejarem poderão narrar uma fábula ou dizer um provérbio durante a apresentação.

Os alunos devem transcrever o convite em cartões e ilustrá-lo usando uma das técnicas artísticas empregadas.

Atividade 5
Exposição coletiva dos trabalhos da turma e apresentação de fábulas e provérbios

O professor faz uma síntese das atividades e expõe os trabalhos dos alunos, valendo-se de painéis ou de outros recursos. A seguir, convida os familiares dos alunos que se dispuseram a comparecer à sala de aula a narrarem fábulas ou dizerem provérbios escolhidos por eles. Para encerrar a sessão, os alunos apresentarão fábulas em formas de dramatização.

Apêndice 6A

Atividade para casa

1) Com a ajuda de seus familiares, relacione a primeira coluna de acordo com a segunda, observando o sentido dos provérbios e as fábulas a que eles se referem:

1. *Devagar e sempre se vai ao longe*
2. *Quem desdenha quer comprar*
3. *Contra a força não há argumentos*
4. *Quem ama o feio bonito lhe parece*
5. *Quem nasce pra dez reis não chega a vintém*
6. *Um homem prevenido vale por dois*
7. *As aparências enganam*
8. *Dizer é fácil, fazer é que são elas*
9. *O pequeno pode ser de muita ajuda ao grande*
10. *Mais vale um peixe na mão do que dois no mar*

( ) A rã e o boi – Esopo
( ) O leão e o rato – Esopo
( ) A assembleia dos ratos – Esopo
( ) O javali e a raposa – Esopo
( ) A coruja e a águia – Esopo
( ) O cordeiro e o lobo – La Fontaine
( ) O rato, o gato e o galo – Esopo
( ) A raposa e as uvas – Esopo
( ) O pescador e o peixe – Esopo
( ) A tartaruga e a lebre – Esopo

2) Peça a um de seus familiares que lhe conte uma fábula ainda não apresentada em aula ou que lhe ensine um novo provérbio.

3) Registre no espaço abaixo o que você aprendeu.

_____
_____
_____
_____
_____

Valorização da cultura oral e das produções dos alunos

Apêndice 6B

Resposta da atividade para casa
(Apêndice 6A)

As aparências enganam O rato, o gato e o galo – Esopo
Mais vale um peixe na mão do que dois no mar O pescador e o peixe – Esopo
Devagar e sempre se vai ao longe A tartaruga e a lebre – Esopo
Quem desdenha quer comprar A raposa e as uvas – Esopo
Dizer é fácil, fazer é que são elas A assembleia dos ratos – Esopo
Um homem prevenido vale por dois O javali e a raposa – Esopo
O pequeno pode ser de muita ajuda ao grande O leão e o rato – Esopo
Quem nasce pra dez reis não chega a vintém A rã e o boi – Esopo
Quem ama o feio bonito lhe parece A coruja e a águia – Esopo
Contra a força não há argumentos O cordeiro e o lobo – La Fontaine

Valorização da cultura oral e das produções dos alunos

PRODUÇÃO DE ALUNOS
QUARTA UNIDADE

Desenho a partir da observação de uma fotografia

◀ Jéssica, 4ª série
Profª Inês T. Gazolla
EMEF Felippe A. Wendling
Dois Irmãos, RS

◀ Jéferson, 4ª série
Profª Inês T. Gazolla
EMEF Felippe A. Wendling
Dois Irmãos, RS

◀ Djennyfer, I etapa
Profª Marceli B. Robetti
EMEF Prof. Francisco Weiler
Morro Reuter, RS

Ismete, 3ª série
Profª Natalia M. Kronbauer
EMEF Prof. Arno Nienow
Dois Irmãos, RS

Tainara, 3ª série
Profª Mara Venzo Klein
EMEF Padre Reus
Morro Reuter, RS

Rodrigo, jardim
Laboratório de Informática
EMEF Luiza Silvestre de Fraga
Esteio, RS

QUARTA UNIDADE • Fábulas

Redação de uma sinopse

Sinopse de filme
  O diário da Barbie.

Era uma vez uma menina que se chamava Barbie, e tinha duas amigas.

Ela gostava de um menino de sua escola, más tinha outra menina que gostava dele também e fazia de tudo para machucar o coração de Barbie.

Um dia Barbie foi até uma loja para comprar um vestido para o baile, ganhou uma pulseira da vendedora e junto veio o diário.

▲ Elizângela, 4ª série
Profª Maria da Consolação L. Alves
EMEF Luiza Silvestre de Fraga
Esteio, RS

QUARTA UNIDADE • Fábulas

SINOPSE: OS TRÊS PORQUINHOS.
OS TRÊS PORQUINHOS VIVIAM EM TRÊS CASAS. UMA CASA ERA DE PALHA E OUTRA CASA ERA DE MADEIRA. E OUTRA CASA ERA DE TIJOLO. VOSES NEM SABEM A BAITA CONFUSÃO QUE DEU.

◀ Régis, III etapa
Profª Daisy E. Bondan
EMEF Rui Barbosa
Morro Reuter, RS

CHAVES
O último exame da escolinha

Eles são Chaves, Chiquinha, Quico, professor Girafales e dona Florinda. A história do filme é numa sala de aula. Chaves, Chiquinha e Quico foram reprovados, e os pais deles precisavam ir com os filhos para a escola fazer o exame de novo. Em uma prova eles erram tudo, depois vão para o exame oral e falam de higiene. Eles fazem um porquinho no quadro e todos começam a rir.

Igor, 3ª série
Profª Cátia Limberger
EMEF Rui Barbosa
Morro Reuter, RS

SCOOBY-DOO
Monstro a solta

Vilma, Fred, Dafini, Salsicha e Scooby embarcam você numa aventura na cidade.
Vilma gosta de resolver mistérios, Fred já quer ser o maior mas não é. Dafini é boa em artes marciais, Salsicha e Scooby só servem de isca e têm medo. Todos viajam na mesma máquina de mistérios.
Essa aventura tem muitos monstros de dar medo.

Vinícius , 3ª série
Profª Cátia Limberger
EMEF Rui Barbosa
Morro Reuter, RS

A era do gelo 2

Em uma tribo viviam homens, mulheres e crianças e as pessoas foram atacadas por lobos porque os lobos queriam o bebê de uma mulher e os homens brigaram com os lobos e a mulher fugiu com o bebê e ela foi para um rio onde estava cercado por uma nevasca.

E passaram o mamute, o esquilo e o bicho-preguiça e a mulher deu o bebê para eles cuidarem dele e o mamute e os outros seguiram os animais até o barco porque ia quebrar o gelo.

Daniel e Cristiane, 4ª série
Profª Inês T. Gazolla
EMEF Felippe A. Wendling
Dois Irmãos, RS

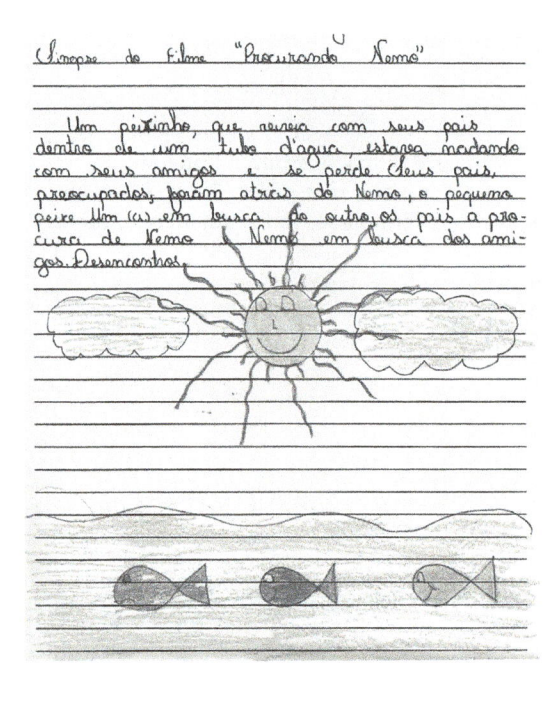

Sinopse do Filme "Procurando Nemo"

Um peixinho, que vivia com seus pais dentro de um tubo d'água, estava nadando com seus amigos e se perde. Seus pais, preocupados, foram atrás de Nemo, o pequeno peixe um (u) em busca do outro, os pais a procura de Nemo e Nemo em busca dos amigos. Desencontros.

Cristiane, 4ª série
Profª Inês T. Gazolla
EMEF Felippe A. Wendling
Dois Irmãos, RS

Criação de história em quadrinhos e título a partir da fábula "O cavalo e o burro"

Volmir, 4ª série
Profª Inês T. Gazolla
EMEF Felippe A. Wendling
Dois Irmãos, RS

Amanda, 3ª série
Profª Eliane Roth
EMEF Primavera
Dois Irmãos, RS

Resumo da fábula "O cavalo e o burro"

Um dia com o burro

Era uma vez um burro que carregava carga e andava em um caminho só pra um e o cavalo não quis deixar o burro passar. O cavalo maltratou o pobre do burro brigando e chamou-o de ignorante e o burro nem ligou e ficou triste demais.

Um dia ele viu o cavalo sofrendo e ficou com pena e não brigou com ele e nem ofendeu.

Luciana e Thaís, 2ª série
Profª Vera Lúcia F. Tancredi
EMEF Luiza Silvestre de Fraga
Esteio, RS

Estudo da fábula "O cavalo e o burro" – Lista de palavras e significados

Alunos da 1ª série
Profª Maria Joana P. Machado
EMEF Luiza Silvestre de Fraga
Esteio, RS

QUARTA UNIDADE • Fábulas

Redação de um conceito de fábula

> Uma fábula é uma história que tem animais que são os personagens. A fábula no final traz uma lição para os seres humanos.

🔺 Sabrina e Ismael, 3ª série
Profª Cátia Limberger
EMEF Rui Barbosa
Morro Reuter, RS

> Uma fábula é um jeito da gente aprender uma lição, é a maneira da gente saber o que é certo e o que é errado.

🔺 Tatieli e Carolina, 3ª série
Profª Cátia Limberger
EMEF Rui Barbosa
Morro Reuter, RS

> Fábula é um texto de pequena quantia de linhas e que sempre precisa ter um alguém que aprende uma lição. Os personagens são objetos ou animais. Mas os animais têm o dom de falar e agem como humanos.

🔺 Leonardo e Vinícius, 3ª série
Profª Cátia Limberger
EMEF Rui Barbosa
Morro Reuter, RS

Recriação da passagem mais interessante de "O burro e o cachorrinho de estimação"

Régis, III etapa

Augusto, III etapa

Marilise, III etapa

Bruna, II etapa

Luana, II etapa

Alunos da Profª Daisy E. Bondan
EMEF Rui Barbosa
Morro Reuter, RS

QUARTA UNIDADE • Fábulas

Desenho a partir da fábula "O burro brincalhão"

Deivis, 4ª série
Profª Janete V. Grendoski
EMEF Prof. Francisco Weiler
Morro Reuter, RS

Igor, 3ª série
Profª Cátia Limberger
EMEF Rui Barbosa
Morro Reuter, RS

Adriana, 3ª série
Profª Natália M. Kronbauer
EMEF Prof. Arno Nienow
Dois Irmãos, RS

Algumas respostas sobre o que a fábula "O burro e o cachorrinho de estimação" quer mostrar

> Não imitar os outros. (Guilherme)
>
> Ninguém é igual a ninguém. (Gustavo)
>
> Todos são diferentes. (George)
>
> Não devemos imitar os outros por achar que são melhores que a gente. (Gabriel)
>
> Ninguém é melhor que os outros. (Giovanna)
>
> Temos que nos orgulhar por ser trabalhador. (Guilherme)

▲ Alunos da 3ª série
Profª Cláudia Santos da Silva
EMEF Luiza Silvestre de Fraga
Esteio, RS

Escrita de um texto opinativo para a fábula "O burro e o lobo" a partir de um enunciado introdutório

> *As pessoas costumam chamar de "burro" quem comete erros, mas a fábula mostra que o burro foi inteligente.*
>
> Ele foi muito esperto e teve uma boa ideia para enganar o lobo. (Júlia)
>
> Quando fingiu ele conseguiu enganar o lobo e mostrou que também é esperto. (Patrik)
>
> ... teve uma ideia genial que deu certo, ele saiu mancando, fingindo que tinha um espinho para o lobo acreditar e para ele fugir. (Cristoffer)
>
> ... fingiu que estava mancando para não morrer. (Wesley S.)
>
> ... pediu ao lobo que tirasse o espinho do pé dele e o lobo deu uma de médico e quando ele ergueu o pé do burro levou um coice do burro que deu no pé. (Bruna)

▲ Alunos da 3ª série
Profª Cláudia Santos da Silva
EMEF Luiza Silvestre de Fraga
Esteio, RS

QUARTA UNIDADE • Fábulas

Desenho com fios de lã e barbantes coloridos inspirado em Alexander Calder

QUARTA UNIDADE • Fábulas

◊ Aluno da 3ª série
Profª Cláudia Santos da Silva
EMEF Luiza Silvestre de Fraga
Esteio, RS

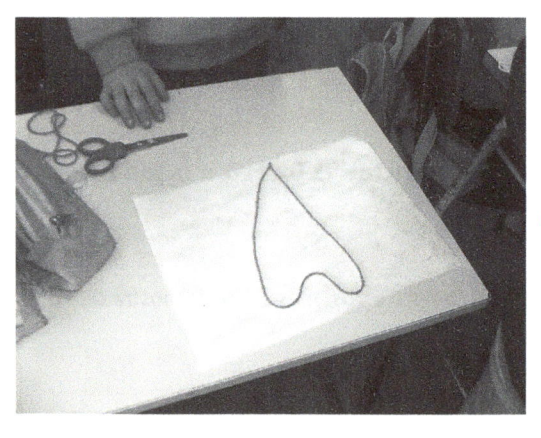

◊ Tiffany, III etapa
Profª Mara Venzo Klein
EMEF Prof. Francisco Weiler
Morro Reuter, RS

◊ Geovane, 4ª série
Profª Clara Kaefer
EMEF Tiradentes
Morro Reuter, RS

△ Alunos da II e III etapas
Profª Daisy E. Bondan
EMEF Rui Barbosa
Morro Reuter, RS

◁ Amanda, 3ª série
Profª Eliane Roth
EMEF Primavera
Dois Irmãos, RS

▷ Suzana, 1ª série
Profª Izabel Roseli Carminatti
EMEF Luiza Silvestre de Fraga
Esteio, RS

QUARTA UNIDADE • Fábulas

Escultura com arame inspirada em Alexander Calder

Alunos da 3ª e 4ª séries
Profª Mara Venzo Klein
EMEF Prof. Francisco Weiler
Morro Reuter, RS

Alunos da 3ª série
Profª Eliane Roth
EMEF Primavera
Dois Irmãos, RS

QUARTA UNIDADE • Fábulas

**Desenho para responder à pergunta
"Como seria La Fontaine hoje?"**

Wesley, 3ª série
Profª Cláudia Santos da Silva
EMEF Luiza Silvestre de Fraga
Esteio, RS

Aluno da 3ª série
Profª Cláudia Santos da Silva
EMEF Luiza Silvestre de Fraga
Esteio, RS

QUARTA UNIDADE • Fábulas

Reflexão sobre a moral da fábula "A raposa e as uvas" e produção de narrativa com a moral "Quem desdenha, quer comprar"

> Quem desdenha, quer comprar
>
> Era uma vez uma mulher chamada Luana. Luana era sempre muito cheinha e ao mesmo tempo muito invejadada.
> Um dia houve uma promoção da Nestlé, era um concurso para ganhar uma bicicleta e Luana achando que ia ganhar a bicicleta, participou.
> No dia do resultado, não foi Luana quem ganhou a bicicleta, foi uma pessoa humilde e trabalhadora.
> Luana sabendo que tinha perdido... ficou furiosa e disse pra que todos ouvissem:
> — Eu nem queria essa bicicleta do mesmo e se eu quiser eu compro uma igual, porque eu tenho dinheiro.

Náthali, 3ª série
Profª Eliane Roth
EMEF Primavera
Dois Irmãos, RS

Pintura a partir da fábula "O lobo e o cordeiro"

▲ Alunos da 3ª série
Profª Eliane Roth
EMEF Primavera
Dois Irmãos, RS

▲ Alunos da I etapa
Profª Janete V. Grendoski
EMEF Prof. Francisco Weiler
Morro Reuter, RS

QUARTA UNIDADE • Fábulas

QUARTA UNIDADE • Fábulas

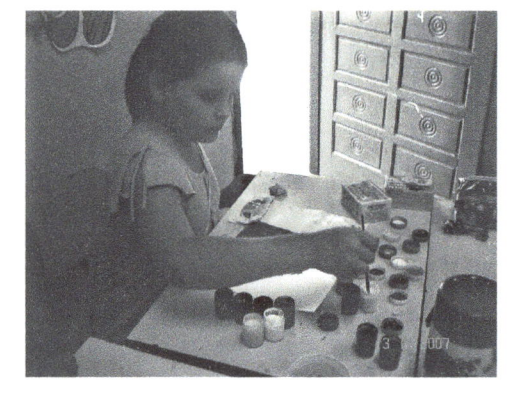

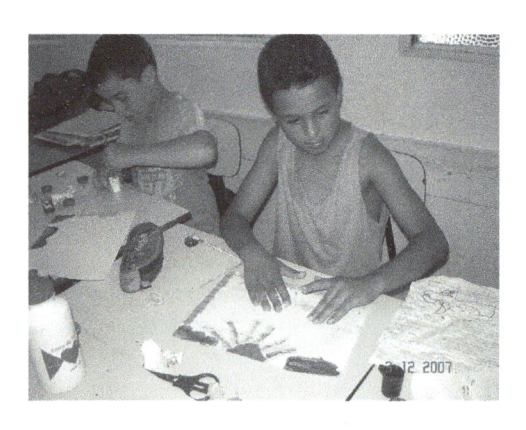

Alunos da 1ª série
Profª Maria Joana P. Machado
EMEF Luiza Silvestre de Fraga
Esteio, RS

Desenho a partir da fábula "O lobo e o cordeiro"

Tailine, 4ª série
Profª Maria da Consolação L. Alves
EMEF Luiza Silvestre de Fraga
Esteio, RS

Discussão sobre a moral da fábula "O asno e o cavalo" e resposta à pergunta "Você acha que o castigo do cavalo foi merecido?"

Amanda - Eu acho que o castigo do cavalo foi merecido, porque, se a gente pode ajudar os outros que precisam de ajuda temos que ajudar, mas se formos egoístas e não ajudar com certeza teremos um castigo merecido.

Amanda, 3ª série
Profª Eliane Roth
EMEF Primavera
Dois Irmãos, RS

Fabieli - Sim, porque o Asno pediu ajuda e o cavalo não ajudou, e quando o Asno morreu, daí o dono dele, arrumou o cavalo para levar os sacos de arroz.
E agora, o cavalo não tem ninguém para dividir um pouco do cargo.

Fabieli, 3ª série
Profª Eliane Roth
EMEF Primavera
Dois Irmãos, RS

Redação de uma narrativa curta e ilustração na forma de iluminura

A árvore

Uma vez uma menina chamada Gisele, morava numa casa que tinha uma árvore de figos, nos fundos.

Um dia o pai dela resolveu roçar ao redor da árvore, assim ela poderia brincar ali. Quando ela foi brincar, logo suas primas Daniela e Roberta, vieram com um monte de coisas e já foram trepando nos galhos e levando frutinhas.

Quando a Gisele viu logo foi dizendo:
— O que vocês pensam que estão fazendo?
Logo Roberta respondeu:
— Estamos brincando na nossa árvore.

Gisele falou para seu pai e, ele foi falar com elas e disse que a árvore era da Gisele, mas elas pediam brincar também.

Gisele pegou uma cadeira, almofadas, tapetinhos, panelinhas e talherzinhos e foi brincar perto da árvore e assim elas ficaram brincando juntas até que... De repente começou a chover, ela tinha tanta coisa que precisou de ajuda, e suas primas a ajudaram e assim ela percebeu que foi injusta quando brigou com elas só porque ela queria a árvore só pra ela, e também que elas não eram tão egoístas e que elas sempre a ajudariam.

Moral: Nem todo mundo é como a gente pensa.

▲ Amanda, 3ª série
Profª Eliane Roth
EMEF Primavera
Dois Irmãos, RS

Reescrita da fábula "O asno e o cavalo" e ilustração na forma de iluminura

O asno e o cavalo
La Fontaine
Adaptação do 2oB

Um asno estava caminhando pela estrada levando sacos. Pediu ajuda para o cavalo
— Seu cavalo pode me ajudar
— Sim — vamos repartir a carga
Os dois foram para a fazenda e nenhum ficou cansado
Foi assim que o cavalo ensinou que ajudar é bom
Um ajuda num dia e outro ajuda em outro dia

LEANDRO

Leandro, 1ª série
Profª Maria Joana P. Machado
EMEF Luiza Silvestre de Fraga
Esteio, RS

QUINTA UNIDADE

Lendas
expansão do conhecimento

JURACY ASSMANN SARAIVA
CELIA DORIS BECKER
ERNANI MÜGGE
GABRIELA HOFFMANN LOPES

1 2 3 4 5 6

NEGRINHO DO PASTOREIO

Atividade 1
Identificação das personagens da narrativa e sua descrição

O professor entrega um quebra-cabeça (Apêndice 1A) e solicita que cada aluno componha o seu. Feito isso, pede aos alunos que descrevam a ilustração, comentando aspectos revelados pela fisionomia das duas personagens.

Em se tratando de alunos não alfabetizados, o professor forma duplas para a montagem do quebra-cabeça e, a seguir, faz perguntas para motivá-los a observar aspectos da ilustração. Entre as perguntas, o professor pode fazer as seguintes:

- Quem aparece na ilustração?
- O que o adulto tem na mão?
- O que mostra a expressão do adulto?
- O que se destaca no rosto do menino?
- O que aconteceu para que o menino esteja chorando?
- O que se observa no céu? O que isso significa?

Atividade 2
Leitura da descrição ou exposição oral da história imaginada

O professor solicita aos alunos alfabetizados que leiam seus textos; aos não alfabetizados que narrem a história por eles imaginada a partir da ilustração. A seguir, pergunta se conhecem a lenda do Negrinho do Pastoreio e estabelece a relação entre a ilustração e a lenda.

Atividade 3
Leitura da lenda do Negrinho do Pastoreio

O professor passa a trabalhar com a lenda do Negrinho do Pastoreio, usando o Apêndice 1B nas turmas cujo nível de leitura é avançado e o Apêndice 1C nas turmas que ainda não leem textos verbais.

    O professor distribui o Apêndice 1B aos alunos e faz sua leitura expressiva. Em sequência, um após o outro, os alunos devem ler parágrafos do texto, indicar os termos que desconhecem e, com o auxílio do professor, chegar à sua significação. O professor registra os termos e seus respectivos significados no quadro-verde e os alunos os copiam em seus cadernos.

Nas séries em estágio inicial de alfabetização, o professor lê pausadamente o texto (Apêndice 1C) e depois repete a leitura, parágrafo por parágrafo, fazendo o levantamento de vocábulos ou expressões que podem ser desconhecidos dos alunos e explicando sua significação. O professor transcreve os termos em um cartaz para ser afixado na sala de aula.

Atividade 4
Recuperação da sequência da lenda

O professor organiza os alunos em círculo e explica que a lenda do Negrinho do Pastoreio será recontada em grupo. Ele indica um aluno para iniciar a narração, que deverá ser interrompida assim que o professor bater palmas. O colega ao lado daquele que começou a narração deverá dar sequência à história. A atividade segue, respeitando-se a ordem em que os alunos estão sentados, até que a narrativa chegue ao fim.

> ● **PARA O PROFESSOR**
> O ideal neste exercício é que o desfecho da história caiba ao último aluno, isto é, àquele que estiver sentado antes do que iniciou a narração. Para isso, o professor deve estar atento ao momento mais adequado de interromper, por meio das palmas, a narração dos alunos, evitando, assim, que a história termine sem que todos os alunos tenham se exposto oralmente.

Atividade 5
Exploração do texto ou fixação de palavras

Após os alunos terem assimilado a sequencialidade da narrativa, o professor procede à exploração do texto (Apêndice 1D para alunos alfabetizados e Apêndice 1E para alunos em fase inicial de alfabetização).

Atividade 6
Ilustração de uma passagem ou entrevista

Para dar continuidade ao trabalho sobre a lenda do Negrinho do Pastoreio, o professor propõe aos alunos uma tarefa a ser feita em casa.

Grupos mais avançados na alfabetização: os alunos devem ilustrar a passagem da lenda de que mais gostaram e entregar a ilustração ao professor na aula seguinte.

Grupos em fase inicial de alfabetização: os alunos devem contar para algum familiar a lenda ouvida em sala de aula e pedir a ele que responda as questões de uma ficha (**Apêndice 1F**), que deve ser trazida para a aula seguinte.

Atividade 7
Apresentação das ilustrações ou síntese dos dados da entrevista

O professor pede aos alunos que apresentem seus trabalhos aos colegas. Ele reúne as ilustrações e as expõe na sala de aula; nas turmas que realizaram as entrevistas com os familiares, o professor elabora uma síntese junto com os alunos, fazendo uma representação gráfica das perguntas cuja resposta é "sim" ou "não" com o objetivo de avaliar a popularidade da lenda. A seguir, cada aluno informa a razão por que os entrevistados gostam ou não da lenda.

Atividade 8
Elaboração de um pedido ao Negrinho

O professor lembra aos alunos que o Negrinho do Pastoreio é invocado, muitas vezes, por pessoas que perderam algum objeto.

Ele solicita aos alunos que identifiquem um brinquedo do qual gostam muito. Em seguida, sugere que imaginem ter perdido esse brinquedo. Para encontrá-lo, irão recorrer ao Negrinho por meio de um pedido, no qual deverá constar: a) a invocação ao Negrinho; b) o pedido; c) a razão do pedido; d) um agradecimento.

A atividade pode ser feita por escrito ou oralmente, de acordo com o domínio da escrita dos alunos.

Atividade 9
Audição e canto da canção de Barbosa Lessa

O professor explica que Barbosa Lessa, folclorista gaúcho, compôs uma canção em que pede ajuda ao Negrinho. A seguir, ele apresenta a música aos alunos, tendo o cuidado de expor a letra da canção ou de distribuir sua cópia para que os alunos também possam cantá-la (Apêndice 1G).

> ● **PARA O PROFESSOR**
> Para esta atividade, aconselha-se que o professor convide um colega, amigo ou membro da comunidade que toque algum instrumento para ajudar os alunos a entoarem a canção. Caso isso não seja possível, ele pode se valer de um recurso eletrônico para reproduzir a música.

Atividade 10
Tema para discussão: A brutalidade contra crianças

O professor propõe aos alunos um debate com a temática da brutalidade contra crianças, presente na lenda do Negrinho, a partir do seguinte questionamento:

- O que você faria se soubesse que alguém maltrata crianças?

Apêndice 1A

Quebra-cabeça

Fonte: O negrinho do pastoreio (1999).

Negrinho do Pastoreio

Apêndice 1B

O Negrinho do Pastoreio

Silvana Salerno

No tempo da escravidão, lá pelo início do século XIX, vivia no Rio Grande do Sul um estancieiro de coração muito duro.

O estancieiro não tinha amigos. Assim como não gostava de ninguém, também não era querido. Ele só olhava nos olhos a três seres: um cavalo baio, seu filho e um pequeno escravo. O baio era seu cavalo de confiança; o filho era seu sangue; e o menino escravo, negro bonito, nem nome tinha, era conhecido como Negrinho. Como não tinha nome nem fora batizado, o Negrinho se considerava afilhado de Nossa Senhora.

Depois de muita insistência do vizinho, o estancieiro concordou em participar de uma corrida de cavalos e decidiu que o Negrinho, que pastoreava os cavalos, montaria o baio. Quando a corrida começou, ele se benzeu: "Valha-me, minha Nossa Senhora! Se o baio perder, o meu senhor me mata!".

Durante toda a corrida, o baio seguiu emparelhado com o mouro. Na última volta, a poucos metros da chegada, o baio parou de repente, empinou e fez meia-volta, dando ao mouro tempo para ultrapassá-lo e cruzar a linha de chegada.

Furioso, o estancieiro pagou as mil onças conforme o combinado. O ganhador recolheu o dinheiro e deu tudo aos pobres. Assim que chegou à estância, o estancieiro mandou amarrar o Negrinho e dar-lhe uma surra de chicote. De madrugada, levou o garoto para o alto de uma colina e então disse a ele: "A pista da corrida que você perdeu tinha trinta quadras, pois trinta dias você ficará aqui pastoreando os meus trinta cavalos negros. O baio vai ficar amarrado, e a corda dele, presa à sua mão".

O negrinho começou a chorar. O dia amanheceu, e o Negrinho ali, no pastoreio, sem comer nem beber. Chegou a noite, e ele se deitou, todo encolhido. As corujas o cercaram, piando, e ele começou a tremer. Pensou na sua madrinha, Nossa Senhora – a madrinha dos que não têm madrinha –, e só então conseguiu dormir. No meio da madrugada, um bando de raposas assustou o baio, que se soltou e saiu a galope, acompanhado dos outros cavalos.

De manhã, o filho do patrão viu o Negrinho só e contou ao pai que os cavalos não estavam mais lá. O estancieiro mandou buscar o menino e dar uma surra nele. Quando a noite caiu, mandou que ele fosse procurar os cavalos pedidos. Chorando, o Negrinho rezou à Nossa Senhora, pegou uma vela e saiu pelo campo escuro. À medida que andava, a vela ia pingando no chão: a cada pingo nascia uma nova luz, e foram tantas que iluminaram todo o campo. O Negrinho encontrou os cavalos deitados; estavam mansos, até mesmo os chucros. Montou no baio e trouxe a tropilha para o alto da colina.

Quando clareou, apareceu o filho do fazendeiro para enxotar os cavalos, que dispararam campo afora. O menino malvado foi dizer ao pai que os cavalos não estavam lá. Mais uma vez o Negrinho perdeu o seu pastoreio.

O estancieiro mandou dar-lhe uma surra de chicote que só terminou quando o menino não chorava mais, tinha a pele toda cortada e estava coberta de sangue. O Negrinho chamou por Nossa Senhora, deu um suspiro fundo e pareceu que tinha morrido. O patrão mandou jogar seu corpo num imenso formigueiro que havia na fazenda, atiçou bem as formigas, e só saiu de lá quando elas tinham coberto o corpo do menino.

Uma cerração muito forte se abateu sobre o lugar nos três dias seguintes. No quarto dia, os peões saíram em busca dos cavalos, mas não encontraram nem rastro deles. Então o senhor resolveu ir ao formigueiro ver o que sobrara do escravo. Ao chegar, não pôde acreditar no que via: o Negrinho estava em pé, com a pele intacta, espantando as formigas, que o incomodavam. Ao lado dele, o baio e os trinta cavalos. Quando o fazendeiro viu aquilo, caiu de joelhos diante do escravo. E o Negrinho, sorridente, montou em pelo no baio e tocou a tropilha a galope.

Nas semanas seguintes, tropeiros e viajantes chegavam com a mesma notícia: todos tinham visto passar, à mesma hora, uma pequena tropa de cavalos conduzida por um Negrinho que montava em pelo um cavalo baio.

A partir de então, muitos começaram a acender velas e rezar pela alma do menino. E, quando alguém perdia alguma coisa no campo, pedia ao Negrinho, que campeava a noite toda e a encontrava. Quem perder alguma coisa, tanto no campo como na cidade, não deve perder a esperança. É só acender uma vela e pedir ao Negrinho do Pastoreio que o ajude a encontrar. Se ele não achar, ninguém mais acha.

(Inspirada na tradição oral)

Fonte: Salerno (2006, p. 132-135).
O texto original foi submetido a uma adaptação.

Apêndice 1C

A lenda do Negrinho do Pastoreio
Antônio Augusto Fagundes

No tempo dos escravos, havia um estancieiro muito ruim. Naqueles fins de mundo, fazia o que bem entendia, sem dar satisfação a ninguém.

Entre os escravos da estância, havia um negrinho, encarregado do pastoreio dos animais.

Pois de uma feita, o pobre negrinho, que já vivia sofrendo as maiores judiarias às mãos do patrão, perdeu um animal no pastoreio. Pra quê! Apanhou uma barbaridade atado a um palanque e depois foi mandado procurar o animal extraviado. Como a noite vinha chegando, ele acendeu um toquinho de vela e saiu campeando. Mas nada! O toquinho acabou, o dia veio chegando e ele teve que voltar para a estância sem o animal.

Então foi outra vez atado no palanque e desta vez apanhou tanto que morreu, ou pareceu morrer. Vai daí, o patrão mandou abrir a "panela" de um formigueiro e atirar lá dentro, de qualquer jeito, o pequeno corpo do negrinho.

No outro dia, o patrão foi com a peonada e os escravos ver o formigueiro. Qual não é a sua surpresa ao ver o negrinho vivo e contente, ao lado do animal perdido.

Desde aí, o Negrinho do Pastoreio ficou sendo o achador das coisas extraviadas. E não cobra muito: basta acender um toquinho de vela.

Fonte: Fagundes (1993, p. 118-119).
O texto original foi submetido a uma adaptação.

Apêndice 1D

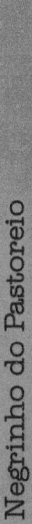

Exploração da lenda do Negrinho

1) Responda às seguintes perguntas:
   - Que atitude do vizinho do estancieiro mostra que os dois homens são diferentes?

   _____

   - Que atitude do filho do estancieiro mostra que ele é parecido com o pai?

   _____

   - Que fatos comprovam que o Negrinho recebe uma ajuda sobrenatural?

   _____

   - Por que o estancieiro "caiu de joelhos diante do escravo", quando encontrou o Negrinho vivo no formigueiro?

   _____

Apêndice 1E

Fixação de palavras a partir da lenda do Negrinho

1) Faça o desenho do que as palavras listadas significam e depois ligue as palavras ao desenho correspondente:

NEGRINHO

FORMIGUEIRO

ESTANCIEIRO

VELA

2) Pinte as palavras abaixo no caça-palavras:

PASTOREIO – NOITE – ESCRAVOS – SURPRESA

A	C	N	O	I	T	E	M	L
E	S	C	R	A	V	O	S	P
J	S	U	R	P	R	E	S	A
P	A	S	T	O	R	E	I	O

3) Ilustre a passagem em que o estancieiro encontra o Negrinho no formigueiro.

Negrinho do Pastoreio

Apêndice 1F

Ficha para a entrevista com um familiar

Aluno(a):..
Série:............ Escola:.. Município:.................................

Querido familiar,

depois de você ter ouvido a lenda contada pela criança, peço que complete essa ficha com os dados e as respostas solicitadas.
Muito obrigado(a),

_____
Professor(a)

Nome do entrevistado: _____
Relação de parentesco com a criança: _____

1) Você já conhecia essa lenda? _____
2) Você gosta dessa lenda? Por quê? _____
_____
_____

3) Você pede ajuda ao Negrinho do Pastoreio quando perde alguma coisa? _____
_____

Negrinho do Pastoreio

Negrinho do Pastoreio

Barbosa Lessa

Negrinho do Pastoreio,
Acendo esta vela pra ti
E peço que me devolvas
A querência que perdi.

Negrinho do Pastoreio,
Traze a mim o meu rincão.
Eu te acendo esta velinha,
Nela está meu coração.

Quero ver meu lindo pago
Coloreado de pitanga.
Quero ver a gauchinha
A brincar n'água da sanga.

Refrão

**Quero trotear nas coxilhas,
Respirando a liberdade,
Que eu perdi naquele dia
Que me embretei na cidade.**

Negrinho do Pastoreio,
Acendo esta vela pra ti
E peço que me devolvas
A querência que perdi.

Negrinho do Pastoreio,
Traze a mim o meu rincão.
A velinha está queimando,
E aquecendo a tradição.

Fonte: Web Letras (2008).

2

LENDA DO GUARANÁ

Atividade 1
Descoberta de uma mensagem

Com a finalidade de preparar os alunos para a recepção da história do guaraná, o professor divide a turma em pequenos grupos e propõe a decifração de uma mensagem. Para tanto, nas classes de alunos já alfabetizados, entrega a cada grupo uma folha com a mensagem cifrada (Apêndice 2A); nas classes em processo de alfabetização, distribui aos grupos fichas com palavras escritas em um código secreto (Apêndice 2B).

Concluída a decifração, o grupo entrega a resposta ao professor, que a transcreve no quadro, explicando que ela traz dados sobre a história a ser explorada pela turma.

Atividade 2
Reconhecimento do guaraná

O professor mostra aos alunos a primeira imagem da planta do guaraná (Apêndice 2C) e pergunta se eles a conhecem. A seguir, propõe que descrevam o que a imagem apresenta, registrando no quadro as diversas manifestações das crianças.

Em continuidade, mostra a segunda imagem do Apêndice 2C e pergunta aos alunos se o fruto ali representado se assemelha a algo que eles conhecem.

Depois de ouvir a manifestação dos alunos, o professor retoma as mensagens que eles decifraram por meio de frases e palavras, identificando a planta e o fruto do guaraná. A seguir, comenta que o guaraná já era conhecido pelos índios, quando o Brasil foi descoberto, e que eles explicavam seu aparecimento por meio de uma lenda.

Atividade 3
Leitura da lenda do guaraná

O professor solicita aos alunos cujo nível de leitura é avançado que façam a leitura silenciosa da lenda (Apêndice 2D), determinando que a relacionem com as imagens anteriormente apreciadas. Na sequência, os alunos leem, em voz alta, um após o outro, parágrafos do texto e indicam os termos que desconhecem. O professor estimula-os a alcançar sua compreensão e, concomitantemente, registra os termos e sua significação no quadro-verde para que os alunos os copiem no caderno.

Para os não alfabetizados, o próprio professor lê o texto (Apêndice 2E) e, a seguir, pergunta se existe uma relação entre a lenda e as ilustrações anteriormente observadas.

Depois ele repete a leitura, parágrafo por parágrafo, identificando, com os alunos, vocábulos ou expressões desconhecidas e explicando sua significação. O professor distribui pequenas fichas para os alunos para que nelas copiem as "novas" palavras. As fichas devem ser coladas nos cadernos.

Atividade 4
Exploração da lenda

Para retomar a aula anterior, o professor propõe aos alunos alfabetizados as seguintes questões sobre a lenda para serem respondidas por escrito e, na sequência, discutidas oralmente:

- Que atitudes do menino Alupá mostram que ele era bom?
- Que fatos comprovam o convívio harmonioso entre as pessoas da aldeia?
- Que sentimentos o Jurupari tinha por Alupá?
- Que fato comprova que Jurupari era o espírito do mal? O que isso significava para as pessoas da aldeia Maué?
- Como Tupã consolou as pessoas da aldeia Maué pela morte de Alupá?
- O que o pé de guaraná passou a significar para eles?

O professor também retoma a lenda com os alunos das etapas iniciais de alfabetização por meio de perguntas:

- Por que o casal de índios dos Maués desejava ter um filho?
- Por que Jurupari não gostava de Alupá?
- Como Tupã consolou os índios Maués pela morte de Alupá?
- O que significa "quatro luas", tempo em que deveriam regar os olhos do indiozinho morto?
- O que acontecia com os índios que comiam a fruta da árvore que brotou?
- Como é o fruto do guaranazeiro e com que ele se parece?

Atividade 5
Recuperação da sequência da lenda

O professor organiza os alunos alfabetizados em círculo e distribui para cada um deles uma frase da lenda do guaraná (Apêndice 2F). A seguir, anuncia que vão recompor a narrativa por meio da leitura das frases e que cada aluno deverá prestar atenção à parte que está sendo lida e ler sua frase quando ela der continuidade à narração.

Nesta atividade, o professor aproveita frases da narrativa lida na aula anterior. Cabe a ele iniciar com a leitura da primeira frase. A seguir, o aluno que recebeu a frase que continua a narrativa deve manifestar-se. O professor interrompe a leitura das frases se houver algum desvio da ordem e lembra como a história prossegue.

Em turmas cujos alunos ainda não dominam a leitura e a escrita, o professor distribui fichas enumeradas de um a dez, nas quais constam palavras do texto (Apêndice 2G). Os alunos leem as palavras, obedecendo à sequência numérica, e enunciam frases com elas, de modo a reconstituir oralmente a história.

> ● **PARA O PROFESSOR**
> Esta atividade estimula a atenção e a memória, bem como a organização cronológica dos acontecimentos, contribuindo para a observação das relações de causa e consequência que estão presentes em uma boa narrativa.

Atividade 6
Pesquisa sobre as propriedades do guaraná

Para valorizar as propriedades do guaraná, o professor propõe aos alunos que, como tema de casa, entrevistem pessoas que possam explicar os benefícios decorrentes do uso do guaraná.

Os alunos devem consultar familiares, farmacêuticos ou outras pessoas da comunidade para responder à seguinte pergunta:

- Quais os benefícios que a ingestão da semente do guaraná pode trazer para a saúde?

Atividade 7
Criação de um anúncio a partir do resultado da pesquisa

Apresentados os resultados das entrevistas, o professor reúne os alunos em grupos e solicita que façam um anúncio para divulgar as propriedades medicinais do guaraná. O anúncio será registrado em um cartaz e afixado nos corredores da escola ou apresentado oralmente em forma de comercial audiovisual. Os alunos alfabetizados farão a atividade em pequenos grupos; os não alfabetizados expressarão oralmente suas ideias, que serão sistematizadas pelo professor em um cartaz coletivo ou por meio de uma encenação.

Atividade 8
Brincadeira com palavras da lenda

Para os alunos que estão em um nível mais avançado de alfabetização, o professor distribui os exercícios da pirâmide de palavras e do caça-palavras (Apêndice 2H), em que o vocabulário do texto é explorado.

Para os alunos ainda não alfabetizados, o professor entrega um envelope contendo fichas com sílabas que, devidamente reunidas, formam palavras da lenda (Apêndice 2I). Inicialmente, o professor mostra aos alunos uma ficha e lê a palavra que nela está escrita. A seguir, solicita que procurem, entre as fichas do envelope, aquelas que contêm as sílabas com que podem formar a palavra. O professor lembra aos alunos que eles devem atentar para a cor das letras, já que as palavras e suas sílabas estão registradas com a mesma cor. Uma vez montadas as palavras, os alunos passam a lê-las em voz alta. Em seguida, o professor solicita aos alunos que elaborem frases sobre a história lida empregando cada uma das palavras.

● **PARA O PROFESSOR**

As sugestões de palavras apresentadas no Apêndice 2I devem ser avaliadas pelo professor, tendo em vista o estágio de leitura em que se encontram os alfabetizandos.

O professor também pode optar pela exploração de palavras cujo registro gráfico seja difícil para os alunos, com o intuito de fixar sua ortografia.

Apêndice 2A

Mensagem cifrada

1) Utilizando o código secreto, descubra a continuação da frase abaixo:

VOCÊ SABIA QUE...

> ANTES DA CAÇA QUANDO PRECISAVAM DE MUITA ENERGIA, OS ÍNDIOS TOMAVAM O REFRESCO DO GUARANÁ?

Código secreto:

A	B	C	Ç	D	E	F	G	H	I	J	K	L	M
⇑	&	△	@	□	❀	#	🔔	∩	✋	°	=	♥	✶

N	O	P	Q	R	S	T	U	V	W	X	Y	Z
♦	✝	◀	≡	★	☺	✈	↗	✏	_	*	¥	$

Lenda do guaraná

Apêndice 2B

Palavras cifradas

1) Descubra as palavras usando o código secreto das letras:

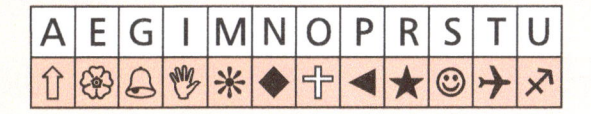

MENINO

PRESENTE

GUARANÁ

Código secreto:

A	E	G	I	M	N	O	P	R	S	T	U
⇑	✿	🔔	✋	✵	◆	✝	◀	★	☺	✈	♐

Lenda do guaraná

Apêndice 2C

Ilustração do guaranazeiro

Fonte: Guaraná ([20--?]).

Ilustração do guaraná

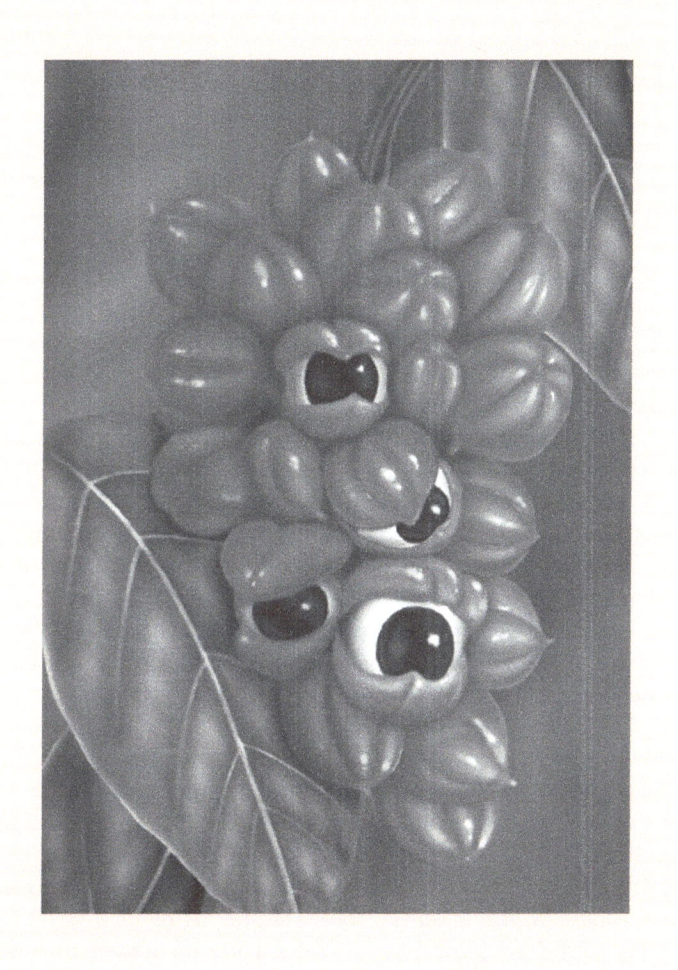

Fonte: Alencar (2007).

Lenda do guaraná

Apêndice 2D

A história do guaraná
Silvana Salerno

Numa aldeia Maué, no meio da selva, viviam Taíra e Naiara. Eles queriam muito um filho, e quando Alupá nasceu foi uma festa.

Alupá era um menino bom e inteligente, que estava sempre ocupado com alguma coisa. Ajudava a mãe na plantação e ia pescar e caçar com o pai e os outros homens da aldeia, apesar de achar que não se devia matar bicho nenhum. Gostava de nadar no rio, de brincar com as outras crianças e de ouvir histórias que os velhos tinham para contar.

Quando os homens iam para a floresta, ele ia junto. Aos poucos, começou a desvendar alguns segredos da mata. Só havia uma coisa que ele não conseguia entender: Jurupari, o espírito do mal. Os mais velhos não gostavam de tocar nesse assunto. Sempre que o indiozinho pedia alguma explicação, eles respondiam: "Jurupari é o mal". Os adultos achavam que Alupá era muito novo para entender esse assunto.

Mas Jurupari já tinha ouvido falar de Alupá, e quanto mais falavam bem do garoto, menos o danado gostava dele. Por isso, decidiu conhecê-lo. Invisível, o gênio do mal começou a acompanhar o índio. Viu como era querido pelos bichos e como gostava de pegar frutas nas árvores com os amigos, e deu uma gargalhada: "Já sei! Vou me transformar em cobra para dar o bote em Alupá". E ficou de tocaia, esperando a oportunidade. Passados alguns dias, o garoto passeava sozinho quando topou com um pé de carambola carregadinho. Subiu na árvore, sentou-se num galho e ficou chupando as frutas. Imediatamente, Jurupari transformou-se em cobra, tomou a cor do tronco da árvore e enrolou-se nele. Quando Alupá começou a descer da caramboleira, a cobra o picou. O menino caiu, e a cobra desapareceu. Os índios o encontraram morto. Observando o corpo, um amigo descobriu a picada.

"Vejam só! Ele foi picado por uma cobra!", disse o menino, apontando a marca na perna.

"Não é possível!", exclamou Taíra. "Ele conhecia tão bem os animais..."

Foi então que o xamã disse: "Quem fez isso foi Jurupari. Esse era o único segredo da mata que Alupá desconhecia".

De repente, ouviu-se um trovão. Os índios se assustaram: não havia nuvem no céu, nem sombra de chuva... Todos fizeram silêncio. Naiara fechou os olhos e assim ficou por longos minutos. Ao abri-los, contou ao grupo que o trovão era uma mensagem de Tupã. O deus queria compensar a aldeia pela perda de Alupá. Pedia que ela plantasse os olhos do filho, como se fossem sementes; deles nasceria um arbusto milagroso, cujos frutos trariam felicidade.

Os olhos de Alupá foram plantados num canteiro. Todas as tardes, Naiara regava a terra com carinho. Certo dia nasceu uma planta bonita, que cresceu muito depressa. Era um pé de guaraná.

(Inspirada na tradição oral)

Fonte: Salerno (2006, p. 28-29).

Lenda do guaraná

Apêndice 2E

Lenda do guaraná

Um casal de índios Maués vivia bem e desejava muito ter um filho. Um dia, os dois pediram a Tupã, o deus bom, que lhes desse uma criança para completar sua felicidade. Tupã atendeu ao desejo. Nasceu um lindo menino e seus pais lhe deram o nome de Alupá. O tempo passou, o menino cresceu forte e saudável.

Mas o deus do mal, chamado Jurupari, invejava a paz e a felicidade que o menino transmitia. Decidiu, então, acabar com a vida do pequeno índio.

Um dia, quando Alupá foi coletar frutos na floresta, Jurupari aproveitou para se vingar. Ele se transformou em uma cobra e picou o menino. Alupá morreu no mesmo instante.

A triste notícia se espalhou depressa. A mãe chorava em desespero, e o povo lamentava a morte do indiozinho. Então, Tupã apareceu para consolar a todos. Mandou que os índios plantassem os olhos de Alupá e os regassem por quatro luas.

Passado esse tempo, nasceu uma planta que subia pelas árvores. Mais tarde, dela brotou uma fruta vermelha. Dentro havia uma semente negra, envolvida por uma polpa branca. Quando se abria, a fruta se parecia com os olhos de Alupá. Era o guaraná.

Ao comerem a fruta, os jovens índios Maués ficavam com mais força, e os velhos, com mais disposição.

Fonte: Lendas Amazônicas ([20--?]).
O texto encontrado no site acima indicado foi submetido a um processo de adaptação.

Apêndice 2F

Frases da lenda do guaraná

> Numa aldeia Maué, no meio da selva, viviam Taíra e Naiara. Eles queriam muito um filho, e quando Alupá nasceu foi uma festa.

> Alupá era um menino bom e inteligente, ajudava a todos e respeitava a natureza.

> Ele gostava de nadar no rio, de brincar com as outras crianças e de ouvir histórias que os velhos tinham para contar.

> Aos poucos, Alupá começou a desvendar alguns segredos da mata. Só havia uma coisa que ele não conseguia entender: Jurupari, o espírito do mal.

> Mas Jurupari já tinha ouvido falar de Alupá, e quanto mais falava bem do garoto, menos o danado gostava dele.

> Por isso, Jurupari decidiu transformar-se em cobra para dar o bote em Alupá. E ficou de tocaia, esperando a oportunidade.

> Certo dia, Alupá subiu em uma caramboleira. Jurupari então se transformou em cobra, tomou a cor do tronco da árvore e enrolou-se nele.

> Quando Alupá começou a descer da árvore, a cobra o picou e desapareceu.

>

Os índios encontraram Alupá morto.

O xamã disse: "Quem fez isso foi Jurupari. Esse era o único segredo da mata que Alupá desconhecia".

De repente, ouviu-se um trovão. Os índios se assustaram: não havia nuvem no céu, nem sombra de chuva.

Naiara contou à tribo que o trovão era uma mensagem de Tupã.

O deus queria compensar a aldeia pela perda de Alupá e pedia que ela plantasse os olhos do filho, como se fossem sementes.

Os olhos de Alupá foram plantados num canteiro. Todas as tardes, Naiara regava a terra com carinho.

Certo dia nasceu uma planta bonita, que cresceu muito depressa. Era um pé de guaraná.

Lenda do guaraná

Apêndice 2G

Palavras da "Lenda do guaraná"

1. CASAL DE ÍNDIOS
2. TUPÃ
3. ALUPÁ
4. JURUPARI
5. FLORESTA
6. COBRA
7. MORTE
8. OLHOS
9. PLANTA
10. FORÇA

Lenda do guaraná

Apêndice 2H

Brincadeiras com palavras

1) Preencha a pirâmide de palavras a partir das indicações do quadro abaixo:

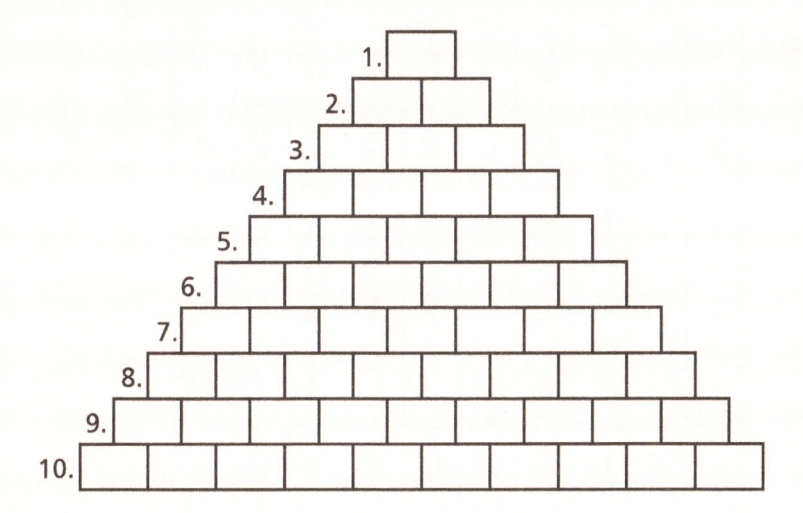

1. Sétima letra do alfabeto.
2. Número de filhos que teve o casal Maué.
3. Elemento da natureza com que os índios mediam a passagem do tempo.
4. Nome do deus bom dos índios.
5. Animal que serviu ao propósito de Jurupari.
6. Sentimento de Jurupari por Alupá.
7. Dádiva de Tupã aos Maués.
8. Nome do deus maligno dos índios.
9. Qualidade do guaraná.
10. Aquilo que Alupá trazia para os pais e para a aldeia.

Lenda do guaraná

2) Encontre cinco palavras do texto:

I	P	J	U	J	R	G	D	R	J
R	A	R	G	U	P	A	I	P	A
E	G	U	A	R	A	S	Á	C	O
L	U	A	L	U	P	T	G	U	R
J	U	P	G	P	J	Ç	R	T	H
L	E	N	D	A	U	R	A	P	E
A	D	P	R	R	I	A	N	J	T
R	O	I	N	I	R	B	F	N	R
A	N	A	A	T	P	O	U	A	O
S	E	G	R	E	D	O	I	O	M

Lenda do guaraná

Apêndice 21

Fichas com palavras da lenda

| CRIANÇA |

| FELICIDADE |

| DESEJO |

| GUARANÁ |

| FORÇA |

| DESESPERO |

Lenda do guaraná

"A FESTA NO CÉU"

Atividade 1
Introdução à leitura de "A festa no céu"

O professor leva para a sala de aula uma tartaruga ou um brinquedo ou uma ilustração que represente esse animal. Após mostrar a tartaruga aos alunos, propõe uma série de perguntas, objetivando identificar suas características e estabelecer diferenças entre a tartaruga e as aves. Ele anota no quadro-verde as respostas dadas pelos alunos.

- Como se apresenta o casco da tartaruga?
- Como se locomove a tartaruga?
- Que diferenças existem entre uma tartaruga e um pássaro?
- Quais os pássaros que vocês sabem nomear?

Concluídas as perguntas, o professor afirma existir uma narrativa que explica a razão por que o casco da tartaruga parece ser remendado e qual o envolvimento do urubu-rei com esse fato. Ele então lê a narrativa "A festa no céu", na versão de Angela Lago, mostrando as ilustrações dos livros aos alunos.

Atividade 2
Compreensão de palavras da lenda

O professor solicita aos alunos alfabetizados que façam a leitura de "A festa no céu" (**Apêndice 3A**) e que procedam à sua leitura expressiva observando, particularmente, os sinais de pontuação. Terminada a leitura, o professor entrega aos alunos os exercícios relativos ao vocabulário (**Apêndice 3B**).

O professor de alunos em processo de alfabetização, após ter lido a narrativa (**Apêndice 3A**), comenta os episódios e realiza uma atividade de reforço do vocabulário (**Apêndice 3C**).

Após a correção das atividades referentes ao vocabulário, o professor distribui aos alunos a tarefa de casa, que envolve uma reflexão sobre aspectos não explicitados na narrativa ou o reconhecimento de diferentes tipos de animais e sua representação por meio de ilustração ou de colagem.

Grupos alfabetizados: fazer a atividade de exploração da narrativa (Apêndice 3D).

Grupos em fase inicial de alfabetização: fazer a atividade de reconhecimento de animais (Apêndice 3E).

Atividade 3
Retomada do tema de casa

O professor discute as questões do Apêndice 3D e salienta a possibilidade de mais de uma resposta para elas. Já a retomada do Apêndice 3E deve servir para que o professor das séries iniciais discuta as diferenças entre animais alados e não alados.

Atividade 4
Ilustração de uma passagem da narrativa

O professor entrega a cada aluno uma folha de ofício e solicita que represente em quadrinhos a passagem da narrativa apresentada a seguir:

> A tartaruga cantou, sambou, a noite toda.
> Rebolou até o sol raiar.
> Depois tratou de encontrar um jeito de se enfiar de volta no violão.
> Lá pela metade do caminho para casa, o urubu começou a assobiar um samba de festa. E a tartaruga que estava muito alegre e um pouco zonza, começou a cantarolar também.

Após a conclusão dessa atividade, os alunos expõem os trabalhos no mural da sala e comentam junto com o professor as diferenças entre as histórias, ainda que elas representem a mesma passagem.

> **PARA O PROFESSOR**
>
> É importante que o professor destaque que, por sua sugestividade, a passagem pode ser ilustrada de formas variadas, dependendo do aspecto que cada aluno pretendeu enfatizar. Nesse sentido, a atividade desenvolve a percepção dos alunos e o respeito às diferentes interpretações.

Atividade 5
Aprofundamento da compreensão da narrativa

Para desenvolver uma atitude crítica dos alunos, o professor dá sequência às atividades de exploração do texto, propondo a realização das questões do Apêndice 3F para os alunos alfabetizados e do Apêndice 3G para os não alfabetizados. No primeiro caso, as atividades devem ser realizadas por escrito e, no segundo, oralmente.

Atividade 6
Comparação entre um fato imaginado e o fato real

Para a realização desta atividade, o professor solicita previamente que cada aluno traga uma foto pessoal que registre sua participação em uma festa. No dia agendado, o professor oportuniza aos alunos alfabetizados um momento em que eles trocam as fotos entre si e as observam, sem que o dono da foto dê informações sobre ela. A seguir, cada aluno elabora uma narrativa para contar o que poderia ter acontecido na festa de seu colega (Apêndice 3H). Concluídos os textos, os alunos leem sua produção para o grande grupo, e o dono da foto conta o que realmente aconteceu ou o que aquele registro representa, possibilitando, assim, a comparação entre o imaginado e o fato real.

Os alunos não alfabetizados realizam antecipadamente a descrição de uma festa registrada em fotografia com a ajuda de seus familiares (Apêndice 3I). No dia combinado, os alunos trocam as fotos entre si e cada um expõe oralmente o que imagina que possa ter acontecido na festa representada na fotografia de seu colega. A seguir, o professor lê para a turma as anotações feitas pelos familiares, promovendo uma comparação entre o imaginado e o real.

Atividade 7
Audição e canto da canção "A festa no céu"

Seguindo as atividades, o professor apresenta aos alunos a canção "A festa no céu" (Apêndice 3J) e os convida a cantá-la. Depois disso, estimula a comparação entre os fatos da narrativa e os expressos na canção, apontando os pontos idênticos e os pontos divergentes que as manifestações apresentam.

Atividade 8
Preparação de uma festa à fantasia

O professor sugere a realização de uma festa à fantasia, como uma culminância do estudo de "A festa no céu", e solicita aos alunos que façam o convite (Apêndice 3K). Os dados desse convite deverão ser discutidos coletivamente para que haja um consenso quanto a permissões e proibições.

No dia da festa, cada aluno deve caracterizar-se com a fantasia do bicho por ele escolhido e apresentar uma mímica desse animal.

- **PARA O PROFESSOR**
  É importante o auxílio dos familiares na elaboração da fantasia da criança, que pode ser constituída pela simples utilização de uma máscara ou de acessórios sugestivos, condizentes com o animal escolhido. Sendo esse o objetivo da promoção de uma festa caracterizada, não é necessária, portanto, a compra ou a confecção de um traje completo.

Apêndice 3A

A festa no céu

Angela Lago

Naquela noite ia ter uma festa no céu. Nós, os bichos sem asas, estávamos jururus de fazer dó. Aí, imaginem, a tartaruga, logo a tartaruga, decidiu que ia ao baile.
– Até logo! – disse ela para o urubu-rei. – Vou indo na frente porque vou devagar!
– Por que você não vai voando? – o urubu caçoou.
– É ... vai voando! – os pássaros gozaram.
Mas enquanto os pássaros morriam de rir da pretensão da tartaruga, ela se mandou e...
Naquela tarde, quando o urubu pegou o violão e levantou voo para a festa, a tartaruga estava quietinha escondida lá dentro.
No céu, sem que ninguém visse, a tartaruga pulou fora do esconderijo.
E a passarada arregalou os olhos:
– Mas como é que você apareceu aqui? Como conseguiu chegar? Como é que você veio?
– Voando – a tartaruga respondeu, rebolando.
E ela cantou, sambou a noite toda.
Rebolou até o sol raiar.
Depois tratou de encontrar um jeito de se enfiar de volta no violão.
Lá pela metade do caminho para casa, o urubu começou a assobiar um samba de festa. E a tartaruga que estava muito alegre e um pouco zonza, começou a cantarolar também.
O urubu-rei escutou. Pensou um pouco. Desconfiou.
Aquela diaba da tartaruga tinha feito ele de burro de carga. Furioso, virou o violão e sacudiu. A tartaruga caiu rolando céu abaixo:
– Sai da frente, terra, senão te arrebento! – ela gritou o mais alto que pôde.
Mas a terra nem se mexeu. O casco da tartaruga se quebrou em pedacinhos. Fomos nós que achamos e colamos os pedaços todos.
Agora você já sabe por que a tartaruga tem esse lindo casco tão bem remendado. E se você quiser saber mais sobre a festa no céu, pergunte para ela. Ela adora contar.

Fonte: Lago (1994).
Recomenda-se ao professor que utilize a publicação em livro para valorizar a ilustração da lenda.

Apêndice 3B

Exercício de ampliação do vocabulário

1) Procure no dicionário o significado das palavras abaixo e escreva na coluna da direita a significação que elas têm de acordo com o texto:

JURURU	
DÓ	
ESCONDERIJO	
ARREGALAR	
RAIAR	
ZONZA	

2) Escolha duas palavras da primeira coluna e forme com elas uma única frase:
_____
_____

"A festa no céu"

Apêndice 3C

Exercício de fixação de vocabulário

"A festa no céu"

1) Leia as palavras da primeira coluna. A seguir, procure seu significado na segunda coluna, ligando a palavra à expressão com um traço:

JURURU		LUGAR ONDE ALGUÉM SE ESCONDE
DÓ		ABRIR MUITO OS OLHOS
ESCONDERIJO		TONTA
ARREGALAR		TRISTE
RAIAR		PIEDADE
ZONZA		SURGIR

2) Complete as frases com palavras da primeira coluna:

a) A professora estava _____ com o barulho.
b) Quando vi o Papai Noel, eu _____ os olhos.
c) O fazendeiro batia no Negrinho sem _____.
d) Meu colega estava _____ porque seu time perdeu.
e) Ninguém conhece meu _____ secreto.

Apêndice 3D

Exploração de episódios da narrativa sob um ângulo crítico

1) Observe o quadro abaixo com atenção. Na primeira coluna, há uma pergunta a ser respondida. De acordo com a resposta, você deve:

   a) Marcar um X na segunda ou na terceira coluna.
   b) Explicar a resposta de forma adequada na última coluna.

   A tartaruga queria muito ir à festa no céu...

PERGUNTA	SIM	NÃO	POR QUÊ? QUEM? QUANDO?
Ela contou com a ajuda de algum bicho para ir à festa?			
A gozação das aves incomodou a tartaruga?			
A tartaruga contou com a ajuda de algum animal amigo?			
Aquele que conta a história é um pássaro que foi à festa?			
A festa foi um encontro aborrecido?			

2) Complete o balão de pensamento com o que a tartaruga queria fazer – e fez! – na festa no céu:

"A festa no céu"

Apêndice 3E

Reconhecimento das peculiaridades de animais

1) Procure em revistas ou na *internet* gravuras dos animais listados abaixo. Cole cada gravura numa folha de papel e escreva ao lado o nome do animal. Caso não encontre a imagem adequada, você pode desenhar o animal. Depois, separe as folhas em dois grupos:
   - animais que poderiam ter ido à festa;
   - animais que não poderiam ter ido à festa.

URUBU-REI

GATO

ARARA

COELHO

QUERO-QUERO

BEM-TE-VI

"A festa no céu"

Apêndice 3F

Atividades escritas de exploração da narrativa

1) Responda às seguintes perguntas:

   a) Por que os animais terrestres pensavam que a tartaruga não podia chegar ao céu e participar da festa?

   _____
   _____
   _____

   b) Que animais realmente poderiam comparecer à festa?

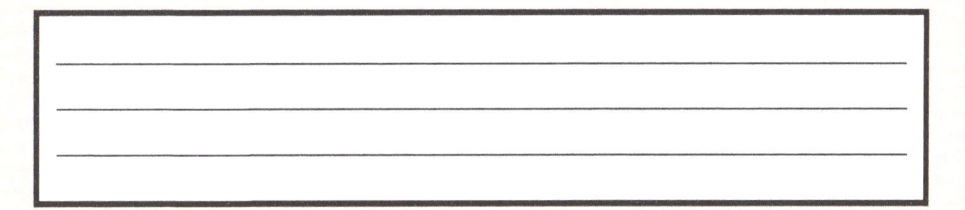

   _____
   _____
   _____

   c) Cite dois animais que não poderiam participar da festa no céu e explique por quê.

   _____
   _____
   _____

"A festa no céu"

d) Com que finalidade o urubu-rei levou o violão para a festa no céu? Para que mais ele serviu?

_____
_____
_____

e) O que você pensa sobre a solução que a tartaruga encontrou para satisfazer seu desejo de comparecer à festa?

_____
_____
_____

2) Imagine que você foi convidado para uma festa no céu e descobre uma maneira de lá chegar para participar dela. Agora escreva essa história.

_____

_____
_____
_____
_____
_____
_____
_____
_____
_____
_____

"A festa no céu"

Apêndice 3G

Atividade oral de exploração da narrativa

1) Responda:
   a) Que animais podiam participar da festa no céu?
   b) Por que a tartaruga não podia participar da festa do céu?
   c) Qual sua opinião a respeito da atitude da tartaruga de ir escondida para a festa? Você acha que ela agiu bem?
   d) De que maneira os animais que não voam poderiam chegar ao céu?
   e) Se você pudesse se transformar em um animal que voa, qual você escolheria? Por quê?

2) Colabore com a montagem de um móbile para ser exposto na sala, confeccionando, para isso, o animal voador que você escolheu ser.

"A festa no céu"

Apêndice **3H**

Produção textual a partir de uma fotografia

COLE AQUI A FOTO

"A festa no céu"

Apêndice 31

Bilhete para os familiares

Queridos familiares,

gostaria que auxiliassem o(a) aluno(a) a conhecer detalhes sobre uma foto em que ele(a) aparece em uma festa. Para isso, escreveram um parágrafo em que respondam às seguintes perguntas:

- Onde a festa foi realizada?
- Quando ocorreu essa festa?
- Ocorreu algum fato interessante nessa ocasião?

Atenciosamente, professor(a) _____

COLE AQUI A FOTO

_____
_____
_____
_____
_____
_____

"A festa no céu"

Apêndice 3J

Letra da canção "A festa no céu"

TARTARUGA FOI À FESTA
NA VIOLA DO URUBU BURU, RU, RU.
URUBU VOOU TÃO ALTO
QUE A TARTARUGA
FOI PRO BELELÉU.

Refrão
COMO ESTÁ TODA QUEBRADINHA
PARECE UM DOCE DE COCADINHA

"A festa no céu"

● **PARA O PROFESSOR**
A canção poderá ser entoada seguindo a melodia de "Pai Francisco entrou na roda".

Apêndice 3K

Convite para a festa

CONVITE

_____

No dia _____, durante o turno da _____, será realizada grande festa à fantasia da turma _____, na escola _____.

Estão convidados todos os _____.

A fantasia deverá ser a de um animal. Fica proibida a entrada de _____
_____.

Alunos da turma _____

"A festa no céu"

"LENDA DA ERVA-MATE"

Atividade 1
Leitura na roda de chimarrão

O professor pergunta aos alunos se sabem o que é o chimarrão. Em caso afirmativo, solicita a alguns deles que tragam para a sala de aula os apetrechos necessários para fazer chimarrão ou então que busquem informações sobre o modo de prepará-lo. No encontro seguinte, com a ajuda dos alunos, o professor prepara as cuias para tomarem chimarrão. Todos se sentam em círculo para degustar essa infusão e, caso isso não seja possível, os alunos detalham a forma de prepará-la.

A seguir, o professor pergunta aos alunos se conhecem a lenda da erva-mate e, em caso positivo, pede para que a contem.

Depois, o professor lê expressivamente a "Lenda da erva-mate" (Apêndice 4A para os alunos alfabetizados e Apêndice 4B para os não alfabetizados). Feita a leitura, ele avalia a compreensão da história, fazendo perguntas como as seguintes:

- Qual é a origem dessa lenda?
- Quem são as personagens dessa lenda?
- O que acontece nessa lenda?

Atividade 2
Descoberta da significação de palavras e jogo da memória

O professor entrega para os alunos alfabetizados a cópia da lenda (Apêndice 4A) e divide a turma em pequenos grupos, pedindo que indiquem um líder. A seguir, solicita que os alunos leiam o texto e assinalem as palavras desconhecidas.

Feito isso, os alunos recebem uma folha de ofício, em que recortam o contorno de uma cuia. Dentro dessa imagem, o líder registra as palavras assinaladas pelo grupo e afixa a folha no painel indicado pelo professor.

Em continuidade, o professor enuncia frases, empregando as palavras desconhecidas pelos alunos em novo contexto e desafiando-os a identificar seu significado. Os alunos criam frases com essas palavras, relacionando-as com o conteúdo da lenda e registrando-as em seu caderno.

Nas turmas ainda não alfabetizadas, o professor entrega uma cópia simplificada da lenda (Apêndice 4B) e procede novamente à sua leitura. Ele solicita aos alunos que levantem o braço a cada palavra desconhecida. O professor, então, suspende a leitura, retoma a frase, escreve a palavra no quadro e explica sua significação. A seguir, propõe o jogo da memória que consta no Apêndice 4C.

Depois de os alunos alfabetizados terem jogado, o professor entrega-lhes uma folha com as ilustrações do jogo da memória (Apêndice 4D). Os alunos devem elaborar frases que envolvam a palavra correspondente à ilustração e que tenham relação com o conteúdo da lenda.

No caso de alunos em processo de alfabetização, após o jogo, eles escrevem junto com o professor a palavra correspondente a cada ilustração (Apêndice 4E).

Atividade 3
Análise dos elementos da narrativa

O professor divide a turma em cinco grupos e dá a cada um deles uma tarefa diferente. O primeiro fica encarregado de apresentar a sequência da história em cinco frases elaboradas pelo grupo; o segundo grupo explicita, por meio de palavras, as qualidades da jovem índia; o terceiro registra as qualidades do ancião; o quarto, as do viajante, e o quinto apresenta detalhes do espaço, também por meio de palavras. A atividade será feita em um cartaz, que deverá conter, além das frases ou palavras, uma ilustração.

Depois disso, os grupos apresentam seus cartazes na ordem proposta. O primeiro lê as frases e os demais grupos justificam a escolha das palavras.

● **PARA O PROFESSOR**

O professor deve ficar atento para a elaboração de frases que vão reconstituir a sequência da narrativa para que elas expressem as principais ações e para que estejam escritas corretamente. Também deve atentar para a ortografia das palavras registradas pelos demais grupos.

O professor de turmas de alunos não alfabetizados deve substituir a tarefa escrita do primeiro grupo por uma atividade oral e auxiliar os demais grupos na grafia das palavras.

Atividade 4
Compreensão do conceito de *lenda*

O professor distribui o Apêndice 4F para que, em duplas, os alunos apreendam o conceito de lenda.

Em turmas de alunos não alfabetizados, o professor executa a atividade oralmente, tendo o cuidado de retomar a lenda do guaraná para que os alunos identifiquem as semelhanças entre essa lenda e a da erva-mate.

Os alunos devem buscar explicações com seus familiares sobre o preparo do chimarrão e, se quiserem, podem trazê-las por escrito.

Atividade 5
Estudo científico da erva-mate

O professor apresenta aos alunos uma gravação ou um texto que esclareça as propriedades da erva-mate. A seguir, discute com eles os tópicos veiculados na mensagem audiovisual ou escrita, solicitando que enumerem os benefícios do uso contínuo da erva-mate como infusão. À medida que os alunos se expressam, o professor faz o registro no quadro.

Feito isso, os alunos produzem cartazes com a transcrição das frases registradas pelo professor ou, dependendo do avanço da turma, com desenhos que expressem os benefícios da erva-mate. Os cartazes são afixados na escola e disponibilizados para os demais alunos.

Atividade 6
Aplicação do gênero *receita* ou elaboração de quadrinhas

O professor convida os alunos alfabetizados a escreverem a receita do chimarrão. Para tanto, junto com os alunos, escreve a receita no quadro. Ele inicia pelos *ingredientes* e *apetrechos*, solicitando aos alunos que os nomeiem; então, interroga-os para que expliquem o *modo de fazer* o chimarrão, tendo cuidado com a sequencialidade da explicação a ser transmitida, bem como com o uso do tempo e do modo verbal. Os alunos copiam a receita em seu caderno.

Com as turmas não alfabetizadas, o professor propõe a criação coletiva de quadrinhas que tenham o chimarrão por tema. Ele escreve as quadrinhas no quadro, e os alunos as copiam em seu caderno.

Atividade 7
Redação de uma carta

Os alunos de turmas alfabetizadas escrevem uma carta, endereçada a estudantes de outras escolas do país, em que divulgam os benefícios da erva-mate e a receita para o preparo do chimarrão.

No início da carta, o aluno deve apresentar-se e justificar a razão de seu encaminhamento. Ao final da carta, solicita ao destinatário que o informe sobre uma bebida ou um alimento típico de sua região que seja benéfico à saúde.

Os alunos de turmas não alfabetizadas redigem, com a ajuda dos pais, um bilhete a um colega de outra turma e transcrevem uma das quadrinhas produzidas em aula.

● **PARA O PROFESSOR**
A carta deve ser composta pelo registro do local e data, pela saudação, pela apresentação do remetente, pelas razões que o levam a comunicar-se, pela explicitação da receita, pela solicitação de reposta e pela despedida.

Apêndice 4A

Lenda da erva-mate

Há muitos e muitos anos, uma grande tribo estava de partida. O lugar onde moravam não servia mais, pois a caça estava difícil e a terra já não produzia como antes. Lentamente, os índios foram deixando a antiga aldeia onde tinham vivido tantos anos, menos um velho índio e sua filha, Iari. O velho guerreiro não tinha forças para acompanhar a tribo em sua marcha e Iari não quis abandoná-lo.

Os meses foram passando e os dois continuaram a viver na aldeia. Dava pena ver o esforço do índio, que tentava recolher lenha, apanhar frutas, enquanto a filha plantava, colhia e cozinhava.

Numa tarde de inverno, o velho estava afastado da aldeia, colhendo algumas frutas, quando viu surgir um homem muito forte, que se aproximou e disse:

– Venho de longe. Estou cansado e com fome. Poderias arranjar-me uma rede e algo para comer?

O velho lembrou que a comida era escassa, mas que não podia recusar a hospitalidade.

– Sim, respondeu. Vem comigo.

Ao chegarem à aldeia, o velho chamou Iari e apresentou-lhe o viajante. Ela acendeu o fogo e preparou tudo o que tinham para comer, mesmo sabendo que seria difícil conseguir mais alimento. O estranho comeu com apetite. Na hora de dormir, o velho e a filha cederam-lhe sua oca e foram para uma outra, abandonada.

Logo cedo, o velho índio encontrou o hóspede cortando lenha. Pediu-lhe que parasse, mas o homem respondeu que já estava bem descansado. Terminou de cortar a lenha e seguiu em direção à floresta. Horas depois, retornou com várias caças. O velho não sabia o que dizer em agradecimento.

– Vocês merecem muito mais! – exclamou o homem. Tupã me enviou para ajudá-los. Por sua generosa hospitalidade, vocês podem receber tudo o que desejarem.

O velho animou-se:

– Posso pedir mesmo?

– Claro! Diz o que desejas!

– Queria ter um amigo que me fizesse companhia e queria ter mais forças. Assim poderia ficar sozinho e Iari poderia voltar a viver com nossa tribo. Minha filha não quer deixar-me, porque sabe que eu não sobreviveria sem ela.

– Vou arranjar-te um amigo – prometeu o mensageiro. – Um amigo que te dará alegria e forças para o resto de teus dias.

Mostrou-lhe, então, uma erva estranha:

– Esta é a erva-mate. Planta-a, cuida para que cresça e se multiplique. Com suas folhas, prepara uma bebida. Ela vai te dar forças e poderás voltar a trabalhar e a caçar. Tua filha, se desejar, poderá ir ao encontro da tribo.

Iari foi chamada e disse que preferia ficar na companhia do pai. Não poderia ser feliz na tribo se o deixasse só. O enviado de Tupã sorriu e disse emocionado:

– Por ser tão boa filha, mereces uma recompensa. A partir de agora, és Caá-Iari, a deusa protetora dos ervais. Cuidarás para que o mate jamais deixe de existir e farás com que as pessoas o conheçam e o bebam para ficarem fortes e felizes.

Em seguida, o homem partiu. Ele havia dito a verdade: o velho guerreiro recuperou as forças perdidas. A partir daí, os índios nunca mais passaram necessidade.

Fonte: Adaptado de A erva-mate (2008).

"Lenda da erva-mate"

Apêndice 4B

Lenda da erva-mate

Era uma vez um velho índio da nação Guarani que já não podia ir à floresta caçar nem ir à guerra, porque não tinha mais forças. Ele vivia num canto de sua oca. O velho era cuidado por Iari, uma filha solteira e bonita.

Certo dia, um viajante pediu pousada na cabana do velho índio. Os índios deram-lhe comida. Na hora de dormir, Iari cedeu a rede ao viajante. Quando despertou, ele agradeceu muito pela hospitalidade. O viajante, então, contou que era um mensageiro de Tupã. Para recompensar pai e filha, disse que atenderia a um pedido deles.

O velho guerreiro pensou no futuro da filha. Por isso, pediu que as forças dele voltassem. O enviado de Tupã entregou, então, ao velho índio, um ramo da árvore *Caá*. Explicou ao ancião que pusesse as folhas numa infusão de água e a bebesse. Assim, ficaria forte de novo. Foi o que aconteceu.

E Iari passou a ser considerada a deusa da erva-mate e protetora da raça Guarani. Ela ficou conhecida como Caá-Iari.

Fonte: A versão da lenda foi escrita por Juracy Assmann Saraiva e Gabriela Hoffmann Lopes.

Apêndice 4C

Jogo da memória

ÍNDIO	
OCA	
REDE PARA DEITAR	

"Lenda da erva-mate"

RAMO	
ERVA-MATE	
FLORESTA	

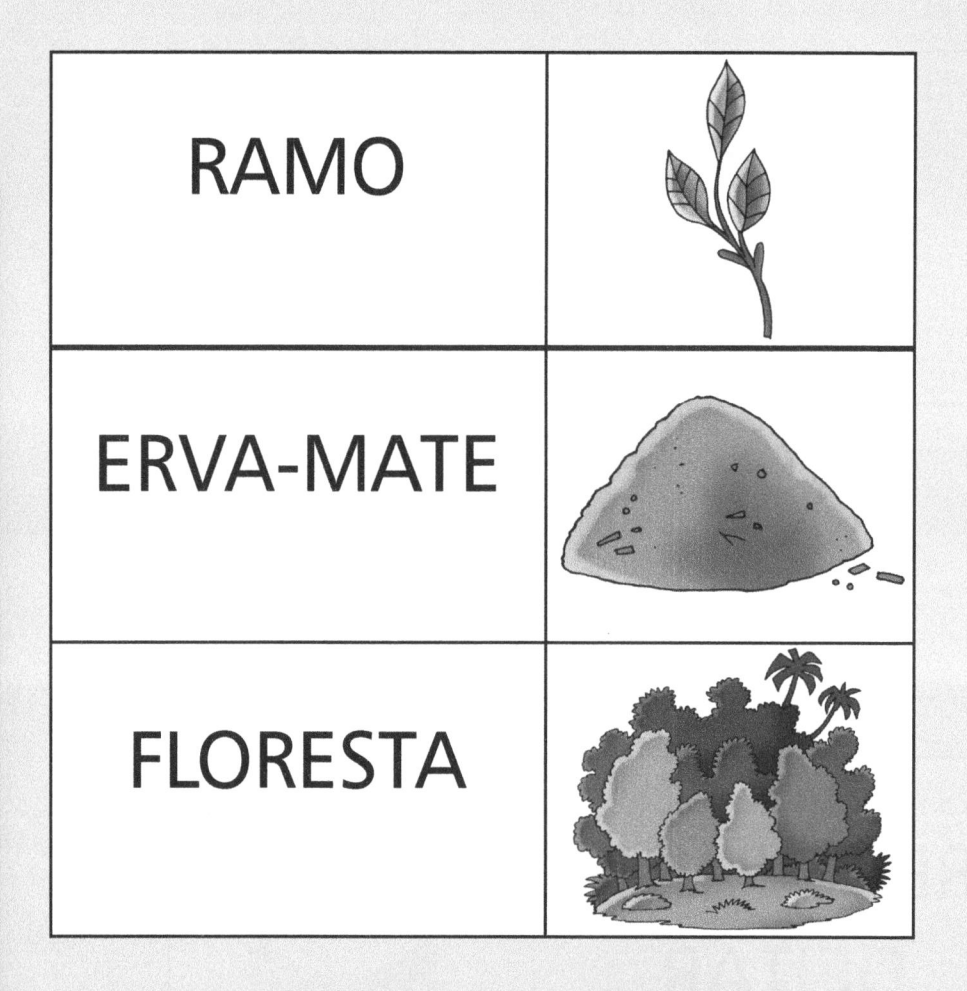

"Lenda da erva-mate"

Apêndice 4D

Escrita de frases com palavras correspondentes às ilustrações

"Lenda da erva-mate"

Apêndice　　4E

Escrita de palavras correspondentes às ilustrações

"Lenda da erva-mate"

Apêndice ●●●●● 4F ●●●●●

Conceito de lenda

1) Leia a explicação a seguir:

> Quando ainda não conheciam a ciência, os homens se valiam de lendas para explicar acontecimentos que não conseguiam entender. Assim, as lendas esclarecem, por meio da fantasia, a existência de um rio, de uma planta, do sol, do dia, da noite, de crenças e de costumes. As lendas permanecem até hoje porque são contadas de pais para filhos e, muitas vezes, nem chegam a ser escritas.

2) Com base na explicação e na lenda da erva-mate, assinale as frases corretas:
   - ( ) A lenda da erva-mate explica a origem dessa planta.
   - ( ) A erva-mate deu energia ao velho guerreiro.
   - ( ) Os índios usaram a ciência para explicar o poder da erva-mate.
   - ( ) Os índios passaram a lenda da erva-mate de uma geração a outra.

3) Releia a história do guaraná e explique, com uma frase, por que ela pode ser chamada de *lenda*.

_____

_____

"Lenda da erva-mate"

PRODUÇÃO DE ALUNOS
QUINTA UNIDADE

Atividades referentes à lenda "O Negrinho do Pastoreio"

Ilustração de uma passagem

Nícolas, 5ª série
Profª Inês T. Gazolla
EMEF Felippe A. Wendling
Dois Irmãos, RS

Elaboração de um pedido ao Negrinho

> Negrinho do Pastoreio, já que você apanhava muito de chicote e tem um bom coração, vi tudo em uma história, quero que você ache o meu vô, que não vejo há quatro anos e traga para mim, para eu vê-lo na minha frente e abraçá-lo com toda a minha força. Sei também de quem você apanhava, daquele estancieiro malvado e daquele filho que desamarrava os cavalos e deixava você, Negrinho, ser o culpado.
> Eu também queria pedir que você ache um pai, uma mãe, ou um pão para comer, para aqueles que não têm.
> Obrigado, Negrinho do Pastoreio.

Douglas, 5ª série
Profª Inês T. Gazolla
EMEF Felippe A. Wendling
Dois Irmãos, RS

> Negrinho do Pastoreio por favor, se puder me ajudar, me ajude, por que eu perdi a régua que ganhei do meu pai e da minha mãe, por isso é importante para mim. Me ajude e serei grato e feliz, por isso, mesmo sabendo que você vai achar ou não, não importa, mas se você achar, muito obrigado.
> Se eu pedir mais alguma coisa vou com certeza invocar você de novo. Muito obrigado se você achar, mas se não achar tudo bem, às vezes a sorte escapa de nós. Amém.

Luís, 3ª série
Profª Leila Vanisa John
E.E.E.F. 10 de Setembro
Dois Irmãos, RS

Èllin, 5ª série
Profª Inês T. Gazolla
EMEF Felippe A. Wendling
Dois Irmãos, RS

Produção textual a partir de reflexão sobre a violência contra crianças

Negrinho do Pastoreio, por favor, peço para que você ache o meu cordão umbilical, pois minha querida mãe o botou numa caixa para, quando eu crescer, me mostrar e, até hoje, nós não o achamos. Me ajude a encontrá-lo.
Tchau.
Amém.

Nícolas, 5ª série
Profª Inês T. Gazolla
EMEF Felippe A. Wendling
Dois Irmãos, RS

Violência infantil

Violência contra as crianças
É coisa de gente covarde
Um dia se descobre
Pena que às vezes é muito tarde

A violência infantil
É algo muito triste
Porque as crianças são frágeis
E muitas acabam mortas
Por pessoas que vivem de maneira torta

A violência infantil deve acabar
Para ninguém se machucar
E pelo menos a criança
Por um futuro poder esperar.

Ketlin, Maicon, Tiffany e Bianca, 3ª série
Profª Janete V. Grendoski
EMEF Prof. Francisco Weiler
Morro Reuter, RS

QUINTA UNIDADE • Lendas

Atividades referentes à lenda do guaraná

Frases criadas a partir de palavras e da leitura da lenda

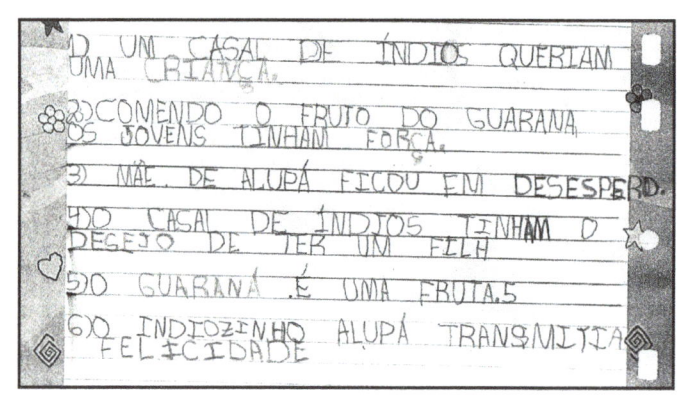

> 1) UM CASAL DE ÍNDIOS QUERIAM UMA CRIANÇA.
> 2) COMENDO O FRUTO DO GUARANÁ OS JOVENS TINHAM FORÇA.
> 3) MÃE DE ALUPÁ FICOU EM DESESPERO.
> 4) O CASAL DE ÍNDIOS TINHAM O DESEJO DE TER UM FILHO
> 5) O GUARANÁ É UMA FRUTA.
> 6) O INDIOZINHO ALUPÁ TRANSMITIA FELICIDADE

Alunos da 1ª série
Profª Maria Regina A. Kirchner
EMEF 10 de Setembro
Dois Irmãos, RS

Pesquisa sobre os benefícios do guaraná

O guaraná possui propriedades estimulantes do sistema nervoso central, facilita a capacidade de concentração e raciocínio, favorece o trabalho muscular, diminui a fadiga motora e psíquica e traz a sensação de conforto e bem-estar, devido à grande quantidade de cafeína encontrada na planta.

Há também uma prevenção e combate contra distúrbios circulatórios e alterações nos órgãos, atacando as nevralgias, detendo as hemorragias e reduzindo as enxaquecas. Pode diminuir o cansaço e as fraquezas em geral, indisposições, estresse físico e mental, prisão de ventre, além de ser um preventivo do envelhecimento precoce.

São muitos os benefícios, mas deve-se tomar cuidado quanto à ingestão, pessoas cardíacas, hipertensas ou com úlcera somente devem usá-lo sob supervisão médica.

Familiar de Keila, Ed. Infantil
Profª Marceli B. Robetti
EMEF Prof. Francisco Weiler
Morro Reuter, RS

Propaganda do guaraná

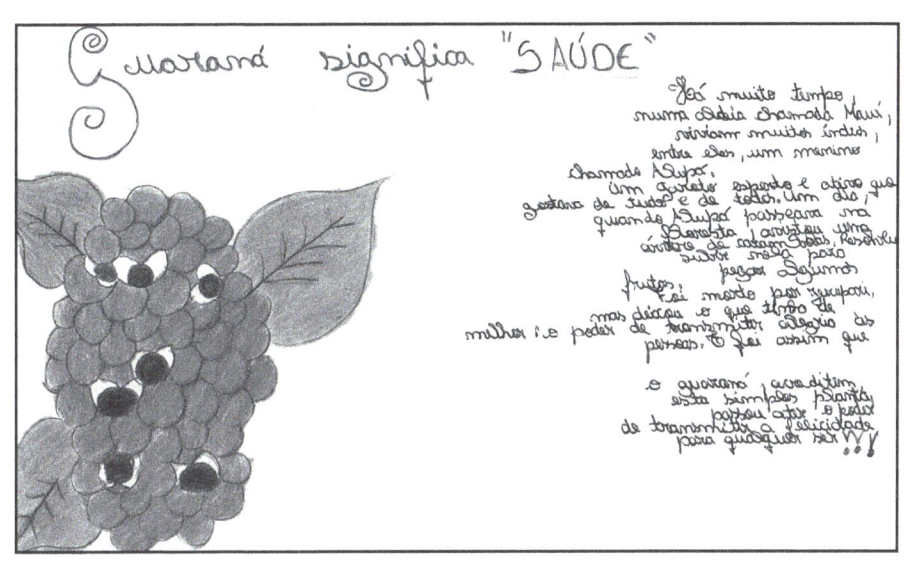

Guaraná significa "SAÚDE"

Já muito tempo, numa aldeia chamada Mauí, viviam muitos índios, entre eles, um menino chamado Alupá. Um garoto esperto e ativo que gostava de tudo e de todos. Um dia, quando Alupá passeava na floresta, avistou uma árvore de estranhos, resolveu subir nessa para pegar alguns frutos. Foi morto por jacaré, mas deixou o que tinha de melhor: o poder de transmitir alegria às pessoas. O pai assim que o guaraná acreditam existe simples planta, passou a ter o poder de transmitir a felicidade para qualquer ser...

▲ Tainá, 5ª série
Profª Inês T. Gazolla
EMEF Felippe A. Wendling
Dois Irmãos, RS

Guaraná é bom porque Alupá era um menino bom, inteligente, sempre ajudando as pessoas e principalmente o pai e a mãe. Quando morreu, voltou à vida através de uma fruta que se chama guaraná. Por isso, é bom para a memória, fortalece o cérebro, cura mau-olhado, é bom para o coração e para a digestão.

▲ Luís Felipe, 5ª série
Profª Inês T. Gazolla
EMEF Felippe A. Wendling
Dois Irmãos, RS

QUINTA UNIDADE • Lendas

Renan, 4ª série
Profª Janete V. Grendoski
EMEF Prof. Francisco Weiler
Morro Reuter, RS

Pintura do fruto do guaraná

Vinícius, turma 6
Profª Liamar Rohr Wilchen
C.E.I. Bem-me-quer
Dois Irmãos, RS

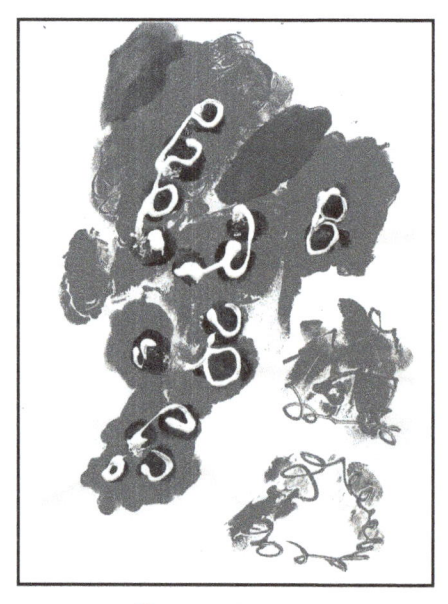

Fernanda, 4 anos
Profª Beatriz M. Jung Stoffel
C.E.I. Beira Rio
Dois Irmãos, RS

Atividades referentes à lenda "A festa no céu"

Confecção de tartaruga com jornal e casca de ovo

▲ Alunos da 3ª e 4ª séries
Profª Janete V. Grendoski
EMEF Prof. Francisco Weiler
Morro Reuter, RS

Confecção de tartaruga com garrafa *pet*

◀ Alunos da 1ª série
Profª Maria Regina A. Kirchner
E.E.E.F. 10 de Setembro
Dois Irmãos, RS

QUINTA UNIDADE • Lendas

> Alunos da 1ª série
> Profª Maria Regina A. Kirchner
> E.E.E.F. 10 de Setembro
> Dois Irmãos, RS

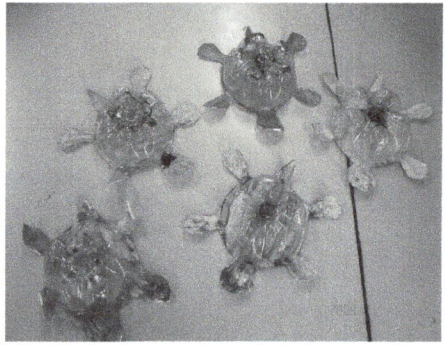

QUINTA UNIDADE • Lendas

História em quadrinhos

> Bruno, 2º ano
> Profª Francieli Beluzzo
> EMEF Prof. Arno Nienow
> Dois Irmãos, RS

Alex, 4ª série
Profª Janete V. Grendoski
EMEF Prof. Francisco Weiler
Morro Reuter, RS

Desenho para representar como animais sem asa chegariam ao céu

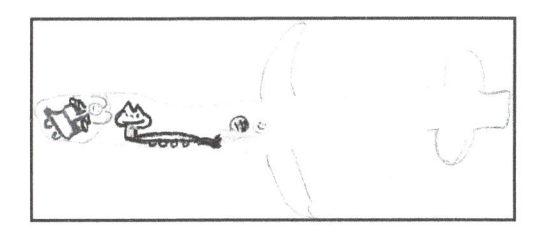

Camila, turma 6
Profª Liamar Rohr Wilchen
CEI Bem-me-quer
Dois Irmãos, RS

QUINTA UNIDADE • Lendas

Dobradura de uma ave

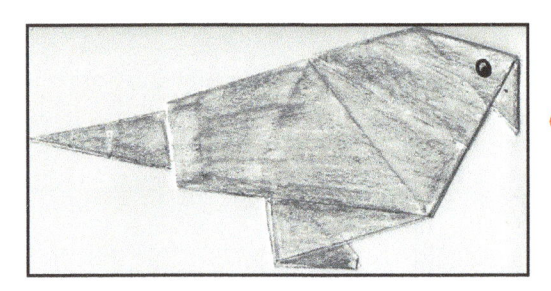

Autoria do trabalho não identificada

Redação a partir da fotografia de uma festa

Aniversário da Tiffany

No dia onze de janeiro de dois mil e dois a Tiffany Sebastiany completou três anos de vida. Para comemorar esta data convidou vários amigos e amigas. Na festa teve muitas coisas gostosas para comer: torta, sanduíche, brigadeiro, gelatina, torta de bolacha, cuca, pudim, enroladinho e muito refrigerante para beber.

Quando estava na hora de apagar a vela de três anos, ela apagou e todos atacaram a mesa. Logo depois todos foram dançar e fazer várias brincadeiras.

Quando acabou a festa todos foram para casa e até hoje ela convida todos os seus amigos favoritos para comemorar o seu aniversário, os quais nunca faltam.

Maicon, 3ª série
Profª Janete Grendoski
EMEF Prof. Francisco Weiler
Dois Irmãos, RS

Redação do convite para festa à fantasia

ATENÇÃO!!!
FESTA A FANTAIA
Na UNIDADE do dia 25
será realizada grande FESTA no
Estão convidados todos os ANIMAIS
Traje: FANTASIAS
Proibida a entrada de PESSOAS

> Alunos de 5 e 6 anos
> Prof³ Beatriz M. Jung Stoffel
> C.E.I. Beira Rio
> Dois Irmãos, RS

Festa com fantasia de animais

> Alunos da Ed. Infantil e I Etapa
> Prof³ Marceli B. Robetti
> EMEF Prof. Francisco Weiler
> Morro Reuter, RS

QUINTA UNIDADE • Lendas

Atividades referentes à "Lenda da erva-mate"

Roda de chimarrão

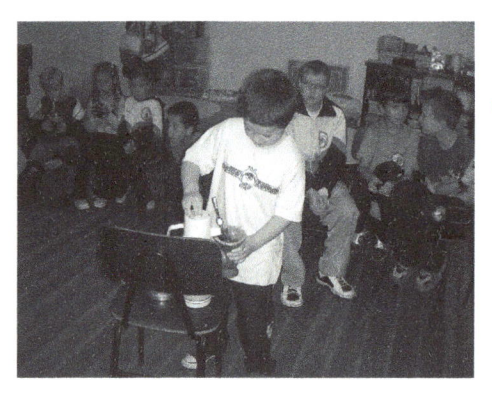

◄ Alunos da Ed. Infantil, I Etapa, 3ª e 4ª séries
Profª Janete V. Grendoski e
Profª Marceli B. Robetti
EMEF Prof. Francisco Weiler
Morro Reuter, RS

◄ Alunas da 3ª e 4ª séries
Profª Janete V. Grendoski
EMEF Prof. Francisco Weiler
Morro Reuter, RS

◄ Alunos da 1ª série
Profª Maria Regina A. Kirchner
EEEF 10 de Setembro
Dois irmaõs, RS

QUINTA UNIDADE • Lendas

Canto e dança de música gauchesca

Alunos da 3ª e 4ª séries
Profª Janete V. Grendoski
EMEF Prof. Francisco Weiler
Morro Reuter, RS

Confecção de jogo da memória

Alunos da I etapa
Profª Marceli B. Robetti
EMEF Prof. Francisco Weiler
Morro Reuter, RS

QUINTA UNIDADE • Lendas

SEXTA UNIDADE

Contos populares
formas de expressão da fantasia

JURACY ASSMANN SARAIVA
CELIA DORIS BECKER
GABRIELA HOFFMANN LOPES

1 2 3 4 5 6

"DOIS CEGOS BRIGUENTOS"

Atividade 1
Descoberta do título da narrativa

O professor entrega aos alunos uma ficha cuja expressão enigmática (Apêndice 1A) é o título da narrativa. Após terem decifrado o título, o professor solicita aos alunos que levantem hipóteses de possíveis conflitos entre as personagens e explica que o texto que vão ler é uma anedota popular.

Em se tratando de alunos não alfabetizados, o professor apresenta uma expressão enigmática (Apêndice 1B), mas os interroga para que juntos descubram o que aquele conjunto de informações pode significar. Entre as perguntas, o professor pode fazer as seguintes:

- Que número é esse?
- O que a figura com a bengala representa?
- O que a terceira imagem lembra?

Atividade 2
Leitura do conto

Ao receberem o conto (Apêndice 1C), os alunos alfabetizados fazem sua leitura silenciosa. Concluída a leitura, o professor solicita que façam a leitura oral do texto, destacando o tom de disputa que se estabelece entre as personagens.

O professor lê o texto para os alunos em processo de alfabetização, tendo o cuidado de distinguir as vozes do narrador, dos dois cegos e do passante. Então, faz uma segunda leitura, lançando perguntas em momentos importantes da história para permitir que os alunos recomponham a sequência de ações e as características das personagens.

Atividade 3
Análise da linguagem

O professor questiona os alunos sobre palavras e/ou expressões do texto, que sejam desconhecidas para eles ou que considerem diferentes, incomuns. Em seguida, destaca algumas delas (Apêndice 1D) para que observem o seu sentido no contexto e escrevam frases com significação semelhante, porém com outros termos.

Para os alunos em fase de alfabetização, após uma conversa em que destaque as expressões incomuns e sua significação, o professor solicita aos alunos que representem literalmente algumas expressões retiradas da narrativa por meio de um desenho (Apêndice 1E).

Atividade 4
Levantamento de dados da narrativa

O professor propõe a técnica *Não repita a informação*, que consiste em retomar elementos da narrativa sem repetir nenhum deles. Obedecendo a uma ordem predeterminada, o professor solicita a cada aluno que informe algo que considere relevante no texto, não sendo permitido repetir dados da narrativa. Os dados fornecidos pelos alunos são registrados no quadro-verde.

Atividade 5
Análise dos dados levantados

O professor retoma os dados registrados no quadro-verde para verificar se falta algum elemento importante. A seguir, propõe aos alunos que, em duplas ou grupos, registrem separadamente os dados em uma ficha (Apêndice 1F), considerando os que se referem às ações das personagens, às características das personagens, ao local onde as ações acontecem e ao momento em que elas transcorrem. A listagem elaborada pelos grupos é confrontada por meio da leitura em voz alta. Ao final, o professor compõe um quadro-síntese em papel pardo para ficar exposto na sala com os dados levantados pelos alunos.

Nas turmas não alfabetizadas, essa atividade deve ser realizada coletivamente, segundo o Apêndice 1G, cabendo ao professor fazer o registro dos dados à medida que os alunos os referem.

Atividade 6
Audição e canto de uma canção

O professor explica que a linguagem das personagens permite deduzir que suas ações se passam no Nordeste do Brasil. Ele, então, convida os alunos a ouvir e cantar uma canção tipicamente nordestina (Apêndice 1H).

- **PARA O PROFESSOR**
  O professor pode escolher outra canção no lugar de "Asa Branca". Entretanto, é importante que ela tenha relação com o contexto regional que o conto popular representa.

Atividade 7
Criação de nova sequência para o conto

O professor convida os alunos a imaginar que eles foram uma das testemunhas da briga dos cegos e solicita a eles que escrevam o diálogo que teriam com o delegado de polícia a fim de esclarecer o que presenciaram na praça. Para construir esse diálogo, os alunos se reunirão em duplas e o professor deverá ter o cuidado de salientar as demarcações próprias do diálogo que estão presentes no conto "Dois cegos briguentos".

As classes em processo de alfabetização serão estimuladas pelo professor a imaginar o que aconteceu com cada um dos cegos depois que fugiram um do outro. Em grupos, os alunos deverão produzir um cartaz de recorte e colagem que represente a nova situação de Chico e de João. Por ser uma atividade em grupo, deve ser escolhido um representante para explicar o que foi colocado no cartaz e o porquê.

Atividade 8
Representação dramática

O professor organiza a representação dramática do conto para apresentação em um sarau. Além das personagens Chico, João e o sujeito que passa pela rua, o professor deve incluir outras personagens: as pessoas que assistem à apresentação dos cegos, o padre que responde pela igreja, os vendedores ambulantes, os guardas da praça. Alguns elementos do cenário também podem ser representados pelas crianças, excluindo-se, porém, a figura do narrador, já que todas as ações devem ser encenadas.

Para organizar a apresentação, o professor poderá solicitar a ajuda dos pais na concepção do figurino com que as personagens serão caracterizadas e também na composição do cenário. O dia da apresentação deverá ser agendado previamente e contar com a audiência de outras turmas da escola.

Apêndice 1A

Expressão enigmática

1) Descubra as três palavras que estão escondidas na expressão abaixo:

2 _____

CE + 💧 - TA + S _____

🧁 - ADEIRO + 5ª vogal + 🫏 - JUM + S _____

"Dois cegos briguentos"

Apêndice 1B

Expressão Enigmática

1) Descubra as três palavras que estão escondidas na expressão abaixo:

2 + 🚶 + 💥

___ _____   _____

"Dois cegos briguentos"

Dois cegos briguentos

Ricardo Azevedo

Os dois eram cegos. Um chamava Chico e o outro João. O primeiro era cantador e tocava viola. O segundo acompanhava no tambor, no pandeiro e no chocalho. Todos os dias, os dois iam para a praça perto da igreja, sentavam-se na calçada e tocavam para ganhar esmolinha. Todos os dias os dois brigavam.
– Ô Chico, vê se canta direito, homem! Larga a mão de ser desafinado!
– E você que não consegue nem entrar no ritmo!
– Acerta o tom dessa viola, desgramado!
– Eta tamborzinho mal tocado!
– Cala a boca, bocoió de mola!
– Bocoió é a mãe, cego larazento!
Um dia, um sujeito passou pela praça e resolveu brincar com os dois cegos briguentos. Chegou perto de um deles e disse:
– Gostei muito da música. Vou deixar com vocês vinte reais, mas é para dividir entre os dois.
Falou, mas não deixou nenhum dinheiro com ninguém.
Os dois cegos continuaram tocando, agora felizes da vida.
Quando a música acabou, o que cantava falou:
– Ô João, passa pra cá a metade dos vinte reais que o moço deu pra gente.
O outro ficou surpreso:
– Que é isso, Chico? O moço deu o dinheiro foi pra você!
O cantador não gostou:
– Deixe de ser besta, João, e me dê logo essa grana.
Mas o cego de nome Chico já se enfezou:
– Que besta coisa nenhuma! Tá me estranhando, safado? Querendo me passar a perna?
E o outro:
– Safado é você que tá mentindo pra ficar com o dinheiro todo!
E a conversa virou briga. João pegou o pandeiro e o atirou tentando acertar Chico. Chico agarrou a viola e a atirou tentando acertar João.
Foi quando o tal sujeito, que continuava ali perto, gritou:
– Não! Cuidado! Para! Com faca não!
Ouvindo isso, Chico pensou que João tivesse puxado uma faca. João pensou a mesma coisa.
Os dois briguentos deram um salto, cada um para um lado, e saíram correndo, tropeçando, capengando e gritando socorro. Dizem que estão correndo até hoje.

Fonte: Azevedo (2003, p. 62-63).

Apêndice 1D

Exercício de compreensão da linguagem coloquial

1) Explique com suas palavras o significado das expressões destacadas abaixo. Em seguida, escreva no quadro uma frase empregando a **significação** da expressão:

- Querendo me *passar a perna*? = _____

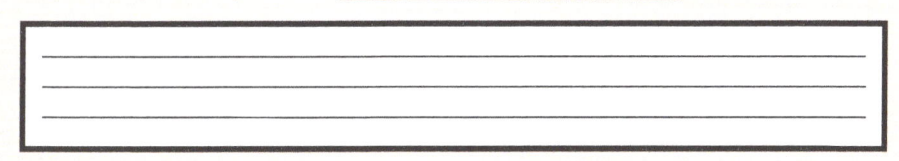

- *Tá me estranhando*, safado? = _____

- *Larga a mão de ser* desafinado! = _____

- *Bocoió de mola* = _____

"Dois cegos briguentos"

Apêndice 1E

Exercício de compreensão da linguagem coloquial

1) Represente por meio de desenho o **significado literal** das expressões destacadas abaixo:

- Deixe de *ser besta*
- Querendo me *passar a perna*?
- *Larga a mão de ser* desafinado!
- *Bocoió de mola*

"Dois cegos briguentos"

Apêndice 1F

Quadro de elementos da narrativa

Ações das personagens	Modo de ser das personagens

Local das ações	Momento das ações

"Dois cegos briguentos"

Apêndice 1G

Quadro de elementos da narrativa

O que fazem as personagens	Como são as personagens

Onde estão as personagens	Quando a história acontece

"Dois cegos briguentos"

Apêndice 1H

Asa branca
Luiz Gonzaga e Humberto Teixeira

Quando olhei a terra ardendo
Qual fogueira de São João
Eu perguntei a Deus do céu, uai
Por que tamanha judiação

Que braseiro, que fornalha
Nem um pé de plantação
Por falta d'água perdi meu gado
Morreu de sede meu alazão

Até mesmo a asa branca
Bateu asas do sertão
Então eu disse "adeus Rosinha
Guarda contigo meu coração"

Hoje longe muitas léguas
Numa triste solidão
Espero a chuva cair de novo
Para eu voltar pro meu sertão

Quando o verde dos teus olhos
Se espalhar na plantação
Eu te asseguro não chore não, viu
Que eu voltarei, viu
Meu coração

Fonte: Gonzaga e Teixeira ([20--?]).

"Dois cegos briguentos"

"JOÃO MATA-SETE"

Atividade 1
Exploração do título da narrativa

O professor traça um retângulo no quadro-verde, dividindo-o em duas colunas. Na parte externa superior dessa moldura, escreve a frase "João mata sete". Pergunta, então, aos alunos o que ela significa ou o que ela sugere e registra as observações na primeira coluna do retângulo. A seguir, solicita que as crianças ilustrem em seus cadernos o que imaginaram a respeito da frase.

Atividade 2
Leitura da narrativa "João Mata-Sete"

O professor procede à leitura da narrativa "João Mata-Sete" (Apêndice 2A), lendo-a de forma expressiva. Posteriormente, ao receberem a narrativa impressa, os alunos alfabetizados realizam a leitura silenciosa. Concluída essa atividade, leem o texto em voz alta, cabendo um parágrafo a cada aluno. Prosseguindo, o professor pergunta:

- Aquilo que vocês imaginaram a respeito da frase – "João mata sete" – corresponde ao que leram no texto?

Depois de ouvir as respostas, o professor propõe o preenchimento da segunda coluna do retângulo para que procedam à comparação entre essas respostas e as hipóteses fornecidas na primeira atividade. Concluído o quadro comparativo, solicita que os alunos o copiem em seu caderno abaixo da ilustração que fizeram. A seguir, o professor solicita aos alunos que ilustrem o fato que consideram mais importante para o entendimento inicial do texto.

Nas turmas iniciantes na alfabetização, o professor lê o texto para os alunos, tendo o cuidado de distinguir as vozes do narrador e as das diferentes personagens. Depois disso, lê uma segunda vez, perguntando sobre elementos importantes da história. As perguntas devem focalizar não só a sequência de ações, como também as características das personagens. O professor registra as observações e as respostas verbalizadas coletivamente e determina aos alunos que representem a história por meio de colagem.

Atividade 3
Ampliação e fixação do vocabulário

O professor retoma o texto e, à medida que o lê, solicita que os alunos apontem palavras e/ou expressões que eles desconhecem ou que consideram diferentes, incomuns. Formulando perguntas, o professor faz com que os alunos cheguem à compreensão do vocabulário. Em seguida, apresenta as atividades de ampliação e fixação do vocabulário do texto (Apêndice 2B para alunos alfabetizados e Apêndice 2C para alunos em processo de alfabetização).

Atividade 4
Aprofundamento da compreensão da narrativa

O professor propõe aos alunos alfabetizados que respondam questões para aprofundar a compreensão da narrativa (Apêndice 2D).

Os alunos não alfabetizados retomam a sequência das ações, desenhando cenas que possam constituir uma resposta às seguintes perguntas:

- Qual era o trabalho de João?
- Por que João ficou com o apelido de Mata-Sete?
- O que João fez com os gigantes?
- O que fizeram os soldados quando viram João correndo com o seu cavalo?
- Que recompensa João recebeu quando venceu o exército inimigo?
- Por que o rei mandou soldados vigiarem o sono de João?
- Como terminou a história?

Concluídas as ilustrações, o professor organiza um painel com os trabalhos dos alunos, obedecendo à sequência das ações.

● PARA O PROFESSOR
O professor deve distribuir as perguntas entre os alunos para que cada um deles desenhe uma cena diferente, tendo em vista que a atividade, em sua totalidade, é muito extensa. Ele deve ter o cuidado de enumerar as folhas de desenho entregues aos alunos para facilitar a composição do painel que será montado posteriormente.

Atividade 5
Correlação do texto com o real

O professor lembra aos alunos que João Gurumete ficou com fama de valente a partir do apelido que recebeu: João Mata-Sete. Ele solicita aos alunos alfabetizados que apresentem uma narrativa sobre apelidos. Para estimular a produção do texto, o professor pode fazer oralmente perguntas que permitam organizar sua sequência, oferecendo aos alunos dupla opção e sugerindo que deem um título bastante criativo a seu texto.

Opção A
- Você tem algum apelido? Qual é ele?
- Por que você recebeu esse apelido?
- Você gosta de seu apelido?

Opção B
- Você conhece alguma pessoa que tenha um apelido?
- Sabe o porquê dele?
- Essa pessoa ficou famosa com esse apelido?

As classes em processo de alfabetização são estimuladas a entrevistar os familiares sobre o tema "apelido" por meio do Apêndice 2E.

Atividade 6
Discussão sobre implicações do uso de apelidos

O professor faz um levantamento dos apelidos mencionados e escreve alguns no quadro, selecionando aqueles que são isentos de preconceitos ou de avaliações negativas. Nas classes em estágio de alfabetização, o professor aproveita os apelidos para que os alunos fixem sua grafia, copiando-os em seu caderno.

Feito isso, ele discute os aspectos positivos e/ou negativos de nomear pessoas por apelidos para conscientizá-los de que essa forma de denominação pode constituir-se em um ato de carinho ou de agressão.

Atividade 7
Representação com fantoches

O professor divide a turma em grupos para encenarem a narrativa "João Mata-Sete". Para tanto, orienta os alunos na confecção de fantoches ou de outros bonecos para representar as principais cenas. Os alunos também escrevem os diálogos das personagens ou os expressam oralmente, antes de partirem para a apresentação. Devido a dificuldade de encenar determinadas ações, cada grupo de alunos seleciona um entre eles para fazer o papel de narrador, que também será representado por um boneco.

Apêndice 2A

João Mata-Sete
Silvana Salerno

João Gurumete e Fernando trabalhavam juntos. João era um sapateiro simples e medroso, e o ajudante, muito esperto, auxiliava o mestre nas situações difíceis. Um dia em que sete moscas ficaram presas na cola do sapateiro, João deu um tapa e matou todas. Ao ver isso, Fernando teve uma ideia: "Por que o senhor não coloca uma placa na porta dizendo: 'João Gurumete, que de um golpe mata sete'?".

O sapateiro seguiu o conselho e ficou com fama de valente. Logo ganhou o apelido de João Mata-Sete. Nessa época, o reino foi atacado por três gigantes que roubavam e matavam. O rei ouviu falar no sapateiro corajoso e ordenou que ele acabasse com os gigantes. Mata-Sete correu a se aconselhar com Fernando. "Não tenha medo, mestre", disse o rapaz. "Os gigantes dormem embaixo de uma árvore. Suba nela com três pedras, mas jogue uma de cada vez".

O sapateiro subiu na árvore e ficou à espera. Quando os gigantes dormiram, jogou a primeira pedra na cabeça de um deles.

"Mal adormeci, e vocês já começaram a me chatear!", berrou o gigante.

Dali a pouco, Mata-Sete jogou a segunda pedra. Outro gigante acordou louco da vida. A discussão fez tremer a floresta, mas eles voltaram a dormir. Então, Mata-Sete acertou o terceiro gigante. Desta vez, a briga começou para valer. Cada um sacou seu facão e partiu para cima do outro. Em poucos instantes, os três estavam mortos. O rei deu um saco de ouro e o título de barão para Mata-Sete.

Alguns anos se passaram. Um dia, o reino foi invadido. Na primeira batalha, o general foi morto. O rei chamou Mata-Sete para assumir o comando do Exército. Apavorado, ele foi consultar Fernando. "Vista o uniforme do general, monte o cavalo dele, e deixe a coisa acontecer", disse o rapaz.

Mata-Sete vestiu a farda do general e montou seu cavalo, mas o animal estranhou e disparou a galopar. Desesperado, João gritava. Ao ver o general montado, gritando, os soldados acharam que estavam sendo convocados para a luta. O pelotão avançou com fúria e derrotou o inimigo.

João Mata-Sete foi aclamado salvador do reino e casou-se com a princesa. Na festa, bebeu demais, teve um sonho agitado e falou em voz alta: "Cole a sola da bota!". No dia seguinte, a princesa disse ao pai que tinha se casado com um sapateiro que passava a noite falando no trabalho. O rei mandou montar guarda no quarto da filha; se ele tivesse o mesmo sonho, seria fuzilado.

Fernando ficou sabendo o que se passava e contou ao mestre: "Se esta noite sonhar com a sapataria e falar durante o sono, o senhor morrerá. Deite-se e finja que está sonhando com a guerra. Aja como um general: dê ordens em voz alta, empunhe a espada". Mata-Sete seguiu o conselho do ajudante. Os guardas ouviram toda a valentia dele enquanto fingia dormir e foram contar ao rei, que então repreendeu a filha: "Não me venha mais com histórias de sapateiro. Seu marido é um grande general, isso sim!". A partir de então, João Mata-Sete pôde sonhar em paz com sua cola e as solas de sapatos.

(Inspirada em "João Gurumete", coletada por Sílvio Romero em *Contos populares do Brasil*.)

Fonte: Salerno (2006, p. 92-93).

"João Mata-Sete"

Apêndice 2B

Ampliação do vocabulário a partir do conto

1) Complete as lacunas das frases, substituindo a parte destacada na primeira frase por uma das palavras entre parênteses:

- João Gurumete e Fernando trabalhavam juntos. Entretanto, eles não eram _____ . (sócios/amigos)

- O ajudante auxiliava o mestre nas situações difíceis. Os _____ provocavam nervosismo em João. (desafios/vizinhos)

- "Mal adormeci, e vocês já começaram a me chatear!". O primeiro gigante não queria ser _____ . (acomodado/incomodado)

- Cada um sacou seu facão e partiu para cima do outro. Cada gigante _____ o companheiro que estava à sua frente. (agrediu/felicitou)

- Apavorado com a convocação militar, João foi consultar a opinião de Fernando. A _____ previa que o sapateiro se tornasse o chefe das tropas do Rei. (ordem/dispensa)

2) Observe os exemplos dados e proceda da mesma forma com as palavras listadas:

roubar	o roubo
ordenar	a ordem
convocar	
derrotar	
aclamar	
fingir	
repreender	
casar	
beber	
fuzilar	
desesperar	

3) Crie uma frase para cada uma das palavras da segunda coluna do exercício anterior. A frase deve estar de acordo com a história lida. A pedido de seu professor, leia as frases para seus colegas.

Apêndice 2C

Fixação de palavras a partir do conto

1) Ordene as sílabas e descubra a palavra que elas formam, escrevendo nos retângulos:

1. PAROTEISA	1.
2. ETOCIXÉR	2.
3. CESAPRIN	3.
4. GANTEGI	4.

2) Pinte as palavras abaixo no caça-palavras:

ÁRVORE – PEDRA – OURO – CAVALO

F	A	M	Í	L	I	A	E	T
P	Á	R	V	O	R	E	U	A
F	E	I	D	O	U	R	O	N
P	E	D	R	A	V	U	I	A
O	R	T	R	R	E	R	S	N
U	C	A	V	A	L	O	C	O
D	O	C	E	I	R	A	M	S

"João Mata-Sete"

Apêndice 2D

Aprofundamento da compreensão da narrativa

1) Responda às seguintes perguntas:
   - João Gurumete era um sapateiro simples que ficou famoso e ganhou um apelido. Que ação provocou isso tudo?

   - Os desafios enfrentados por João Gurumete correspondem ao seu jeito de ser? Por quê?

   - Por que o rei decidiu montar guarda no quarto da filha?

   - Qual o papel de Fernando diante dos desafios de João?

2) Ilustre as ações que levaram João Gurumete à fama, dividindo-as em cinco cenas e escrevendo uma legenda abaixo de cada uma delas.

"João Mata-Sete"

3) Preencha os retângulos com palavras que indicam as qualidades das personagens:

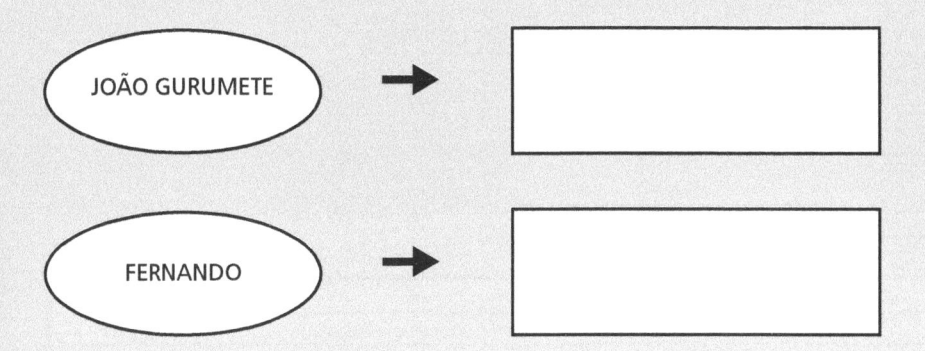

JOÃO GURUMETE ➡

FERNANDO ➡

4) Desenhe a placa que João Gurumete colocou na frente de sua sapataria:

5) Complete o quadro com os benefícios concedidos pelo 👑 à personagem principal:

Depois de João matar os gigantes:
- ....
- ....

Na qualidade de comandante do exército:
- ....

6) Complete os balões, escrevendo as ordens que o rei deve ter dado a João. Se quiser, desenhe o rosto do rei abaixo dos balões:

- Diante dos perigos representados pelos gigantes

  – João, _____
  _____
  _____
  _____

- Diante da ameaça dos invasores do reino:

  – João, _____
  _____
  _____
  _____

7) Complete o esquema abaixo, obedecendo às seguintes ordens:
   - Escreva o nome do auxiliar de João: _____
   - Copie as ordens dadas pelo auxiliar a João para ajudá-lo em seus desafios.

     - _____
     - _____
     - _____
     - _____

8) Imagine o que João Gurumete teria gritado quando assumiu o comando das tropas do exército do rei e escreva abaixo:

"João Mata-Sete"

Apêndice 2E

Ficha para pesquisa sobre apelidos

Aluno(a):..
Série:............Professor(a):..
Escola:...Município:..............................

ENTREVISTA

Nome do entrevistado: _____
Idade do entrevistado: _____
Relação de parentesco com o entrevistador: _____

- Você teve algum apelido quando criança? Qual era? _____
- Qual a razão do seu apelido naquela época? _____
_____
_____

- E hoje, você tem apelido? É o mesmo? Mudou? Por quê? _____
_____
_____

- Você conhece alguma pessoa com apelido? _____
- Sabe o porquê dele? _____
_____
_____

- Ter um apelido é bom ou ruim? Por quê? _____
_____

"João Mata-Sete"

1 2 **3** 4 5 6

"O LOBISOMEM"

> ● **PARA O PROFESSOR**
> Antes do desenvolvimento das atividades, o professor deve organizar a sala de aula, tendo em vista a atividade de número 2. Ele distribui as classes em filas duplas e fixa embaixo de cada cadeira uma ficha: em uma das fichas deve estar escrita a palavra *homem*; na outra, a palavra *lobo*, de modo que cada dupla de cadeiras tenhas as duas palavras que formam o par *homem – lobo*.

Atividade 1
Revelação de um ambiente sobrenatural

O professor solicita que os alunos ouçam a canção "O vira". A seguir, entrega aos alunos já alfabetizados uma folha com a letra incompleta da canção (Apêndice 3A), recomendando que preencham as lacunas, à medida que forem ouvindo a interpretação musical. Na terceira audição da música, o próprio professor escreve as palavras que faltam no quadro para que os alunos confiram se a escrita das palavras das lacunas foi feita de maneira correta.

Os alunos das séries iniciais devem completar as lacunas do texto da música, valendo-se do Apêndice 3B.

A seguir, o professor propõe as seguintes perguntas para a turma:

- Sobre o que fala a canção?
- Existe uma superstição que diz que não se deve cruzar com gatos pretos ou passar por debaixo de escadas. De acordo com essa superstição, o que acontece a quem executa essas ações?

- O povo atribui um encantamento às noites de lua cheia, dizendo que é perigoso sair em noites de luar. Você sabe por quê?
- Você já ouviu falar em lobisomem? Como é o seu corpo? Quando ele aparece?

Atividade 2
Combinação de figuras

O professor entrega a cada aluno uma folha de ofício e solicita que ela seja dobrada ao meio. A seguir, explica aos alunos que, embaixo de cada cadeira, existe uma pequena ficha com uma palavra. Cada aluno deve ilustrar o nome que a ficha apresenta, de acordo com as seguintes instruções:

- o desenho da parte superior da figura, cujo nome consta na ficha, deve concluir na dobra da folha;
- a parte inferior da figura deve situar-se na outra metade;
- os alunos dividem a folha pelo meio, separando as partes da ilustração;
- a dupla troca entre si as partes inferiores do desenho. Cada aluno justapõe a parte superior do seu desenho com a parte inferior recebida do colega;
- os alunos comentam o resultado obtido com tal procedimento.

Atividade 3
Curiosidades do folclore

A partir dos comentários dos alunos, cabe ao professor enfatizar o hibridismo da ilustração e fornecer informações sobre a presença de seres híbridos no imaginário da humanidade. Deve explicar que, desde os povos mais antigos, sempre foi comum a existência de seres que se originavam da combinação do corpo do homem com o corpo de animais: a sereia – metade mulher e metade peixe; o minotauro – corpo de homem e cabeça de touro; o centauro – tronco de homem, corpo de cavalo.

Depois desse comentário, o professor apresenta o Apêndice 3C e procede à leitura das curiosidades folclóricas sobre o lobisomem. Depois afixa essa folha no mural da sala de aula para que os alunos a examinem posteriormente.

Atividade 4
Leitura de "O lobisomem"

O professor distribui o conto "O lobisomem" entre os alunos (Apêndice 3D). Nas séries mais avançadas, os alunos realizam a leitura silenciosa, e o professor comenta o vocabulário desconhecido. Em seguida, ele convida os alunos a representarem as diferentes personagens para proceder à leitura dramatizada do conto.

Nas turmas em processo de alfabetização, o professor é quem lê o conto para os alunos, abordando os termos ou expressões desconhecidas para esclarecer sua significação.

Atividade 5
Exploração do conto

O professor retoma a narrativa da aula anterior e propõe para os alunos alfabetizados as seguintes questões sobre o conto do lobisomem a serem respondidas por escrito e, posteriormente, discutidas.

- O que provocou estranhamento em Ulisses quando ele conheceu o futuro cunhado?
- Que detalhe fez Lola desconfiar do namorado?
- Na sua opinião, o namorado de Lola sabia da transformação que ocorria com ele?
- Onde e quando o lobisomem finalmente foi capturado?
- Por que a figura da fera causou tanto espanto em todos?
- Que ação do irmão de Lola mostra que ele se preocupava com a irmã?
- Qual a atividade profissional de Ígor?

Para os alunos em processo de alfabetização, o professor retoma o conto e propõe algumas perguntas orais, registrando as respostas no quadro-verde:

- Que tipo de trabalho realizava Lola?
- O que provocou o contato de Lola com o rapaz desconhecido?
- Que detalhes do animal visto no jardim por Lola provavelmente a assustaram?
- Com que se parecia a fera vista por Lola?
- A que se refere o irmão de Lola quando afirma que Ígor tem a pele amarelada?
- Em que trabalhava Ígor?

Atividade 6
Recuperação da sequência narrativa do conto

Em classes de alunos já alfabetizados, o professor divide o quadro-verde em três partes. No topo da primeira, escreve INÍCIO. Na parte intermediária, escreve MEIO. Na terceira parte, escreve FINAL. Depois disso, entrega um envelope com tiras nas quais estão escritas frases retiradas do conto do lobisomem e chama alguns alunos que devem retirar uma ficha, ler o que nela está escrito, identificar a parte a que pertence a frase e fixar a ficha no devido lugar. Após todas as fichas terem sido afixadas no quadro, o professor verifica, juntamente com os alunos, a ordem em que as ações foram expostas e, se necessário, corrige a organização sequencial (Apêndice 3E).

Nas classes de alunos ainda iniciantes em alfabetização, o professor organiza os alunos em círculo e os convida a recontarem a história. Cabe-lhe iniciar a exposição oral e provocar os alunos para que continuem a história sucessivamente até o relato ser concluído.

Atividade 7
Exploração de detalhes do conto

Para os alunos mais adiantados, o professor apresenta um exercício de palavras cruzadas a partir do termo LOBISOMEM (Apêndice 3F).

Para as turmas em processo de alfabetização, o professor propõe uma atividade oral. Ele apresenta uma caixa que contém fichas com palavras e retira uma das fichas, solicitando que os alunos leiam o que está escrito. A seguir, pergunta qual a relação dessa palavra com a história.

Atividade 8
Identificação de personagens

O professor retoma a narrativa e apresenta para os alunos a atividade de caça-palavras do Apêndice 3G.

Atividade 9
Pesquisa sobre seres folclóricos

O professor propõe aos alunos uma série de questões sobre fatos interessantes envolvendo outros seres fantásticos – metade ser humano, metade animal – representados pelo imaginário popular:

- a aparência do ser;
- a origem de sua aparência;
- as preferências desse ser.

Os alunos deverão pesquisar em fontes diversas: livros, internet ou depoimento de pessoas mais velhas. De posse dessas informações, professor e alunos montam um painel na sala de aula com o título: *Representação de seres fantásticos no imaginário popular*.

• PARA O PROFESSOR
O contato com o folclore e todas as suas manifestações é fundamental para se aprender a valorizar as diferentes manifestações populares e compreender seus significados, a valorizar a sua própria cultura e a cultura de cada povo.

Fonte: Disponível em: <http://ifolclore.vilabol.uol.com.br/>. Acesso em: 22 mai. 2009.

Atividade 10
Encenação da narrativa

O professor divide a turma em grupos de quatro componentes. Cada grupo deverá encenar de forma criativa a história do lobisomem.

Atividade 11
Produção de narrativa

O professor apresenta duas propostas de produção textual para a classe.

Proposta 1
Redigir uma breve história em que se conte o que fez Ulisses depois de saber o que acontecera com Ígor.

Proposta 2
Criar um relato em que Ígor seja o narrador e conte o episódio do jardim da casa de Lola.

Aos alunos em processo de alfabetização, o professor propõe a criação de uma história em quadrinhos envolvendo o conto do lobisomem. Depois de concluída a ilustração, ele solicita que os alunos relatem aos colegas a história ilustrada.

Apêndice 3A

O vira
João Ricardo e Luli

O gato preto cruzou a _____
Passou por debaixo da escada
E lá no fundo azul na noite da _____
A lua iluminou
A dança, a roda e a _____

Vira, vira, vira
Vira, vira, vira homem, vira, vira
Vira, vira lobisomem, vira, vira

Bailam corujas e pirilampos
Entre os sacis e as _____
E lá no fundo azul na _____ da floresta
A lua iluminou
A dança, a roda e a festa

Vira, vira, vira, _____ vira, vira
Vira, vira, vira_____, vira

Fonte: João Ricardo e Luli ([20--?]).

"O lobisomem"

Apêndice 3B

O vira
João Ricardo e Luli

O GATO PRETO CRUZOU A _____
PASSOU POR DEBAIXO DA ESCADA
E LÁ NO FUNDO AZUL NA NOITE DA _____
A LUA ILUMINOU
A DANÇA, A RODA E A _____

VIRA, VIRA, VIRA
VIRA, VIRA, VIRA HOMEM, VIRA, VIRA
VIRA, VIRA LOBISOMEM, VIRA, VIRA

BAILAM CORUJAS E PIRILAMPOS
ENTRE OS SACIS E AS _____
E LÁ NO FUNDO AZUL NA _____ DA FLORESTA
A LUA ILUMINOU
A DANÇA, A RODA E A FESTA

VIRA, VIRA, VIRA, _____ VIRA, VIRA
VIRA, VIRA, VIRA _____, VIRA

FADAS – HOMEM – FLORESTA – NOITE – LOBISOMEM – FESTA – ESTRADA

"O lobisomem"

Fonte: Disponível em: João Ricardo e Luli ([20--?]).

Apêndice 3C

Curiosidades sobre o lobisomem

Diz a lenda que, quando uma mulher tem sete filhas e o oitavo filho é homem, esse menino será um lobisomem. Também o será o filho de mulher amancebada com um Padre.

Sempre pálido, magro e de orelhas compridas, o menino nasce normal. Porém, logo que ele completa 13 anos, a maldição começa. Na primeira noite de terça ou sexta-feira, depois do aniversário, ele sai à noite e vai até uma encruzilhada. Ali, no silêncio da noite, se transforma em lobisomem pela primeira vez e uiva para a lua.

Daí em diante, toda terça ou sexta-feira, ele corre pelas ruas ou estradas desertas com uma matilha de cachorros latindo atrás. Nessa noite, ele visita sete partes da região, sete pátios de igreja, sete vilas e sete encruzilhadas. Por onde passa, açoita os cachorros e apaga as luzes das ruas e das casas, enquanto uiva de forma horripilante.

Antes de o sol nascer, quando o galo canta, o lobisomem volta ao mesmo lugar de onde partiu e se transforma outra vez em homem. Quem estiver no caminho do lobisomem, nessas noites, deve rezar três Ave-Marias para se proteger.

Para quebrar o encanto, é preciso chegar bem perto, sem que ele perceba, e bater forte em sua cabeça. Se uma gota de sangue do lobisomem atingir a pessoa, ela também vira lobisomem.

Fonte: Contos e Lendas ([2009]).

O lobisomem

Nomes comuns: Lobisomem, Licantropo, Quibungo, Capelobo, Kumacanga (Pará), Curacanga (Maranhão), Hatu-Runa (Equador), El Chupasangre (Colômbia).

Origem Provável: mito universal. Em Roma antiga já era mencionado pelo historiador Plínio. Além de lobo, na Europa, ele pode se transformar também em jumento, bode ou cabrito montês.

Para virar lobisomem, o homem se espoja numa encruzilhada onde os animais façam espojadura. Conta-se que o lobisomem sai à procura de meninos pagãos e, quando os encontra, bebe seu sangue. De acordo com a região, ele é uma pessoa que foi amaldiçoada pelo pai, padrinho ou padre.

Quando a pessoa é branca, vira um cachorrão preto e quando é negro vira um cão branco. Algumas versões dizem que ele sai às noites de quinta para sexta em busca de cocô de galinha para comer e, por isso invade os galinheiros. Depois disso ele vai em busca de crianças de colo para lamber suas fraldas sujas de cocô.

Para quebrar seu encanto, basta que alguém faça nele um pequeno ferimento do qual saia pelo menos uma gota de sangue. Ou, ainda, o acerte com uma bala untada com cera de vela que queimou em três missas de domingo ou Missa-do-Galo, na meia-noite do Natal.

Fonte: Conticasos ([2009]).

Apêndice 3D

O lobisomem
Silvana Salerno

Como todas as mulheres da aldeia, Lola costumava lavar as roupas no rio. Naquele dia, porém, não pôde ir à hora costumeira com as amigas e foi para o rio sozinha, no fim da tarde. O local estava solitário: só havia um rapaz, que pescava na outra margem do rio.

Enquanto ensaboava um vestido, Lola deixou cair a trouxa no rio. O grito da moça chamou a atenção do pescador, que mergulhou e alcançou a trouxa. Dias depois, os dois se encontraram outra vez. Aos poucos, começou o namoro. Quando o irmão de Lola conheceu o rapaz, ficou bastante desconfiado.

"Você reparou que a pele dele é amarelada?", perguntou Ulisses.

"Não", respondeu a moça.

"Dizem que quem tem essa cor amarelada é lobisomem", disse o irmão.

"Você está louco!", esbravejou Lola.

Para saber ao certo quem era aquele rapaz, Ulisses foi até a fazenda em que ele trabalhava. Lá encontrou um amigo, que fez aumentar a sua desconfiança.

"Eu suspeito desse moço: tem uma cor esquisita e é o sétimo filho de dona Zefa. E, como dizem, o sétimo é o dízimo do diabo".

Lola começou a notar que ele tinha um jeito esquisito e foi direto ao assunto:

"Gostaria de saber se você é lobisomem", perguntou.

"Está maluca, Lola?", disse o rapaz, contrariado.

"Desculpe. É que falam tanta coisa..."

E não tocaram mais no assunto.

Numa noite de verão, Lola acordou e foi até a varanda. Percebeu um movimento no jardim e quis ver o que era. Topou com um bicho grande, com os dentes arreganhados. Nunca tinha visto um animal como aquele, mistura de lobo e porco, e teve certeza de que era o lobisomem. O bicho avançou, abocanhando o robe da moça. Muito rápida, ela se livrou do robe e entrou em casa correndo. No dia seguinte, encontrou o namorado. Enquanto conversavam, ele deu uma risada e ela percebeu um fiozinho cor-de-rosa, da cor do seu robe, preso num dos dentes do rapaz. Lola saiu correndo, e ele a seguiu, sem saber o que estava acontecendo, mas depois de algum tempo desistiu.

No domingo, quando Ulisses foi comprar pão, a padaria estava em rebuliço. Frederico, que morava perto do namorado de Lola, contava que de madrugada tinha ouvido um barulho estranho na fazenda de Ígor. O barulho vinha do galinheiro, e ele saiu com o irmão para ver o que estava acontecendo. Ouviram um uivo longo e olharam para o céu: era noite de lua cheia.

Uma enorme sombra projetava-se para fora do galinheiro – aquilo não era homem! Os irmãos atiraram. A fera – com cabeça e tronco de lobo e pernas de homem – saiu do galinheiro. Ígor mirou a cabeça e acertou. O bicho caiu, estrebuchou longamente e depois silenciou. Morto, o bicho se transformou. O tronco continuou sendo de animal, mas a cabeça foi adquirindo traços humanos até ficar com a cara do namorado de Lola.

(Inspirada na tradição oral)

"O lobisomem"

Fonte: Salerno (2006, p. 140-141).

Apêndice 3E

Quadro das ações

"O lobisomem"

INÍCIO

1. Lola costumava lavar roupa em companhia de suas amigas.

2. Um dia, foi sozinha ao rio num fim de tarde.

3. A trouxa de roupas caiu no rio e Lola gritou.

4. Ígor, que estava pescando, atirou-se na água e recuperou as roupas.

5. Tempos depois, começou o namoro de Lola com Ígor.

6. Ulisses, o irmão de Lola, desconfiou da aparência do rapaz e buscou informações sobre ele.

7. Lola perguntou a Ígor se ele era um lobisomem.

8. Ígor negou ser lobisomem e o caso ficou esquecido.

MEIO

9. Numa noite de verão, Lola foi até a varanda da casa.

10. Ao ouvir um barulho, Lola topou com um bicho grande com dentes arreganhados.

11. O bicho desconhecido atacou Lola, abocanhando-lhe o robe cor-de-rosa.

12. Lola consegue escapar do bicho que a atacara.

13. Quando Lola encontrou o namorado no dia seguinte, percebeu entre seus dentes um fio da cor do robe que ela usara na noite anterior.

14. Muito assustada, Lola fugiu do namorado.

FINAL

15. No domingo, quando foi comprar pão, Ulisses percebeu a agitação de todos na padaria.

16. Frederico contou a Ulisses que, de madrugada, ouvira um barulho no galinheiro.

17. Frederico e o irmão foram ver o que estava acontecendo no galinheiro.

18. Ao verem uma enorme sombra que não era de homem, os irmãos deram-lhe um tiro.

19. O bicho caiu, estrebuchou e morreu.

20. Morto, o bicho sofreu uma transformação: o tronco continuou sendo de um animal e o rosto, adquiriu as feições de Ígor, o namorado de Lola.

Apêndice 3F

Cruzadinha com a palavra "lobisomem"

A) Nome da namorada de Ígor: _____
B) Lola viu um bicho estranho no jardim, mistura de lobo com _____ .
C) Complete a frase: "Enquanto _____ um vestido, Lola deixou cair a trouxa no rio".
D) Lola vivia em uma _____ .
E) Nome do irmão de Lola: _____
F) Profissão de Ígor: _____
G) Ao ser morto, o lobisomem continuou tendo o tronco de um _____ .
H) No texto, o lobisomem também foi chamado de _____ .
I) A cor da pele do namorado de Lola é _____ .

"O lobisomem"

Apêndice 3G

Caça-palavras

1) Encontre nomes de personagens do texto e escreva-os nas linhas abaixo:
   _____

Q	W	U	E	R	T	Y	U	K
H	G	L	F	D	D	S	I	A	G
Z	O	I	A	L	A	C	G	T	M
A	I	S	J	J	A	L	O	L	R
C	R	S	E	O	S	L	R	E	P
V	I	E	F	M	U	M	D	C	F
B	F	S	Q	M	E	T	O	N	L
F	R	E	D	E	R	I	C	O	G
N	E	Q	E	M	S	T	F	S	F
M	P	G	B	H	D	L	O	H	J

1. _____
2. _____
3. _____
4. _____

"O lobisomem"

PRODUÇÃO DE ALUNOS
SEXTA UNIDADE

Atividades referentes ao conto "Dois cegos briguentos"

Compreensão da linguagem coloquial

◐ Alexandra, 5ª série
Profª Inês T. Gazolla
EMEF Felippe A. Wendling
Dois Irmãos, RS

▽ Natana, 5ª série
Profª Inês T. Gazolla
EMEF Felippe A. Wendling
Dois Irmãos, RS

Quadros de elementos da narrativa

O QUE FAZEM AS PERSONAGENS?	COMO SÃO AS PERSONAGENS?
TOCAVAM E CANTAVAM MÚSICA. BRIGAVAM, SE CHAMAVAM DE NOMES FEIOS	CEGOS
ONDE ESTÃO AS PERSONAGENS?	**QUANDO A HISTÓRIA ACONTECE?**
NA PRAÇA PERTO DA IGREJA	TODOS OS DIAS

Raiana, Ed. Infantil
Profª Marceli B. Robetti
EMEF Prof. Francisco Weiler
Morro Reuter, RS

Criação de nova sequência para o conto

O CHICO FOI PARA UM LADO O JOÃON FOI PARA O OTRO LADO E ELES CE BATERAON CON A CABESA

Gabriele, Ed. Infantil
Profª Marceli B. Robetti
EMEF Prof. Francisco Weiler
Morro Reuter, RS

Criação de nova narrativa

Os cegos briguentos 2

Depois da briga dos dois cegos na praça, um homem que viu toda a confusão foi na delegacia apavorado chamando pelo delegado:

– Delegado! Delegado? Cadê o delegado?

O delegado que estava ali perto respondeu:

– Estou aqui, o que você quer?

O homem que se chamava Renan respondeu:

– Eu vi dois homens cegos brigando na praça!

O delegado perguntou:

– Que cegos?

– Aqueles que tocam viola, chocalho para ganhar dinheiro!

– Ah, aqueles cegos! Sei! Mas porque eles brigaram?

– Porque um homem mentiu e falou que iria deixar 20 reais, mas não deixou nada. Aí um cego pensou que o outro estava o enganando. Assim brigaram pelo dinheiro que não existia. Então o homem que estava ali resolveu assustá-los dizendo que não eram para brigar com faca. Os dois cegos logo saíram correndo.

O delegado surpreso com a história, respondeu:

– Muito obrigado por contar a história. Eu vou prender este mentiroso.

– Obrigado delegado, por ter me atendido.

Então o Renan ficou feliz, porque o delegado prendeu aquele mentiroso.

Alex e Renan, 4ª série
Profª Janete V. Grendoski
EMEF Prof. Francisco Weiler
Morro Reuter, RS

Atividades referentes ao conto "João Mata-Sete"

Ilustração a partir do título

> William, turma 6
> Profª Liamar Rohr Wilchen
> CEI Bem-me-quer
> Dois Irmãos, RS

João mata sede ogros

> Manoela, 3ª série
> Profª Leila Vanisa John
> EEEF 10 de Setembro
> Dois Irmãos, RS

Tainara, 4ª série
Profª Janete V. Grendoski
EMEF Prof. Francisco Weiler
Morro Reuter, RS

Everton, 6 anos
Profª Beatriz M. Jung Stoffel
CEI Beira Rio
Dois Irmãos, RS

SEXTA UNIDADE • Contos populares

Resposta por meio de desenho

Qual era o trabalho de João?

Tauana, I etapa

Por que João ficou com o apelido de Mata-Sete?

Stêfani, I etapa

O que fez João com os gigantes?

Gabriele, I etapa

O que fizeram os soldados quando viram João correndo com seu cavalo?

Jamile, I etapa

SEXTA UNIDADE • Contos populares

Que recompensa João recebeu quando venceu o exército inimigo?

Jamile, I etapa

Por que o rei mandou os soldados vigiarem o sono de João?

Gabriele, I etapa

Como terminou a história?

Tauana, I etapa

◯ Alunos da Profª Marceli B. Robetti
EMEF Prof. Francisco Weiler
Morro Reuter, RS

Desenho da provável placa de João Mata-Sete

◯ Patrick, 3ª série
Profª Leila Vanisa John
EEEF 10 de Setembro
Dois Irmãos, RS

SEXTA UNIDADE • Contos populares

Ilustração das ações que levam João à fama

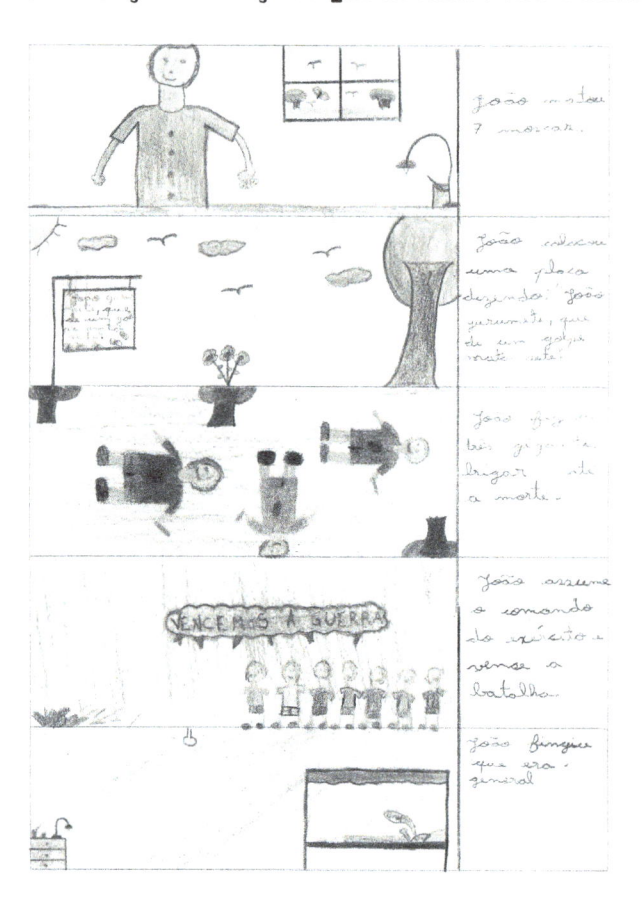

Tainara, 4ª série
Profª Janete V. Grendoski
EMEF Prof. Francisco Weiler
Morro Reuter, RS

Monalise, 5ª série
Profª Inês T. Gazolla
EMEF Felippe A. Wendling
Dois Irmãos, RS

História de um apelido

GABI

Gabi foi o apelido que minha mãe deu e eu adorei e assim pessoas começaram a me chamar de Gabi, minha avó, meus irmãos e minha tia também. Daí eu fui para a escola e os colegas meus colegas começaram a me chamar de Gabi e eu adoro. fim.

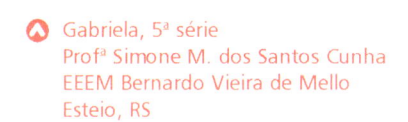

Gabriela, 5ª série
Profª Simone M. dos Santos Cunha
EEEM Bernardo Vieira de Mello
Esteio, RS

Pequenino

Eu ganhei esse apelido por causa do ator principal do filme Pequenino,

eu sou igual a ele. Eu gosto desse apelido, é legal, vou ficar famoso,

vou ser jogador de futebol.

Vou jogar no Manchester Unati e no Grêmio e em outros lugares.

Luan, 5ª série
Profª Simone M. dos Santos Cunha
EEEM Bernardo Vieira de Mello
Esteio, RS

Meu apelido

Eu me chamo Bianca e antes de vir morar em Morro Reuter, morava em São Gabriel. Lá eu tinha uma vizinha que tinha dado um apelido para mim "Bia".

Ela deu esse apelido porque eu era pequena. Eu adorava esse apelido, pois acho fofo.

Ano passado, tive uma professora que fez eu relembrar esse apelido e a história dele, pois ela também me chamava de Bia. Senti, na época muita saudade da minha ex-vizinha e da vida que levava em São Gabriel.

Em maio desse ano fui visitar a minha ex-vizinha e a cidade de São Gabriel, então pude "matar a saudade".

Agora sempre que alguém me chama de Bia sempre me lembro dessa ex-vizinha querida que gosto muito.

Bianca, 3ª série
Profª Janete V. Grendoski
EMEF Prof. Francisco Weiler
Morro Reuter, RS

Meu apelido

Eu me chamo Alex, mas um dia quando eu e a Leone estávamos jogando bola ela me chamou de Quex, porque ela queria falar o meu nome rápido e acabou se enganando.

Naquele dia eu não gostei do apelido, mas agora eu já me acostumei com ele, por isso não em importo quando me chamam de Quex. Levo na brincadeira e não fico chateado. Ao invés disso, me comporto de maneira normal, como que se esse apelido fosse o meu nome.

Alex, 4ª série
Profª Janete V. Grendoski
EMEF Prof. Francisco Weiler
Morro Reuter, RS

Teatro de fantoches

◆ Alunos da 4ª série
Profª Janete V. Grendoski
EMEF Prof. Francisco Weiler
Morro Reuter, RS

◆ Alunos da I etapa
Profª Joice Mallmann
EMEF Dom Bosco
Morro Reuter, RS

SEXTA UNIDADE • Contos populares

Atividades referentes ao conto "O lobisomem"

Combinação de imagens

Mackson, 2º ano
Profª Francieli Beluzzo
EMEF Prof. Arno Nienow
Dois Irmãos, RS

Recuperação da sequência da lenda

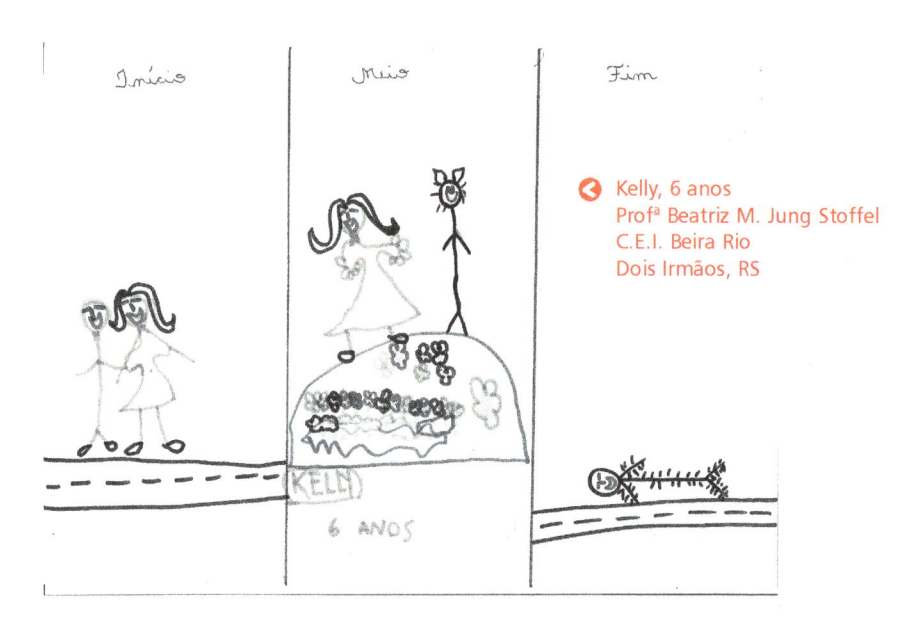

Kelly, 6 anos
Profª Beatriz M. Jung Stoffel
C.E.I. Beira Rio
Dois Irmãos, RS

SEXTA UNIDADE • Contos populares

Reconhecimento de outros seres fantásticos

Bruna, 2º ano
Profª Francieli Beluzzo
EMEF Prof. Arno Nienow
Dois Irmãos, RS

Criação de uma narrativa

Certa noite de lua cheia, fui visitar meu amigo Ulisses, encurtei o caminho e fui por uma trilha. No caminho, ouvi alguns gemidos de lobo resolvi me aproximar e dei de cara com o namorado de Jada. Ele não percebeu minha presença. Devagar se transformar em uma espécie de porco com lobo.

De longe, fiquei espiando Jada saiu para fora e sentou na varanda. Quando o lobisomem atacou Jada, rasgando apenas seu robe. Jada saiu correndo para dentro de casa.

Eu o segui por muito tempo. Finalmente ele entrou em casa e foi para o galinheiro e lá se destransformou.

No domingo de manhã, Ulisses foi a padaria e encontrou o lobisomem no galinheiro. Igor e Ulisses atiraram no lobisomem.

Éllin, 5ª série
Profª Inês T. Gazolla
EMEF Felippe A. Wendling
Dois Irmãos, RS

Revelando o mistério

Tudo começou numa linda noite de lua cheia, quando eu fui à casa de Ulisses. Chegando lá percebi um vulto. Olhei rapidamente para a casa do meu amigo, e percebi que Lola estava, e muito amedrontada. Não tive tempo de pensar duas vezes. Corri para dentro da casa, chamei Ulisses, e, juntos fomos ver o que estava acontecendo. Quando nos deparamos com aquele bicho horroroso, pensamos que fosse uma miragem. Mas quando ele atacou Lola, percebemos que ele era real. Sem nem pensar no que pudesse acontecer, Ulisses saiu em disparada, foi buscar sua espingarda, atirou... Nós que se caímos para trás quando vimos quem se escondia atrás daquele foco: o namorado de Lola. A coitadinha não podia acreditar no que via.

Paola, 5ª série
Profª Inês T. Gazolla
EMEF Felippe A. Wendling
Dois Irmãos, RS

A transformação

Numa noite de lua cheia comecei a sentir uma coisa esquisita. Olhei para as minhas mãos e vi que elas estavam cheias de pêlos horrorosos e marrões. O meu corpo estava ficando cheio de pêlos e senti uma vontade de apavorar uma pessoa que eu já conhecia. Então fui para casa de Lola.

Lá comecei a uivar e senti uma vontade de pular na casa de Lola. A Lola apareceu na varanda com seu robe rosa e não me viu. Aí quando ela desceu as escadas para ver se achava alguma coisa eu pulei nela e mordi o seu robe rosa e um fio ficou preso nos meus dentes, mas não tinha me dado conta. Estava com muita raiva aí comecei novamente a uivar, pois eu não consegui mordê-la. Ela correu e fugiu de mim. Já estava amanhecendo e me transformei em homem. Aí quando em encontrei com Lola ela viu o fio rosa nos meus dentes e nós nos separamos, pois ela descobriu o meu segredo e percebeu que o nosso amor nunca daria certo.

Tainara, 4ª série
Profª Janete V. Grendoski
EMEF Prof. Francisco Weiler
Morro Reuter, RS

REFERÊNCIAS

A erva-mate. 2008. Disponível em: <http://poesia-rs.blogspot.com/2008/09/erva-mate.html>. Acesso em: 29 set. 2008.

ARAGÃO, J. C. *Girafa não serve para nada*. São Paulo: Paulinas, 2000.

AZEVEDO, R. *Armazém do folclore*. São Paulo: Ática, 2003.

_____. Lápis de cor. In: _____. *Meu material escolar*. São Paulo: Quinteto, 2001.

_____. O saci. In: _____. *Armazém do folclore*. São Paulo: Ática, 2003. p. 18-19.

BANDEIRA, M. Trem de ferro. In: _____. *Estrela da vida inteira*. São Paulo: Círculo do Livro, 1996. p.158.

BENJAMIN, W. O brinquedo e o jogo. In: _____. *Sobre arte, técnica, linguagem e política*. Lisboa: Relógio D'Água, 1992. p. 171-176.

BILAC, O. A boneca. In: _____. *Poesias infantis*. Rio de Janeiro: F. Alves, 1929.

BORDINI, M. G. *Poesia infantil*. São Paulo: Ática, 1986. p. 20.

BRASIL. A narrativa na literatura para crianças. *Boletim 19*, Brasília, out. 2005.

CAPPARELLI, S. A semana inteira. In: _____. *111 poemas para crianças*. Porto Alegre: L&PM, 2003. p. 17.

_____. Batatinha aprende a latir. In: _____. *A jibóia Gabriela*. Porto Alegre: L&PM, 1984. p. 10.

_____. *Tigres no quintal*. Porto Alegre: Kuarup, 1997.

CAMARGO, L. *Panela de arroz*. São Paulo: Ática, 2005.

CARVALHO, A. *Como brincar à moda antiga*. Belo Horizonte: Lê, 1987.

CONTICASOS. *Blog*. [2009]. Disponível em: <http://conticasosnext.blogspot.com/2009/04/lobisomem-lenda-e-o-mito_1770.html>. Acesso em: 28 fev. 2009.

CONTOS E LENDAS. *Blog*. [2009]. Disponível em: <http://contoselendas.nireblog.com/>. Acesso em 28 fev. 2009.

CORONEL, L. Os mirabolantes casamentos do cientista e cupido, Dr. Horacides. In: _____. *O dia da criação do mundo*. Porto Alegre: Grupo Habitasul, 1980. p. 28-29.

CUNHA, L. Humor negro. In: _____. *Lápis encantado*. São Paulo: Quinteto, 2006.

FAGUNDES, A. A. A lenda do Negrinho do Pastoreio. In: _____. *Mitos e lendas do Rio Grande do Sul*. Porto Alegre: Martins Livreiro, 1993. p. 118-119.

FERNANDES, F. *Folclore e mudança social na cidade de São Paulo*. São Paulo: Anhambi, 1961.

FERREIRA, A.B.H. *Novo dicionário da língua portuguesa*. 2. ed. Rio de Janeiro: Nova Fronteira, 1995.

FOLCLORE. *Home*. [2009]. Disponível em: <http://ifolclore.vilabol.uol.com.br/>. Acesso em: 22 maio 2009.

FRANCO, C. *A bicicleta*. [20—?]. Disponível em: <http://www.supercharge.com.br/poesias.asp?id=64>. Acesso em: 23 maio 2008.

FURNARI, E. *Adivinhe se puder:* adivinhas do folclore infantil. São Paulo: Moderna, 2005.

GONZAGA, L.; TEIXEIRA, H. *Asa branca*. [20—?]. Disponível em: <http://www.mpbnet.com.br/musicos/luiz.gonzaga/letras/asa_branca.htm>. Acesso em: 28 fev. 2009.

GUARINELLO, N.L. História científica, história contemporânea e história cotidiana. *Revista Brasileira de História,* São Paulo, v. 24, n. 48, p.13-38, 2004.

HANNERZ, U. Fluxos, fronteiras e híbridoś: palavras-chave da antropologia transnacional. *Revista Mana,* Rio de Janeiro, v. 3, n. 1, p. 7-39, 1997.

HUIZINGA, J. *Homo ludens:* o jogo como elemento da cultura. São Paulo: Perspectiva, 1980.

JANGADA BRASIL. *Realejo.* [20—?]. Disponível em: <http://www.jangadabrasil.com.br/realejo/o.asp>. Acesso em: 28 fev. 2009.

JOÃO RICARDO; LULI. *O vira.* [20—?]. Disponível em: <http://www.mpbnet.com.br/musicos/secos.e.molhados/letras/o_vira.htm>. Acesso em: 28 fev. 2009.

KISHIMOTO, T.M. O jogo e a educação infantil. In: _____. (Org.). *Jogo, brinquedo, brincadeira e a educação.* São Paulo: Cortez, 2005. p. 13-43.

LA FONTAINE, J. de. A raposa e as uvas. In: _____. *Fábulas.* 4. ed. Rio de Janeiro: Revan, 1999. p. 8.

LA FONTAINE, J. de. O asno e o cavalo. In: _____. *Fábulas.* 4. ed. Rio de Janeiro: Revan, 1999. p. 23.

LAGO, A. *A festa no céu:* um conto do nosso folclore. São Paulo: Melhoramentos, 1994.

LAGO, A. *Sua Alteza a Divinha:* um conto do nosso folclore. Belo Horizonte: RHJ, [1998?].

LAMBERTY, S. F. *Balaio.* [20—?]. Disponível em: <http://www.paginadogaucho.com.br/danc/bal.htm>. Acesso em: 28 fev. 2009.

LENDAS AMAZÔNICAS. *Lenda do guaraná.* [20—?]. Disponível em <http://www.areaindigena.hpg.ig.com.br/lendas.htm>. Acesso em: 28 fev. 2009.

LEBOVICI, S.; DIATKINE, R. *Significado e função do brinquedo na criança.* Porto Alegre: Artmed, 1988.

LOBATO, M. *Fábulas.* São Paulo: Brasiliense, 1973.

_____. O lobo e o cordeiro. In: _____. *Fábulas.* São Paulo: Brasiliense, 1973.

_____. *Saci-Pererê.* [20—?]. Disponível em: <http://ifolclore.vilabol.uol.com.br/lendas/gerais/g_saciML.htm>. Acesso em: 27 jul. 2010.

LOPES NETO, S. *Cancioneiro guasca:* antigas danças, poemetos, quadras, trovas, dizeres, poesias históricas, desafios. Porto Alegre: Sulina, 1999.

MACHADO, A. M. *Como e por que ler os clássicos universais desde cedo.* Rio de Janeiro: Objetiva, 2002.

MAIOR, M. S.; LOSSIO, R. *Dicionário de folclore para estudantes.* [20—?]. Disponível em: <http://www.soutomaior.eti.br/mario/paginas/dicionario.htm>. Acesso em 20 jan. 2008.

MELO, V. de. *Folclore infantil:* acalantos, parlendas, adivinhas, jogos populares, cantigas de roda. Belo Horizonte: Itatiaia, 1985. (Biblioteca de Estudos Brasileiros, v. 20)

NOVAES, I. C. *Brincando de roda.* 2. ed. São Paulo: Agir, 1986.

NYPL DIGITAL GALLERY. Home. [20—?]. Disponível em: <http://digitalgallery.nypl.org/nypldigital/index.cfm> Acesso em: 20 fev. 2009.

O PEITO de Pedro. In: SARAIVA, J.A. (Org.). *Literatura e alfabetização:* do plano do choro ao plano da ação. Porto Alegre: Artmed, 2001.

O SACI. [20—?]. Disponível em: <http://ifolclore.vilabol.uol.com.br/lendas/gerais/g_saci2.htm>. Acesso em: 28 fev. 2009.

PAES, J.P. *Bola-de-vidro/gude/inhaca e pião.* [20—]. Disponível em: <http://www.paginadogaucho.com.br/jogo/bolapiao.htm>. Acesso em: 28 fev. 2009.

_____. Convite. In: _____. *Poemas para brincar.* São Paulo: Ática, 2004. p. 3.

_____. *Danças.* [20—]. Disponível em: <www.paginadogaucho.com.br/danc/>. Acesso em: 28 fev. 2009.

_____. *Gado de osso.* (2001?). Disponível em: <http://www.paginadogaucho.com.br/jogo/fij.htm>. Acesso em: 28 fev. 2009.

_____. *Pezinho*. [20—?]. Disponível em: <http://www.paginadogaucho.com.br/danc/pez.htm>. Acesso em: 28 fev. 2009.

POSTMAN, N. *O desaparecimento da infância*. Rio de Janeiro: Graphia, 2005.

RAMIL, K.; RAMIL, K. *Maria Fumaça*. [20—?]. Disponível em: <http://www.cifras.com.br/cifra/tche-guri/maria-fumaca>. Acesso 28 fev. 2009.

RIBEIRO, J. Cem adivinhas. *Jangada Brasil*, Rio de Janeiro, n. 100, mar. 2007a. Disponível em: <http://www.jangadabrasil.com.br/indice/edicoes/edicao100.asp>. Acesso em: 28 fev. 2009.

_____. Cem quadrinhas. *Jangada Brasil*, Rio de Janeiro, n. 100, mar. 2007b. Disponível em: <http://www.jangadabrasil.com.br/indice/edicoes/edicao100.asp>. Acesso em: 28 fev. 2009.

ROSCHEL, R. Almanaque. Folha Online. *Florestan Fernandes*. [2009]. Disponível em: <http://almanaque.folha.uol.com.br/florestan.htm>. Acesso em 28 fev. 2009.

SALERNO, S. João Mata-Sete. In: _____. *Viagem pelo Brasil em 52 histórias*. São Paulo: Companhia das Letrinhas, 2006a.

_____. A história do guaraná. In: _____. *Viagem pelo Brasil em 52 histórias*. São Paulo: Companhia das Letrinhas, 2006b.

_____. O Negrinho do Pastoreio. In: _____. *Viagem pelo Brasil em 52 histórias*. São Paulo: Companhia das Letrinhas, 2006c.

SEGÓVIA, R. As perspectivas da cultura: identidade regional versus homogeneização global. In: BRANT, L. (Org.). *Diversidade cultural:* globalização e culturas locais: dimensões, efeitos e perspectivas. São Paulo: Instituto Pensarte, 2005. p. 82-90.

SILVA, L. S. P. et al. O brincar como portador de significados e práticas sociais. *Revista do Departamento de Psicologia – UFF*, v. 17, n. 2, p.77-87, jul./dez. 2005.

SOBRE FILMES, DESENHOS E ANÁLISE DO COMPORTAMENTO. *Shrek. 2007*. Disponível em: <http://videosparaensino.blogspot.com/2007/05/shrek.html>. Acesso em: 28 fev. 2009.

THREE Hundred Aesop's Fables. London: G. Routledge, 1867. Disponível em: <http://books.google.com.br/>. Acesso em: 25 fev. 2009. Adaptação da fábula por Luís Camargo a partir da tradução para o inglês. Traduzido literalmente do grego por George Tyler Townsend.

TOQUINHO. *A bicicleta*. 2008. Disponível em: <http://www.letras.com.br/toquinho/a-bicicleta>. Acesso em: 28 fev. 2009.

TUDO EM FOCO. *DVD Shrek*. [2007?]. Disponível em: <http://www.tudoemfoco.com.br/dvd-shrek.html>. Acesso em: 28 fev. 2009.

VYGOTSKY, L. S. O papel do brinquedo no desenvolvimento. In: _____. *A formação social da mente*. São Paulo: Martins Fontes, 2008. p. 107-124.

VILLA-LOBOS, H.; GULLAR, F. *Trenzinho do caipira*. [20—?]. Disponível em: <http://www.mpbnet.com.br/musicos/denise.reis/letras/trenzinho_do_caipira.htm/>. Acesso em: 28 fev. 2009.

WEB LETRAS. Nilo Amaro e seus cantores de ébano – Negrinho do Pastoreio. 2008. Disponível em: <http://www.webletras.com.br/musica/nilo-amaro-e-seus-cantores-de-ebano/negrinho-do-pastoreio>. Acesso em: 28 fev. 2009.

WINNICOTT, D.W. *O brincar e a realidade*. Rio de Janeiro: Imago, 1975.

ZILBERMAN, R. *A literatura infantil na escola*. São Paulo: Global, 2003.

_____. Da literatura para a vida. In: SARAIVA, J.; MÜGGE, E. *Literatura na escola:* propostas para o ensino fundamental. Porto Alegre: Artmed, 2006.

Fontes das imagens

A RAPOSA E AS UVAS. [2005]. Disponível em: <http://www.lendoeaprendendo.sp.gov.br/2005/Diretoria/raposa1%20-%20Chagall.jpg>. Acesso em: 20 fev. 2009.

ALENCAR, C. Guaraná. 2007. Disponível em: <http://blog.cris.art.br/2007/10/14/guarana/>. Acesso em: 28 fev. 2009.

Amazon.com. *Shrek*. [2001]. Disponível em: <http://www.amazon.com/Shrek-Full-Screen-Single-Disc/dp/B00009ZYC1/ref=sr_1_1?s=dvd&ie=UTF8&qid=1281152463&sr=1-1>. Acesso em: 28 fev. 2009.

Amazon.com. *Shrek 2*. 2004. Disponível em: <http://www.amazon.com/Shrek-2-Mike-Myers/dp/B0002VE5GW/ref=sr_1_24?s=STORE&ie=UTF8&qid=1281153022&sr=1-24>. Acesso em: 28 fev. 2009.

AMIGOS DE DELMIRO GOUVEIA. *Brincadeiras de rua*. 2005. Disponível em: <http://www.amigosdedelmirogouveia.blogger.com.br/2005_02_01_archive.html>. Acesso em: 12 nov. 2007.

BRUEGEL, P. *Jogos infantis*. [20—?]. Disponível em: <http://www.faced.ufba.br/~ludus/brueghel.htm>. Acesso em: 18 jul. 2009.

CALDER FOUNDATION. *Elephant*. [20—?]. Disponível em: <http://www.calder.org/work/search>. Acesso em: 25 fev. 2009.

CASAS (HOUSES). 2007. Disponível em: <http://petragaleria.wordpress.com/2007/11/26/casas-houses-2/>. Acesso em: 29 set. 2008.

CHAGALL, M. *Fábulas de La Fontaine*. São Paulo: Estação Liberdade, 2004. p.43.

CINEMA COM RAPADURA. *"Shrek terceiro" estréia batendo recorde de bilheteria*. 2007. Disponível em: <http://cinemacomrapadura.com.br/noticias/66642/shrek-terceiro-estreia-batendo-recorde-de-bilheteria/>. Acesso em: 28 fev. 2009.

DESIGN BLIND. [20—?]. Disponível em: <http://www.designblind.co.uk/>. Acesso em: 28 fev. 2009.

GIRL with a doll. [2007]. Disponível em: <http://commons.wikimedia.org/wiki/Image:Girl_with_doll_German_ca_1800.jpg>. Acesso em: 12 nov. 2007.

GUARANÁ. [20—?]. Disponível em: <http://www.portalsaofrancisco.com.br/alfa/guarana/guarana-8.php>. Acesso em: 28 fev. 2009.

HISTÓRIA E INFORMAÇÃO – o Paraná e o Norte pioneiro: histórias, análises, contos e casos. A erva-mate na economia do Paraná. 2007. Disponível em: <http://robertobondarik.blogspot.com/2007/07/erva-mate-na-economia-do-paran.html>. Acesso em: 29 set. 2008.

IANDÉ. *Rede de dormir* Samka. [20—?]. Disponível em: <http://www.iande.art.br/trancado/diversos/waimirisamka011221.htm>. Acesso em: 29 set. 2008.

JEAN DE LA FONTAINE PICTURES AND PHOTOS. [20—?]. Disponível em: <http://famouspoetsandpoems.com/poets/jean_de_la_fontaine/photo> Acesso em: 20 fev. 2009.

LA FONTAINE, J. de. *Select fables*. New York: Dover, 1968.

MONET, C. *The Gare Saint-Lazare*: arrival of a train. [2009]. Disponível em: <http://www.monetalia.com/paintings/monet-the-gare-saint-lazare-arrival-of-train.aspx>. Acesso em: 28 fev. 2009.

_____. *Train in the country*. [2009]. Disponível em: <http://www.abcgallery.com/M/monet/monet164.html>. Acesso em: 28 fev. 2009.

NYPL DIGITAL GALLERY. *Image ID*: 427634. [20—?]a. Disponível em: <http://digitalgallery.nypl.org/nypldigitaldgkeysearchdetail.cfm?trg =1&strucID=252004&imageID=427634&word=del%20fora&s=1&notword= &d=&c=&f=&k=0&lWord=&lField=&sScope=&sLevel=&sLabel=&total =150&num=0&imgs=20&pNum=&pos=2> Acesso em: 20 fev. 2009.

_____. *Image ID*: 1169567 [20—?]b. Disponível em: <http://digitalgallery.nypl.org/nypldigitaldgkeysearchdetail.cfm?trg= 1&strucID=473386&imageID=1169567&word=del%20fora&s=1&notword=&d=&c= &f=&k=0&lWord=&lField= &sScope=&sLevel=&sLabel=&total=150&num=120&imgs=20&pNum=&pos=131> Acesso em: 20 fev. 09.

O NEGRINHO DO PASTOREIO. *Jangada Brasil*, n.6, fev. 1999. Disponível em: <http://www.jangadabrasil.com.br/fevereiro/im60200b.htm>. Acesso em: 28 fev. 2009.

O PARENTE DA REFÓIAS. *No Porto com alguns amigos do tempo da tropa*. 2006. Disponível em: <http://refoista.blogspot.com/2006/07/no-porto-com-alguns-amigos-do-tempo-da.html>. Acesso em: 28 fev. 2009.

OLOFSSON, T. *Keep the train running*. 2004. Disponível em: <http://www.haltavista.com/trainrunning.htm>. Acesso em: 28 fev. 2009.

POUSADA LA DOLCE VITA - Fotos de Canoa Quebrada e da região. Passeio de jegue na praia de Canoa Quebrada. [2009?]. Disponível em: <http://www.canoa-quebrada.it/!fotos/maisfotos/g/maisfoto02.html>. Aceso em: 28 fev. 2009.